한방

─── 보고서 쓰기 ───

컨 펌 ✓

한 방

컨썹

보고서 쓰기

아무도 알려주지 않지만 누구나 궁금한 직장인의 보고서 작성

강신정 지음

Contents

📋 Chapter 6. 초점을 바로 잡는 기획서 작성법

📋 Chapter 7. 상황별·목적별 보고서

Contents

Chapter 8. 한눈에 필 꽂히는 문장 정리

Chapter 9. 관심을 이끄는 보고서 시각화(파워포인트 스킬 포함)

Chapter 10. 실무 보고서 클리닉 처방(개선 전 > 개선 후)

Chapter 11. 대망의 프레젠테이션 스킬

1

CHAPTER

보고서 작성은
시작이 아닌 끝

"이번 주까지 보고서 작성해오세요!" 상사의 지시에 눈앞이 하얘지면서 무엇부터 어떻게 써야 할지 막연하다. 마치 보고서 작성 자체가 목적인 양 기존 보고서를 짜깁기하거나 무작정 부여잡고 시간만 흘려보내는 상황이 펼쳐진다. 그런데 한번 생각해보자. 보고서를 쓰는 것은 업무의 전체 과정에서 후반부에 해당하는 작업이다. 기획의 마무리 단계에서 상대를 설득하거나 승인을 받기 위한 문서를 만드는 것처럼 말이다. 짜깁기나 시간 보내기로 대충 때울 일이 아닌 것이다.

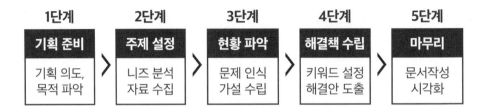

강사님, 보고서는 도대체 어떻게 써야 하나요? 제 상사는 옛날 구닥다리 방식으로 쓰라고 고집하는데 저는 요즘 트렌드와 어긋난다고 생각해요. 누가 맞는 것인가요? 내용 전달도 쉽지 않은데 상사의 '고집스런' 스타일을 맞추기 위해 고민해야 하는 것도 스트레스이다. 사람은 누구나 관점이 있고 일하는 방식이 다르다. 그러나 조직이란 어떤 곳인가? 혼자 일해서 성과를 내는 곳이 아니라, 함께 더 큰 성과를 내기 위해 소통하고 일을 추진해 나가는 곳이다. 그리고 보고서는 그러한 소통을 원활하게 하는 도구이다. 따라서 내 스타일만 고집하기보다는 보고를 받는 상대방이 보기 편하고 이해하기 편하게 맞추는 것이 중요하다.

보고서를 작성하는 일은 그 자체가 목적이 아니다. 조직에서 업무를 진행하며 서로 소통하기 위한 과정이자 장치로서의 목적이 크기 때문에 보고서를 작성할 때는 내가 쓰고자 하는 내용을 작성하는 것이 아닌 보고를 받는 상대방을 고려하여 작성해야 하는 것이다.

"로마에 가면 로마법을 따르라."는 말이 있다.

한 사회에 적응하고 성과를 내려면 그들의 언어와 문화를 알아야 한다. 회사에서도 마찬가지이다. 나도 사람이고 상사도 사람이다. 사람은 누구나 인정받고 싶고, 누구나 자기 방식대로 일하고 싶을 것이다. 상사와 스타일이 맞지 않는다고 '저 사람 왜 저래? 내가 싫은 건가?'라며 감정적으로 대응하기보다 '여기 스타일은 이렇구나.'하며 맞추려는 노력을 해보면 어떨까? 조직 안에서 원하는 성과를 내려면 결국 윗사람, 특히 선임이나 직속 상사와의 협력 관계를 잘 만드는 것이 중요하니 말이다.

"보고서 왜 쓰세요?"라고 물어보면 대부분 '정보 전달'이라고 말한다.

그럼, 다시 물어본다. "정보를 전달해서 무엇을 할 건데요?", "…." 그게 전부이다. 그러니 이러한 생각으로 보고서를 작성하는 사람들은 보통 잘 쓰기 위한 보고서, 칭찬받는 보고서에 목말라 한다. 보고서는 그 자체가 목적이 아닌 판단이나 의사결정을 하기 위한 수단이라는 것을 잊지 말자. **보고서는 상사의 결정과 판단을 위한 명분이다.**

그래서 보고서의 타이밍도 중요하다. 하나의 보고서로 모든 일을 시작하고 마무리하는 것이 아니지 않은가. 일을 진행하는 과정에서 수차례의 보고가 필요하다. 크게는 초반, 중반, 후반의 흐름으로 나눠볼 수 있다. 일의 초반 단계에서는 의사결정을 하기 위한 보고, 일이 시작되기 직전에는 구체적인 계획을 세우는 보고, 일을 진행하고 있는 중반 단계에서는 상황을 공유하기 위한 보고, 일이 마무리 된 단계에서는 성과를 알리고 다음을 준비하는 보고가 필요하다. 즉, 보고서는 업무 추진의 계약서 같이 결재권자의 승인, 사인을 받아야 하는 증빙자료인 것이다.

보고서를 작성하는 목적이 단순히
정보 전달, 메시지 전달만은 아니다.

그래서 단순히 '내가 어떠한 정보를 상대에게 전달할 것인가?'에 관한 생각만 하지 말고 상대가 중요하게 생각하는 목적이나 정보를 먼저 파악해야 한다. 아무리 내가 추진하고자 하는 것이 있어도 조직사회에서는 보고라는 절차를 통해 결재자의 최종 승인을 받아야 진행이 가능하다. **결국, 보고서를 쓰는 것은 상대방의 선택을 설계하는 것이다.**

상사가 하는 최고의 칭찬은 'OK! 추진해 봐.'이다

보고서는 드러나지 않는 나의 목적을 실현하기 위한 명분 문서의 역할을 한다. 보고서 자체로는 성과를 낼 수 없지만 보고서를 통해 결재권자의 마음을 움직인다면 내가 추진하고자 하는 일의 수단은 될 수 있다는 말이다.

조직에서는 수평, 수직 관계에서 보고서로 소통한다. 보고서로 성과를 내려 하지 말고, 보고서를 통해 원하는 것을 어떻게 실현할 것인지부터 설계를 시작하라. 그러면 보고서는 당신의 퇴근 길에 발목을 붙잡는 골칫덩이가 아닌 당신에게 기회를 열어주는 열쇠가 될 것이다.

보고서를 작성할 때, 무작정 제목을 뭘로 쓸 것인가부터 고민하지 말자. 보고서를 받는 사람도, 결정을 하는 것도 상사라면 '열심히' 보다는 '제대로'가 필요하다. 보고받는 사람, 즉 결재권자가 누구인지, 어느 경로를 통해 보고가 이루어지는지 보고받는 자의 정보를 제대로 알아야 한다. 그리고 상사에게 먼저 물어보고 시작하라. 물어볼 타이밍을 놓쳤더라도 언젠간 터질 폭탄을 짊어지고 있는 것보다는 낫다.

먼저 구상하고
설계하라.

보고서를 쓰기 전에 구상이 먼저다.

집을 지을 때 무엇부터 해야 하는가? 설계를 하거나, 땅을 파거나, 부동산을 알아보거나, 돈을 융통할 생각을 하는 행위 등은 모두 소위 삽질이다. 무슨 집을 지을 것인지 청사진을 생각하지 않고 무턱대고 땅부터 판다고 생각해보면 이해가 될 일이다. 구상 없이 땅부터 파기 시작하면 얼마만큼의 깊이까지 파야 할지 알 수 없고 그냥 되는 대로 파다 보면, 결국 부실 공사가 될 것이다.

보고서 작업은 보통 혼자 하는 경우가 많은데 분량이 방대한 분야의 제안서 작업이라면 팀 단위로 진행하는 경우도 있다. 이때에도 팀의 구성원이 목적과 전략을 제대로 공유하지 않으면 결과는 안 나오는 공회전만 하거나, 장수만 채운 보고서가 되고 말 것이다. 필자는 핵심 없이 질보다는 양으로 승부하는 보고서를 제일 경멸한다. 경험상 이런 보고서는 결재자의 화를 부른다. 결국 공멸한다. 그러니 설계도를 만들기 이전에 목적에 따른 구상이 먼저 이루어져야 한다. 보고서 작성에 앞서 정보를 간파하고 목적을 빠르게 실현할 수 있는 전략을 세워야 한다. 어떤 집을 지을 것인지 구상을 끝낸 후에 집을 짓기 위한 설계를 하는 것이다.

상대의 마음을
유도설계 하라.

**가장 중요한 스토리의 순서는
결재권자(상대방)의 관심 순서이다.**

스토리를 기본 맥락은 Why - What - How로 흐른다.

왜 해야 하는지, 무엇을 해야 하는지, 어떻게 해야 하는지의 흐름을 물 흐르듯이 전개해야 한다. 상대방이 가장 먼저 듣고 싶어 하는 정보가 무엇일까? 보고는 타이밍이라고 했다. 모든 조직에서의 일은 보고서로 시작해 보고서로 끝난다. 그러니 타이밍에 따라 필요한 보고서가 있고 흐름에 따라 어떤 내용을 구체적으로 다루어야 할지를 결정하는 것이다. 흐름은 크게 3단계로 구성한다. 서두에 언급했던 것처럼 초반, 중반, 후반이다.

일의 초반 단계에서는 결재권자가 문제가 무엇이며, 왜 해야 하는 것인지에 대한 이해가 부족한 상황이므로 이 단계에서는 일의 명분 즉, 무엇이 문제인지, 일의 필요성을 절실히 느낄 수 있도록 설계하는 것이 중요하다.

중반 단계는 결재권자가 이미 일의 중요성을 알고 추진 결정을 내린 상태이다. 그렇다면 다음으로 무엇이 궁금하겠는가?

방향에 따른 세부 방안들의 내용이 궁금할 것이며 또한 그것을 안정적으로 진행하기 위한 필요 자원이나 계획을 궁금하게 생각할 것이다. 또한, 일이 진행되는 과정에서는 진행 정도나 상황을 육하원칙에 따라 사실적으로 기술해야 한다.

후반 단계는 일이 추진되고 난 결과, 즉 성과가 궁금한 단계이다. 모든 일의 시작에는 이유가 있듯이 일의 끝에는 결과가 있다. 물론 결재권자가 결정한 일의 성과는 원하는 것이 제대로 달성되었는지, 그리고 기대하는 것 이상의 효과가 있었는지에 대한 것이다. 그리고 결과를 통해 나아가 앞으로의 계획은 무엇인지도 궁금해 할 것이다. 일의 흐름에서 타이밍에 맞게 내용을 구체화하여 보고할 수 있도록 해야 한다.

판을 짜고
판을 이끌라.

앞서 보고서의 맥락은 상대방의 관심에 따라 무엇부터 써야 할지가 결정된다고 말했다.

WHY: 상대가 안건에 대해 문제를 모르고 있거나
관심이 없을 때, 관심을 유도하라.

'왜 대안 제시가 필요한가?', '왜 이 보고가 필요한가?'의 이유를 객관적으로 서술하는 구간이다.

- 목적이나 일의 배경
- 현상, 현황(조직의 실태, 고객사, 경쟁사, 국내·외 사례 등)
- 문제와 문제점 혹은 이슈와 시사점

초반 단계는 일을 해야 할지, 말아야 할지에 대한 결재권자의 결정이 필요한 단계로 대부분의 보고서를 작성하는 사람이라면 보고서를 통해 "OK! GO!"라는 결론을 듣고 싶을 것이다. 그렇다면 상대방이 공감할 수 있는 상황을 믿을 수 있는 근거 자료와 함께 제시할 수 있어야 한다. 즉, 보고서에 근거 없는 나의 의견이나 생각만 늘어놓아서는 안 된다는 것이다.

장사를 예로 들어 생각해보자. 판매자가 구매자에게 물건을 반드시 팔아야 한다는 욕망을 드러낼수록 구매자는 구매하고 싶은 마음이 사라진다. 특히 제안을 하는 경우라면 이 방안은 너무 좋고, 너무 필요하다고 강요할수록 "이 사람 장사꾼이군."이라고 생각할 수밖에 없는 것이다. 중요한 것은 상대방의 입장에서 살수밖에 없도록 자연스럽게 설계하는 것이다.

더욱이 우리의 회사에 관심이 없는 고객사에 제안하는 상황이라면 앞뒤 말의 위치만 끼워 맞추는 식의 빈약한 논리로는 부족하다. 상대가 진정으로 문제라고 생각하는 관심사를 파악하고, 우리 회사가 가진 핵심기술이 바로 이를 해결해 줄수 있다는 논리를 제시하는 '선택 설계'를 해야 한다.

선승구전(先勝求戰)
: 승리한 후에 이기는 싸움을 시작한다.

'이겨 놓고 전쟁터에 들어간다.'라는 말이 있다. 피 터지는 전쟁터에서 이기는 전략을 미리 세워 두지 않고 그저 열심히 싸워 이기려는 전술은 바보들이 하는 방법이다. 전략가라면 이길 수 있는 판을 짜 놓고 시작하여 성공 확률을 높일 것이다. 상대는 결정권을 가지고 있고, 선택은 강요하면 더 안 하고 싶은 것이 사람 심리이다. 우리는 일반적으로 3가지의 형태로 상대방의 결정을 유도하는 설계를 한다.

첫 번째, 전략가가 세우는 이기는 스토리
상대로 하여금 [할 수밖에 없는 스토리]를 설계한다.

이것은 결재권자가 관심 사안이나 공감할 수 있는 문제를 분명히 알았을 때 가능한 방법이다. 그러나 제안자의 입장에서는 그러한 긴요한 정보 혹은 첩보를 알기가 쉽지 않다. 그래서 심리를 활용하는 것이 필요하다. 사람의 심리는 혜택보다 위기에 더 민감하다. 더 좋은 것을 선택하기보다 현재 가지고 있는 것을 지키고 싶어 하는 욕구가 큰 것이다. 공짜를 하나 더 얻는 것보다 내게 소중한 것을 빼앗겼을 때 느끼는 상실감이 3배 이상이라고 하지 않던가. 때문에 상대가 충분히 위태롭다 느낄 수 있는 문제를 세팅하여 위기감을 조성할 수 있다. 지금 당장 이 문제를 해결하지 않으면 위태로울 수 있다는 느낌을 주는 방식이다.

예를 들어 보자. 흔히 타는 지하철에서 스크린 도어를 보며 어떤 생각을 하는가? 대부분은 아무 생각이 없다. 지친 몸을 의지할 수 있는 빈 자리에만 관심을 둘 것이다. 그러나 사업 아이템을 고심하는 사람이라면 스크린도어를 보고 탁월한 비즈니스 모델이라는 생각을 할 것이다. 사실 스크린 도어의 창시자는 철도시설 관리기관의 직원이나 담당자가 아닌 일반 광고업자이다. 그러나 결재권자는 영리가 아닌 비영리를 추구하는 기관이다. 기획자와 결재권자의 목적이 다른 것이다. 그렇다면 어떻게 결재권자의 동의를 얻어내겠는가? 먹힐 수 있는 제안 스토리를 세팅해보자.

우선 기획자의 영리적 목적을 그대로 드러내서는 안 된다. 수익 창출이라는 목적이 결재권자에게 먹힐 리 없지 않은가. 상대는 공익을 추구하는 기관의 장이다. 목적은 철도시설을 이용하는 고객들의 안전과 편의성 증대여야 할 것이다. 하지만 이러한 명분만으로는 약하다. 상대가 지금이 바로 위기라고 느낄 수 있도록 목적과 현재 상황 사이의 극명한 차이를 보여주어야 한다.

- 지하철의 자살 사건 연도별 증가 추세 차트
- 지하철 시설 운영 실무자와 이용 고객들의 불만족 데이터
- 해외 선진국의 지하철 안전시설 운영 사례

이처럼 사실에 근거한 자료를 전략적으로 보여준다면 결재권자의 마음을 사로잡을 수 있을 것이다.

두 번째, 최고는 아니지만 일반적인 제안
[베네핏을 제시하는 구조]를 설계한다.

선택해도 그만 안 해도 그만이지만 하면 더 좋은, 선택만 한다면 그 외에 여러 시너지가 예상되는 그림을 그려주는 것이다. 사람들은 보통 고가의 상품을 구매할 때 비용 대비 마음 속의 만족이나 그 이상의 가치가 되어줄 로망 같은 상상을 하며 구매한다. 남들이 비싸다고 말하는 고가품에 대해 자신에게 비논리적인 합리화(자기만족)를 하는 것이다. 고부가가치 상품이나 사업일수록 이 제안을 선택하면 효율을 넘어 이러한 설레는 미래, 장밋빛 미래를 펼칠 수 있다는 로망을 안겨주는 세팅 방식이다.

예를 들어 정부지원 사업문서의 경우, 사업을 통해 창업자는 안정적인 사업 운영으로 사업 수익을 실현할 수 있지만 정부의 입장에서도 이득을 얻는 등 지원을 해주는 명분이 있어야 한다. 말 그대로 비즈니스 분야의 거래의 기본 공식은 WINWIN의 구조인 것이다. 중소기업청의 입장에서의 WIN은 성공적인 창업 실현도 있겠으나 개인 단위가 아닌 공공을 위한 파급효과이므로 일자리 창출이나 사회 공익적 차원의 문제를 해결하거나 국가경쟁력을 높일 수 있는 사업이라면 더 기대하는 심리가 있지 않겠는가.

세 번째, 하수가 하는 최악의 제안
[시켜만 준다면 열심히, 최선을 다하겠다.]라는 말이다.

직장에서도 문제가 생겼을 때 "이 일 도대체 어떻게 할 거야?"라고 묻는 질문에 "열심히, 최선을 다하겠습니다."라는 답은 상사의 화를 부르는 대답에 불과하다. 이것은 끝도 시작도 알 수 없는 공회전 같은 말이다. 이러한 상황은 고객사에 제안하는 경우에서도 마찬가지다. 하수는 보통 고객(사)의 문제에는 귀 기울이지 않고 우리의 자랑을 늘어놓으며 최선의 노력과 정성을 다해 서비스하겠다고 말한다. 그러면서 이렇게 열심히 했는데 왜 안 사주는지 모르겠다며 한탄한다. 먹히지도 않는 구걸로 시간과 돈을 낭비하지 말자.

WHAT: 무엇을 하고자 하는지 그 핵심을 분명하게 제시하라.

보통 도입부에서 제시한 문제가 되는 상황들에 대한 전략이나 방안을 분명하게 이야기할 수 있어야 한다. 이 구간에서는 언제까지 어느 정도의 수준으로, 어떤 방안으로 진행할 것인지 명확하고 구체적으로 표현해야 한다.

- 목표(달성가능한 수준, 정도): 측정 가능한 데이터로 제시
- 방안(전략): 목표를 달성할 수 있는 핵심 방법을 구체적으로 제시

앞서 상사가 문제에 대한 해결책을 구하는 질문에 '최선을 다해', '잘'과 같은 말은 상사의 화를 돋우는 대답이라고 말했던 것처럼 정성적이고 모호한 표현보다는 평가가 명확한 정량적인 표현이 좋다.

목표는 목적과도 구분된다.

일반적인 회사나 조직에서는 공동체의 지향점인 목적이 있다. 회사 홈페이지나 소개서만 보더라도 '이윤 창출, 사회적 가치 추구, 고객들의 더 나은 삶을 위해, 고객들의 만족과 행복을 위해'와 같은 문구들을 많이 볼 수 있다. 물론 회사나 조직에서 추구하는 목적이 있는 것은 중요하지만 그것을 위해 업무를 추진하는 실무자들에게는 추상적이고 모호한 표현이다.

고객들의 행복한 삶을 위하여… 도대체 어쩌라는 말인가. 실무자들에게는 뜬구름과 같이 모호하게 느껴질 수 있다. 그래서 목적은 조직의 지향점이지만 그 머나먼 지향점에 다다르기 위한 과정에서의 세분화된 목표가 있어야 하는 것이다.

그렇다면 목표는 무엇을 기준으로 세워야 할까?

기존 데이터가 있다면 과거의 목표 대비 상향 조정할 수 있고, 기존 데이터가

없다면 막연하지만 동종 업계 현황이나 유사사례들을 비교하여 제시할 수 있다. 혹은 전체에서 균등하게 분배하여 예상하는 목표 값을 세울 수도 있다.

그 뒤 목표에 따른 방안을 명확히 제시하여야 한다. 방안을 제시할 때는 여러 가지 세분화된 방안을 복잡하게 서술하지 말고 전체를 아우를 수 있는 일원화한 전략 메시지를 먼저 쓰고 세부내용을 다음으로 작성하여 상대방이 전체 컨셉과 방향을 쉽게 알 수 있도록 작성한다. 가끔 보고서를 작성하다 보면 서두에 여러 문제들을 제시하고 문제점을 하나로 뽑아내지 않으니 방안도 여러 가지로 분산되는 경우가 있다.

예산과 시간이 충분하지 않은 일반적인 조직에서는 여러 가지 대안들을 다 진행해 볼 수 없는 만큼 여러 문제들의 공통된 원인이 되는 원인점을 규명하고 그에 따른 전략적인 방안을 제시할 수 있어야 한다. 그리고 제시한 방안을 상사가 선택하지 않을 상황을 고려하여 차안이나 선택사항을 두 가지 정도 추가적으로 제시하도록 한다. 선택을 유도하는 것은 내 몫이지만 선택을 하는 것은 결재권자이기 때문이다.

HOW: 어떻게 추진해 나갈 것인지의 세부 방법과 필요한 자원들을 제시하라.

방안을 실행할 수 있도록 구체적이고 세분화된 계획들을 세워야 한다. 또한 앞으로 일어날 수 있는 예측되는 돌발상황에 대한 대비 계획도 세워 두는 것이 좋다. 구체적인 계획을 세울 때는 '5W+2H'를 고려해보자.

- 인력계획(추진체계)
- 시간계획(일정에 따른 세부계획)
- 예산계획(소요자금, 자금조달)
- 위기관리(갈등관리, 위기대응계획) 기타 행정사항 등

여행을 갈 때 계획을 세우지 않으면 어떻게 될까? 계획 없이 훌쩍 떠나는 여행이 유행이라 하여도, 계획을 세우지 않으면 즐거운 여행이 되기보다는 불안한 여정이 될 수 있다. 어디가 만족할 수 있는 관광지인지, 관광지에 가기 위한 최적의 교통수단은 무엇인지, 또 안락한 숙소는 어디인지 미리 확인하지 않으면 현지 상인들의 호구가 되어 바가지 요금을 내거나 초행길이니 이리 저리 헤매며 고생하기 십상이다.

물론 모든 일이 계획대로 흘러가지 않을 수도 있지만 계획을 세워 두면 안정적이고, 달성했을 때의 성취감과 보람도 있을 것이다. 그러니 가보지 않은 길의 돌발변수나 문제를 최소화하기 위한 계획을 세우자. 보통 기획에서는 명분과 아이디어 도출이 어렵지 계획의 시나리오는 분야만 다를 뿐 대부분 비슷한 내용으로 구성된다.

5W + 2H란?

① Why	배경, 목적, 목표	• 기획을 왜 진행하며 그 목표는 무엇인가? • 기획으로 기대하는 것은 무엇인가?
② What	핵심 내용	• 기획의 내용은 무엇인가?
③ How	실행 방법	• 기획은 어떤 방법으로 진행되는가?
④ Who	담당자, 관계자	• 기획의 관계자 혹은 담당자는 누구인가?
⑤ When	시점, 기간	• 기획은 언제 진행되는가? • 기간은 얼마나 걸리는가?
⑥ Where	장소	• 기획은 어디서 진행되는가?
⑦ How much	예산	• 기획을 진행하기 위해선 어느 정도의 예산이 필요한가?

Good Report

보고서를 잘 쓰고 싶다면 반드시 알아야 할 것

한 방에 통과하는 보고서를 작성하기 위해

- 먼저, 상대의 목적을 파악하여 구상하고 설계하라.
- 상대방의 마음을 움직일 수 있도록 공감되는 문제를 통해
  선택을 설계하라.
- 판을 짜고 판을 이끌라. 전략적인 보고서 작성을 통해 원하는 것을
  자연스럽게 얻어내자.

보고서의
첫 단추,
정보 파악

무엇을 쓸 것인가?
어떤 정보가 필요한가?

막연하게 보고서를 작성하려고 하면 정말 어렵다. 보고서는 타이밍이다. 상사가 긴급히 보고서를 요청했는데 고민하느라 시간을 질질 끄는 것은 나에게 해롭다. 상사가 보고서에서 알고 싶어 하는 것은 무엇인지, 어떤 부분을 명확히 판단하고 싶은 것인지 추측할 수 있어야 한다. 그러기 위해서는 상사가 최초 지시를 내리는 순간에 정보를 제대로 파악하기 위한 행동이 필요하다.

먼저 상사의 눈을 보며 지시사항을 꼼꼼히 기록해야 한다. 상사가 지시한 것을 "~를 ~일까지 보고하란 말씀이시죠?"와 같이 다시 한번 확인하며 상사와 상호 체크해야 한다. 그리고 상사가 일에 대한 상황 파악을 원하는 것인지 문제에 따른 방안을 원하는 것인지를 분명히 파악해야 제대로 보고할 수 있다. 이것이 보고서 작성의 첫 단추라고 말할 수 있다. 첫 단추를 제대로 끼워야 과정도 결과도 좋은 법이다.

보고서의 정답을 추리하기 위한 3가지 단서
결재자, 목적, 문제

가장 먼저 결재자가 누구인지 확인하라.

보고서가 직속상사의 지시인지 아니면 최종 결정권자의 지시가 중간을 거쳐 들어온 것인지 확인하자. 어떤 조직이든지 체계를 막론하고 최종 결정권자에게 곧바로 보고가 진행되는 경우는 없다. 말단이라면 대리, 과장, 차장, 부장, 팀장 등의 결재 절차를 순서대로 거쳐야 한다. 이 과정이 가장 험난하다.

특히, 중간 상사가 어리숙하여 우왕좌왕 한다면 정보를 쉽게 얻기 힘들다. 지시받는 입장이라면 상사에게 "도대체 어쩌라고요?"라며 재촉하는 것보다는 기본 방안이나 방향을 초안으로 잡아 보고하는 것이 상사의 방향 설정에 도움을 줄 수 있을 것이다. 혹은 상사의 의중이 파악되지 않는다면 평소 상사가 관심을 가지던 것이나 기존에 수집해둔 자료를 최대한 분석해 보는 것도 방법이다. 그리고 최종 결정권자의 의중도 확인하는 것이 좋다. 직접 만나기 어려운 분이라면 최종 결정권자의 측근이나 참모진을 통해서라도 파악하려는 노력이 필요하다.

과장님 말씀대로 해야 할까요?
부장님 말씀대로 해야 할까요?

과장님은 "이 보고서는 이렇게 쓰세요."라고 하고, 부장님은 "이걸 왜 이렇게 썼어?"라며 고쳐오라고 한다. 도대체 어느 장단에 맞춰야 할지 알 수 없는 공회전의 반복이다. 정답은 물론 최종 결정권자에게 있다. 조직에는 체계가 존재한다. 사람들은 저마다 업무 스타일이 다르고, 기본적으로 경력 있는 상사는 기존에 통했던 방식을 익숙해하기 때문에 자신이 생각하는 선을 벗어나면 불쾌해 한다. 그래서 보고자를 힘들게 하는 이와 같은 상황이 종종 발생하는 것이다.

이때 상사와의 트러블이 생기지 않도록 주의해야 한다. 상사와 등을 져서 나에게 득이 될 것은 없다. 이러한 상황이라면 먼저 "저도 그렇게 생각하는데 부장님이 이렇게 바꾸라고 하셔서 어떻게 하면 좋을까요?"라고 물어 답을 구하는 것이 현명하다. 속이 상하더라도 직속상사의 말에 공감하고 동조한다는 표현으로 융통성 있게 대처해야 한다. 제발 싸우지 말자.

결재자를 파악했다면, 다음은 목적이다.

목적은 이 보고서를 쓰라고 하는 근본적인 이유이다. 보고서를 쓰는 이유를 모르는 사람은 맹목적으로 기존의 문서를 찾아 짜깁기를 시도하는데, 이런 보고서가 좋은 결과를 가져올 리 없다. 그러므로 보고서를 지시한 상사의 의도가 무엇인지 파악하는 사고가 필요하다. 다소 어렵더라도 상사와 대면하여 반드시 보고서의 목적, 의도에 대한 정보를 파악해야 한다. 긴장된 상황에서 지시를 받으면 정작 보고서를 작성할 때 기억이 나지 않거나, 적당히 쓰려다 보고서의 초점을 흐릴 수 있기 때문에 목적과 의도를 파악하기 위한 질문 리스트를 미리 작성해 보는 것도 좋다. 질문 리스트에는 보고서의 구성 요소가 될 수 있는 세부 정보들이 포함되어야 한다.

- 왜 이 일을 하라는 것일까? (목적)
- 과거 추진 배경이나 경과는 어땠는가? (배경)
- 보고를 통해 알고자 하는 것은 무엇일까? (내용)
- 반드시 담아야 하는 내용은 무엇일까? (핵심)
- 최종 결재자는 누구이며, 어떤 스타일인가? (대상)
- 언제까지 작성해야 할까? (기한)
- 협조 받을 수 있는 인력, 예산은 어떠한가? (자원)

이외에 업무의 특성에 따라 필요한 항목을 추가하여 질문 리스트를 만들 수 있다. 이러한 확인 작업은 보고서의 기본 방향을 확인할 수 있는 소중한 단서가 된다.

마지막으로 대상의 문제 혹은 이슈를 파악해야 한다.

문제가 파악하기 쉽게 드러나 있는 경우도 있지만 파악하기 어려운 경우도 있다. 내부의 문제라면 금방 알아낼 수 있겠지만 고객이나 고객사의 문제를 알아야 하는 상황이라면 더 어려울 수 있다. 누구든지 자신의 치부나 약점을 드러내 보이기 꺼려하기 때문이다. 이렇듯 상대의 문제는 조심스럽게 탐색해야 한다. 특히 고객과 관련된 문제라면 고객의 소리(VOC)나 커뮤니티 게시판, 후기 등을 통해 찾아볼 필요가 있다.

Good Report

보고서를 잘 쓰고 싶다면 반드시 알아야 할 것

상사는 왜 보고를 원할까?

- 문제·이슈가 있어서인가?
- 상황을 알고 싶은가?
- 판단할 만한 정보를 듣고 싶은가?

문제가 있다면...

- 회사 조직 내 문제·이슈인가? (내부)
- 고객의 문제·이슈인가? (외부)

정보 조사 범위와 방법
정량조사, 정성조사

보고서를 위한 정보를 조사할 때 역시 큰 그림부터 봐야 한다. 보고서를 통해 이루고자 하는 최종적인 그림, 청사진, 그것을 목적이라고 한다. 궁극적으로 이루고자 하는 바가 무엇인지, 이 보고서를 통해서 기대하는 것은 무엇인지를 분명히 알아야 하며, 이 정보를 제대로 알지 못하면 여러 번의 삽질을 경험하고 뒤늦은 후회를 하게 될 것이다.

그리고 목적에 따른 문제를 알고 과제를 도출하기 위해서는 현재 상황이 어떠한지도 알아야 한다. 어떤 현황 정보를 파악하는 것이 좋을까? 크게 거시적인 정보, 미시적인 주변 정보, 우리 회사의 내부 정보로 구분할 수 있다.

필요한 정보를 찾기 위한 질문

1. 거시 정보
- 법, 조례, 제도는 어떻게 규정되어 있는가?
- 해당 분야의 산업 트렌드, 전망, 동향은 어떠한가?

2. 주변 정보

- 고객 및 대상의 만족도는 어땠는가?
- 전문기관, 설문조사 등의 분석 결과는 어땠는가?
- 국내외 유사 사업이나 동종 분야 사례는 어땠는가?
- 수혜자, 고객의 요구사항은 무엇인가?

3. 내부 정보

- 그간의 추진 성과 및 운영 현황은 어땠는가?
- 내부 평가에서 나온 부족한 점이나 보완할 점은 무엇인가?
- 최종 결정권자의 요구나 지시사항은 무엇인가?

사실, 업무의 경험이 있는 사람은 이러한 정보들을 일일이 확인하지 않더라도 상사가 원하는 보고서의 내용을 짐작할 수 있다. 왜냐하면 반복되는 보고서 작성 업무를 통해 상사가 어떠한 보고를 원하는지, 어떠한 방안이나 방법을 선호하는지 감각적으로 알 수 있기 때문이다. 하지만 신규 고객(사)에 제안하는 경우 등과 같이 새롭게 접근해야 하는 경우라면 반드시 이러한 정보를 알아내야 할 것이다.

'지피지기 백전불태(知彼知己百戰不殆)'라고 하지 않았던가. 이길 수 있고 먹힐 수 있는 전략을 짜기 위해 먼저 상대가 누구인지를 제대로 아는 것이 중요하다. 상대방의 마음을 움직이는 보고서를 쓰려면 내가 아닌 상대방이 무엇을 중요하게 생각하는지, 무엇을 알고 싶어 하는지, 무엇에 관심이 있는지를 알 수 있도록 상대방의 정보를 제대로 캐낼 수 있어야 한다.

정보를 조사하는 방법

정량조사 (양적조사)	표본 조사, 패널 조사, 설문 조사 등
정성조사 (질적조사)	포커스 그룹 조사, 온라인·오프라인 포럼, 심층 면접 및 면담 등

정량조사는 양적인 누적 데이터를 통해 결과나 의미 분석에 필요한 데이터를 얻는 방법을 말한다. 정성조사는 데이터가 아닌 의견이나 주장, 견해를 토대로 한 주관적인 자료들을 얻는 방법을 말한다.

최근에는 빅 데이터 분석 알고리즘이 고도화되면서 데이터를 통해 많은 의미와 가치를 확인하기도 한다. 그럼에도 정성조사를 통해서만 얻을 수 있는 정보도 분명히 있다. 특정 이슈나 정책에 대한 인식의 배경을 이해한다거나, 합리적으로 설명하기 힘든 정서적 측면들을 구체적으로 파악하는 것처럼 말이다. 빅 데이터 분석 알고리즘이 고도화되면서 데이터를 통해 많은 의미를 확인할 수도 있다. 그러나 정성조사를 통해서는 특정 이슈나 정책에 대한 인식의 배경을 이해할 수 있다. 합리적으로 설명하기 힘든 정서적인 측면들을 구체적으로 파악할 수도 있다.

정보 조사에 유용한 사이트

1. 거시 정보

• 네이버 데이터랩 datalab.naver.com

네이버 검색 키워드 데이터를 기반으로 한다. 단기적(1년 이내) 추이부터 장기적(약 5년) 흐름까지 살펴볼 수 있으며, 그래프로 시각화한 정보를 제공한다는 것이 장점이다. 공공정보 사이트, 주제와 관련된 검색 키워드도 확인할 수 있다.

• 대한민국 대통령실 president.go.kr

청와대 〉 국정과제 〉 정부업무보고 메뉴로 들어가 보자. 현 정부와 관련 부처들의 업무 계획을 확인할 수 있다. 업무 계획을 통해 앞으로 어떤 산업이 더 성장할 것인지, 어떤 정책과 제도가 도입될 것인지 확인해 볼 수 있다.

• 썸트렌드 some.co.kr

SNS(소셜 네트워크 서비스) 빅 데이터를 실시간으로 쉽게 분석할 수 있는 서비스다. 단순 검색량 기반이 아닌 사람들이 SNS에 작성한 문서(게시물)에 대한 분석 결과를 얻을 수 있다. 예를 들어 특정 기업 브랜드를 검색하면 SNS상의 연관 키워드를 추출할 수 있어 아이디어 발상에 모티브가 될 수 있고 해당 문서들의 감성(여론분석)은 어땠는지, 어떤 감성어와 연관된 단어는 무엇인지 알 수 있다.

• 빅카인즈 bigkinds.or.kr

언론 미디어들의 기사 데이터를 실시간으로 분석하여 시각화 정보를 제공하는 사이트이다. 특정 시기의 기사를 바탕으로 주요 키워드 트렌드를 알 수 있고, 기사 내 인용문구만 따로 뽑아낼 수 있는 '인용문 검색' 기능도 있다. 또한, 검색어에 포함된 뉴스를 분석해 인물, 장소, 기관의 네트워크를 구성하여 주요 개체 간 연계성을 한눈에 볼 수 있으며 워드 클라우드 기능으로 키워드들의 비중과 영향력을 시각자료로 볼 수 있다.

· 국가통계포털 kosis.kr

통계청이 제공하는 원스톱 통계 서비스 사이트로 국가승인통계, 국제통계, 북한통계, e지방지표, 통계시각화 콘텐츠를 제공한다. 특히 산업 규모나 시장규모를 정확한 데이터로 확인하고자 할 때, 높은 신뢰성을 지닌 출처 역할을 한다. 실제로 많은 실무자들이 이 사이트를 근거로 시장을 예측하거나 목표를 세운다.

2. 주변 정보

· 전자공시시스템 dart.fss.or.kr

국내 대기업들의 사업 정보를 검색하면 회사의 개요, 사업 내용, 간략한 사업 보고, 계열사 및 자회사, 신용등급, 사업 연혁, 자본 변동사항, 재무제표 등의 회계 자료를 확인할 수 있다. 기업이 어떻게 성장해왔고 앞으로의 성장 계획을 어떻게 준비하고 있는지 추측할 수 있으며, 사업 내용을 통해서 관련 산업군의 시장 정보를, 계열사를 통해서 어떠한 산업군에서 활동 중인지, 신용등급을 통해서 기업의 안정성 등을 파악할 수 있다.

· 중소기업현황정보시스템 sminfo.smba.go.kr

대한민국 400만여 개의 중소기업 중 약 1/3에 해당하는 기업 정보를 조회할 수 있다. 매일 30여 개의 신규 중소기업이 등록되고 1천여 개 중소기업 정보가 갱신된다. 기업명, 대표자명, 기업형태, 업종, 주소 등 기업 개요나 현황을 한눈에 볼 수 있으며, 특히 매출현황 탭에서는 결산 연도별 총자산, 자본금, 매출액, 영업이익, 당기순이익 등을 확인할 수 있다.

· KMAPS NEO kmapsneo.kisti.re.kr

시장규모 분석, 경쟁사 현황 분석, 사업성 분석, 환경 분석 등 직접 경쟁사들의 재무상태를 확인하여 분석하지 않아도 그들의 전체 사업 현황을 그래프로 시각화하여 사업성까지 파악할 수 있도록 보여준다. 경쟁사 상황과 지표들을 한눈에 볼 수 있는 사이트이다.

• 중소기업 기술로드맵 smroadmap.smtech.go.kr

장래가 유망한 4차 산업혁명에 관련된 산업(빅 데이터, 블록체인, 드론, 서비스플랫폼, 신재생에너지, 인공지능 등등)의 시장 전망과 주요 경쟁사 정보 그리고 사업 운영전략 등을 보고서로 잘 정리해 두었기 때문에 이러한 분야로 창업 혹은 신사업을 준비하고 있다면 충분히 활용하여 사업보고서를 완성할 수 있다.

• 와디즈 wadiz.kr

기발한 사업 아이템으로 크라우드 펀딩을 유치하는 사이트로 펀딩액순으로 검색 시 가장 투자를 많이 유치한 아이템부터 우선순위가 정렬된다. 어떤 아이템이 많은 투자를 받았는지, 그들의 제품의 특징과 주력 제품의 홍보 콘텐츠도 확인할 수 있다. 더불어 와디즈 사이트의 상품 페이지는 고객의 관심을 집중시키기 위한 목적으로 만들어진 페이지이므로 벤치마킹하여 홍보 페이지 기획에 도움을 받는 것도 추천한다.

• 판다랭크 pandarank.net

원하는 카테고리나 검색어를 넣으면 키워드마다 네이버를 기반으로 한 월간 검색 수, 상품 수, 경쟁 강도, 광고 경쟁률 등의 데이터를 제공한다. 경쟁상품의 현재 가격 및 현황, 제품명 등을 실시간으로 확인할 수 있어 마케터, MD, 유통 업무자라면 해당 분야에서 유익한 정보를 얻을 수 있다.

정보 조사의 한계

불확실성의 시대,
무엇을 믿고, 선택해야 하는가?

보고서 작성을 위해 정보를 찾다 보면 어디부터 어디까지 조사해야 하는지, 어느 정도까지 조사해야 적정한 것인지 판단하기 참 어렵다. 여기저기에서 정보가 흘러나오면서 그 정보가 진실인지 거짓인지조차 헷갈리는 경우가 많다. 대부분의 정보는 목적이나 의도를 가지고 있다. 그래서 특정 정보를 정답으로 맹신하다 배신당하는 경우도 많다. 또한, 최신 정보라 하더라도 나만 본 것이 아니기 때문에 이미 너무 많은 사람이 본 정보라면 경쟁력이 없을 수도 있다.

불확실성의 시대에서는 과거의 정보에만 의존하는 것에 한계가 있기 때문에 스스로 주관적이고 주체적으로 생각하는 사고가 더 중요하다. 지금이 지나면 현재는 곧 과거가 된다. 과거를 통해 미래를 바라보는 사고 중 가장 분석적으로 활용되는 방법이 시계열 분석 방법(과거의 패턴을 통해 미래를 추론하는 분석사고)이라고 말하지만 과거에는 없던 상상의 것이 현실이 되는 경우도 많다. 미래를 보는 것이 아니라 상상하는 것이라고 가정한다면 앞으로 우리의 목표를 통해서 현재를 어떻게 살아 나가게 될 것인지, 어떻게 살아야 할 것인지, 어떻게 조정해야 할 것인지에 대한 사고가 필요하다. 그것이 바로 전략적인 사고이다. 당신은 과거형 인간인가? 미래형 인간인가? 과거형 인간은 과거를 통해서 현재와 미래를 내다보는 사람들이다. 미래형 인간은 미래의 나의 목적을 통해서 현실을 조정하는 사람이다.

제한된 현황 속에서 계획을 세우는 것은 돌발 요소들도 많고 시간과 비용의 한계를 두고 있기 때문에 성과도 크지 않다. 큰 꿈을 이루고 큰 비전을 성취해 내려면 꿈에 맞닿을 수 있는 전략적인 방법이 필요하며, 현실 내에서 최선을 다할 수 있는 사고법으로는 한계가 있다.

가설력이 중요한 진짜 이유

우리가 살아가는 비즈니스 환경은 여러 가지 변수들이 존재하기 때문에 그에 따라 엄청난 데이터를 분석하여 원하는 결론을 얻기 위해서는 많은 시간과 노력이 필요하다. 타이밍이 중요한 시대에 분석만 하다 타이밍을 놓치게 되는 어리석은 상황에 놓이지 않기 위해서는 가설사고가 필요하다.

'무엇부터 조사하고 분석해서 문제를 찾을 것인가?'가 아니라 '목적을 이루려면 무엇이 최적의 답일까?'를 생각해 보는 방법이 대다수의 경우 훨씬 현명할 수 있다.

가설을 설정하는 방법은 무엇일까? 상황을 모니터링하며 배경이 어떠한지를 추정해 본 후, 가설을 세워보자. 그리고 '이것은 ~임이 틀림없다.', '~로 될 것이다.'와 같이 가정을 먼저 해두고 그에 근거가 될 수 있는 자료나 데이터를 찾아 보완하는 방식이다. 이후 그 가설대로 빠르게 추진해보고 얻은 결과가 생각했던 결과인지를 판단하여 잘못된 부분이 있으면 가설을 수정하여 보완한다. 이렇게 일을 진행하면 업무 속도도 빨라지고 일의 능률도 올라갈 것이다. 결국 많은 시행착오는 경험이 되고 경험은 감을 만들어 앞으로의 문제들도 빠르게 해결할 수 있도록 탄력이 생겨나게 될 것이다.

사람은 미래의 가능성을 만들어 가는 주체다. 누구의 생각에 휩쓸려 묻혀가기보다는 나의 생각을 믿자. 나의 감을 세워라. 그리고 실천해 본 뒤 감을 보완하라. 감을 믿고 실천한 뒤의 실패의 원인을 규명하여 향후 진행될 반복된 업무에 적용하면 된다.

내 인생의 주인공은 나 자신이다. 남이 그 자리에 끼게 되면 그 인생은 내 것이 아니게 된다. 내 인생에서 누군가의 노예로 평생을 꿈 없이, 목적 없이 살아가는 것처럼 불행한 일은 없다. 스스로가 미래를 열어 갈 수 있고, 내 생각 그 자체에 남들이 따라오게끔 할 수 있는 리더가 될 가능성을 믿고 진취적으로 생각해 보자.

지금과 같은 불확실성의 시대에 가장 확실한 정답은 스스로 흐름을 읽고, 앞으로의 일들을 추론하여 내린 결론, 오직 그것뿐이다. 패턴을 그리고 구조화를 통해서 또한 여러분들 스스로가 다양한 관점 사고를 통해서 앞으로의 기회를 발견하고 창출해 나가야 한다. 현상을 보고 그대로 믿거나 받아들이지 말고, 현상에 대한 배경을 확인하고 현상에 대해 깊이 있는 이해가 필요하다. 그리고 향후 일어날 일들에 대해 추론해 보면서 '감'을 트레이닝 하자.

3

CHAPTER

모든 결과의
단서를 찾아라

앞서 보고서는 시작이 아닌 기획의 끝 작업이기 때문에 내가 기획에 관여하지 않았다면 기획을 한 최종 결정권자 혹은 상대의 의도를 파악하는 것이 우선이라고 말했다. 만약 그에게 직접 물어볼 수 있는 상황이 아니라면 주변 단서들을 통해 최대한 추측해 보아야 한다. 단서를 찾아 추측하는 것은 추진력을 높이고 업무 시간을 단축하는 효과가 있다.

범죄 현장에서도 단서를 통해 사건 발생 시각이나 범인의 행동을 분석하여 범인을 빠르게 추적할 수 있다. 이러한 수사 기법을 프로파일링(Profiling)이라 한다. 프로파일링은 어떤 개인의 심리적, 행동적 특성을 분석함으로써 특정 상황이나 영역에서의 행동을 예상하는 것을 말한다. 예를 들어 범죄가 발생한 정확한 시각을 알기 위해서 무엇을 보면 될까? 피가 굳은 정도? CCTV? 주변 지인들의 진술?

미국 드라마 CSI 과학수사대에서 길 그리섬 반장은 범죄 현장에서 곤충을 보고 피해자의 사망시간을 확인한다. 어떻게 가능할까? 시체가 부패하면 자연스럽게 시체를 먹이로 생각하는 곤충류들이 모여든다. 가장 먼저는 검정파리, 딱정벌레, 송장벌레, 진드기, 개미 순으로 부패 정도와 상태에 따라 찾아 드는 곤충의 종류가 달라진다. 이를 통해 피해자가 언제 사망했는지, 원인은 무엇인지 알 수 있는 것이다.

또한, 세상을 떠들썩하게 했던 연쇄살인범들의 공통적인 성향을 통해 범죄를 일으킬 가능성 추측해볼 수도 있다. 미국 노스이스턴 대학의 연구 결과에 따르면 "살인 범죄를 저지른 사람 중 45%가 동물 학대를 경험한 적 있다"고 밝혔다. 이러한 유사 성향과 행동 패턴을 통해 범인이 자주 갈만한 장소나 범행 도구, 범행 습성까지 파악해 볼 수 있는 것이다. 이러한 프로파일링은 범죄 수사에서만 사용하는 것이 아니라 일상에서도 적용하여 오래 걸릴 일을 능률적으로 처리할 수 있다.

조직에서 심각한 문제가 발생하면 단서들을 취합하여 해결책을 제시해야 한다. 그러나 조직에서는 보통 문제가 발생하면 실무자를 문책하거나 징계하는 등 사람에게 처벌하여 빠르게 사건을 마무리 지으려 하는 경우도 비일비재하다. "이거 누가 한 짓이야? 당장 사표 써!" 물론 극단적인 표현이지만 사건의 원인을 규명하지 않은 채로 종결하면 문제가 또 일어나거나 걷잡을 수 없는 더 큰 문제가 되기도 한다.

내부의 문제라면 금방 직감할 수 있겠지만 고객사의 정보를 알아야하는 상황이라면 더 어려울 수 있다. 누구든지 자신의 치부나 약점, 문제를 보이기 싫어하는 이치와 같다. 문제는 조심스럽게 탐색해야 한다. 그리고 가설을 던져볼 수 있어야 한다. 상대가 중요하게 생각하는 문제와 근본적인 문제점, 즉 왜 문제가 일어났는지를 알아야 한다. 드러난 문제가 우리가 인식하게 된 현상이나 결과라면 문제점은 그 문제를 해결하기 위한 근본적인 원인을 의미한다.

현상과 문제
구분 짓기

보고서를 작성할 때, 현황은 어떻게 보여주면 좋을까? 일상의 예를 들어보자.

6살 아이가 손톱을 무는 버릇이 있다. 그러던 어느 날 손톱에서 피가 나기 시작했다면 부모로서 당신의 해결책은 무엇인가? 보통은 갑작스러운 문제가 발생하면 당황하며 빠르게 그 문제를 처리하려고 한다. 맨날 손톱을 물어 뜯으니 그렇다며 화를 내는 사람, 누굴 닮아 그러는 것이냐며 남 탓하는 사람, 아이가 손톱을 더 이상 뜯지 못하도록 결박하는 사람, 참다 못한 사람은 결국 아이의 등에 스매싱을 날리는 경우도 있을 것이다.

물론 피가 나면 지혈부터 하여 더 이상 문제가 확산되지 않게 조치하는 것이 우선이다. 그런 다음에는? 보통 아이만 훈계하고 끝나니까 문제가 반복되는 것이다. 물어 뜯지 않으려면? 어떻게 해야 하는지에서 나올 수 있는 답도 있지만 반대로도 생각해 볼 수 있어야 한다.

"왜 손톱을 물어 뜯을까?"

여러 원인이 있겠지만, 아이와 부모의 생활상을 지켜본 전문가는 말한다. 대게 아이가 손톱을 물어 뜯는 행위는 스트레스를 받거나 애정결핍에 원인이 있으니 아이가 손톱을 뜯지 않으려면 부모가 아이와 교감하는 시간을 늘려 아이가 정서적으로 안정감을 느낄 수 있게 해야 한다고 말이다. 부모는 최선을 다해 아이를 키우고 있다고 생각할 수 있지만 그 것은 부모의 입장에서의 최선이기 때문에 아이가 정서적으로 사랑을 받고 있다고 느끼는지 되돌아 볼 필요가 있다는 것이다. 즉, 문제가 발생하지 않으려면 근본적인 원인을 규명하고 그에 적합한 해결책을 마련해야 한다.

한 가지 사례를 더 살펴보자. 범죄사고의 현장에서 나 몰라라 방관하는 사람들이 늘어나면서 우리나라에서도 방관자 효과의 문제를 심각하게 여기고 있다. 저출산, 고령화가 날로 심각해져가는 시대에 최근에는 옆집 독거 노인이 사망한지 3달 만에 발견될 정도로 이웃에게 무관심한 우리의 사회상을 볼 수 있다. 1964년 뉴욕 번화가에서도 이와 비슷한 사건이 있었다. 한 흑인 남성이 새벽에 주차장에서 젊은 여성을 약 30분간 칼로 무자비하게 찌르고 달아난 사건이다. 현장에는 무려 38명의 목격자가 있었으나 흉기를 휘둘렀던 긴 시간 동안 아무도 신고하지 않았고, 피해 여성은 결국 현장에서 즉사하였다.

무엇이 원인일까? 왜 이런 일이 일어나게 되었을까? 그냥 범죄자가 악질이라고 생각하는가? 뉴욕시는 이 사건에 대해 범죄자의 잔인함을 엄중한 사안으로 판단하여 가장 무거운 형량인 종신형을 선고했다. 범죄자가 없어졌으니 뉴욕은 안전해졌을까? 그 이후로도 모방범죄나 유사 사건들이 지속적으로 발생했다. 문제의 원인을 제대로 규명하지 않으면 이렇듯 문제는 반복적으로 또 발생한다.

아이러니하게도 현장에 범죄를 목격했던 38명의 목격자들에게 왜 신고하지 않았는지를 물으니 "아무도 신고 안 했어요?", "당연히 신고한 줄 알았죠!"라는 어이없는 대답뿐이었다. 원인은 누구에게 있을까? 문제가 반복되지 않기 위해 궁극적으로 왜 이런 범죄가 발생하는지 원인을 찾아야 한다. 범죄 현장을 목격하고 바로 신고할 수 있도록 제도화하거나 기술적인 장치를 도입한다면 결과는 어떻게 될까? 스마트폰이 대중화되고 SNS라는 매체를 통해 소통할 수 있는 수단이

다양해졌지만 방관자 효과는 어디에나 있다. 우리 사회도 이와 다르지 않다.

드라마 <이상한 변호사 우영우>에 나오는 문제이다.

"몸무게가 20톤인 암컷 향고래가 500kg에 달하는 대왕 오징어를 먹고 6시간 뒤 1.3톤짜리 알을 낳았다면 이 암컷 향고래의 무게는 얼마일까요?"

"답은 고래는 알을 낳을 수 없다. 고래는 포유류라 알이 아닌 새끼를 낳으니까요. 무게에만 초점을 맞추면 문제를 풀 수 없습니다. 핵심을 봐야 해요."라고 일침을 가한다.

우리는 숫자가 제시되면 본능적으로 숫자에 집중하고, 그 안에서 답을 찾으려고 한다. 그렇지만 질문 자체가 성립할 수 없게 구성됐다. 고래는 알을 낳을 수 없는 포유류이기 때문에 알을 낳을 수 없고, 질문 자체는 옳지 않다고 질문자의 오류를 지적해야 한다. 이 이야기 역시 문제 하나에만 집중하지 말고 전체를 볼 수 있는 시각을 가지라는 점을 말해주고 있다.

자, 그렇다면 이번에는 직접 문제와 문제점을 찾아보는 연습을 해보자.

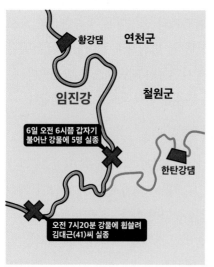

- 북한이 사전 예고도 없이 황강댐에서 초당 4,000㎥의 물을 일시에 방류함.
- 당시 홍수경보시스템 원격단말장치가 제대로 작동하지 않아 경고방송이 늦어짐.
- 재난상황실에는 수위가 표시되는 강우상황판이 제대로 운영되지 않음.
- 운영실에는 폐쇄회로 CCTV가 각각 설치돼 있었는데도 강우상황판을 확인하지 않음.
- 군부대는 필승교 경보발령 수위를 넘어선 것을 확인하고도 관련 기관에 연락하지 않음.
- 2009년 9월 6일 1시간 반에 걸쳐 연천 임진강 근처 야영객 총 6명이 숨지는 사건이 발생함.

이 상황의 문제는 무엇인가? 그에 따른 원인은 무엇인가? 생각해보자. 문제는 임진강 범람으로 야영객 6명이 숨진 것이다. 원인은 제때 작동하지 않은 경보시스템, CCTV 오작동, 관련 공무원과 군부대의 근무태만이다. 그 중에서도 제때 작동하지 않은 조기 경보 시스템이 직접적인 원인이 된다. 이렇게 비슷한 사태들이 한국 사회에서는 동일하게 반복되며 수많은 인명 사고가 일어나고 있다. 문제가 다시 반복되지 않으려면 원인을 분명하게 규명하고 그에 따른 대책을 강구해야 할 것이다.

유사한 사례는 또 있다. 165명의 사상자가 발생한 이태원 핼러윈 참사의 원인은 무엇인가? 그리고 다시 동일한 참사가 반복되지 않으려면 어떻게 해야 할까? 사회적 거리두기 해제 이후 맞이한 첫 핼러윈 데이라는 점이 인파 급증의 원인으로 지목됐다. 10월 마지막 주 토요일 이태원을 찾은 인원을 보면 지난 2020년 1만 8,546명에서 2022년에는 5만 4,192명으로 3배 가까이 급증했다.

전문가 A에 따르면 1㎡당 7명 정도의 군중 밀집도에서는 자의에 의해 거동이 어려운 '군중 유체화' 현상이 발생한다. 사람들은 약 3m 이상 떠밀릴 수 있고 압력에 의한 질식을 유발할 수 있다고 발표했다.

전문가 B는 밀집도가 높은 상황에서 전도가 발생하면 압사사고로 이어질 가능성이 높다고 발표했다. 전도가 발생했을 당시에는 2,200~5,500N(뉴튼, 약 220~550kg) 누르는 힘이 작용했고, 이는 숨 쉬는 것을 힘들게 하며 내부 장기 손상에 영향을 줬을 것이라고 말했다. 그러면서 양방향 통행도 사고 원인 가운데 하나로 꼽았다. 그는 양방향을 일방향으로 바꾸면 밀집도 자체를 낮추는 효과가 발생한다며 양방향 통행으로 압력을 계속 받던 사람이 기절하고 밑으로 빠지게 되면 공간이 비어 전도가 발생할 수 있다고 분석했다.

오후 8시 30분부터는 세계음식거리로 모여드는 인파가 최고조에 달하면서 T자형 삼거리를 중심으로 극심한 정체가 발생한 것으로 조사됐다. 특수본은 이미 오후 9시부터 '군중 유체화' 현상이 발생했다고 봤다. 참사 1시간 15분여 전부터 사고 위험이 극심했던 셈이다. 피해자들의 사인은 '압착성 질식사'와 '뇌부종(저산소성 뇌손상)' 등으로 확인됐다.

사고 이후, 온라인 상에서는 이태원 참사가 발생한 골목길에서 각시탈과 토끼 머리띠를 착용한 누군가가 '밀어'라고 소리치며 고의로 사람들을 밀어 참사가 초래됐다는 목격담이 있기도 했다. 그러나 의혹을 받은 남성은 경찰 조사 결과 혐의점이 없는 것으로 밝혀졌다.

최종적으로 특수본은 경찰·지자체·소방·서울교통공사 등 법령상 재난안전 예방 및 대응 의무가 있는 기관들이 예방적 조치를 취하지 않았고, 사고 당일 적절한 조치를 취하지도 않았다며 부정확한 상황판단과 상황전파 지연, 구호 조치 지연 등 기관들의 과실이 중첩돼 다수의 인명피해를 초래한 것으로 판단했다고 발표했다.

결국 사건의 원인에는 인파 급증, 군중 유체화 현상, 사건 의무기관들의 부정확한 상황 판단, 전파·구호 조치 지연이 있는 셈이다. 두 번 다시 일어나서는 안 될 대참사이다. 반복되지 않으려면 우리가 해결해야 할 과제는 무엇일까?

모든 문제에는 원인이 있고 근본적인 원인을 알아야 제대로 된 해결책이 나온다.

문제에 따른
실마리 찾기

앞서 문제가 발생한 근본적인 원인을 규명하는 과정이 중요하다고 말했다. 문제가 발생한 원인은 여러 가지가 있다. 그러나 문제를 해결하기 위해서는 우리가 할 수 있는 범위 내에서의 원인에 집중해야 한다. 조치할 수 없는 원인으로는 대책을 마련할 수 없기 때문이다.

필자가 교육할 당시 살기 좋은 지역사회 만들기라는 목적으로 공공의 문제를 해결할 수 있는 기획 실습을 진행했었다. 5명씩 약 5~6조의 구성으로 노인, 아이들, 청년, 장애인 그룹의 현황과 문제를 조사해 그들에게 필요한 아이디어를 기획해 보자는 미션이었다. 모두 문제에 대한 이야기를 나누고 그에 대한 원인을 찾아 다양한 아이디어나 방안들을 이야기하느라 정신이 없었다. 대부분의 조들은 여러 방안들을 모색하며 초롱초롱한 눈빛으로 논의를 이어갔다. 실습 시간이 끝날 때 즈음 그 중 한 조는 유독 심각해 보였다. 가까이 다가가니 시무룩하게 고개만 숙이고 아무 말을 하지 않고 있었다. 분명 몇 분 전만 해도 누구보다 열의 있게 논의를 했던 조였다.

왜 그랬을까? 그들이 의욕을 잃은 이유는 논의 대상이었던 노인들이 처한 현실과 문제를 이야기하며 주거 문제, 건강 문제, 요양 문제, 정신적 문제 등 문제들에만 너무 집중한 나머지 감정만 격해져 정작 해결해야 할 과제를 찾지 못하고 좌초된 것이었다.

"이걸 우리가 어떻게 해결하나요? 세상이 암담합니다! 우리에게 밝은 미래는 끝났습니다. 이게 다 누구 때문이죠."

조별로 개선 방안을 발표를 할 때 이 조는 나라가 바뀌어야 우리가 바뀔 수 있다며 정권 교체만이 해결책이라는 결론을 내놓았다. 이러려고 미션을 줬던가 싶어 뒷골이 당겼던 기억이다. 문제에 집중하지 말고 원인을 알아야 해결책을 찾을 수 있다. 우리가 세상을 바꾸려는 노력이 없다면, 정권이 바뀌어도 세상은 여전히 그 자리일 것이다. 할 수 없다는 우리의 생각부터 바꿔야 한다. 이 조는 문제에만 집중하고 우리가 해결해야 할 숙제가 무엇인지에는 집중하지 않았던 것이다.

문제는 여러 형태로 나타날 수 있다. 그러나 문제 하나 하나를 집중해서 해결할 수 없다. 가진 자원은 한정적이고 우리에게 시간도 부족하다. 그래서 비슷한 문제들은 공통적인 원인을 찾아 원인만 해결하면 여러 문제를 해결할 수 있는 기지(기발한 지혜)와 전략이 필요한 것이다. 여러 가지 원인들 중에 조치할 수 있는 범위 내의 원인을 찾자. 그것을 우리가 해결해야 할 과제로 선정하고 그에 맞는 해결책을 모색해 보자.

문제란 원하는 그림과 현실의 큰 차이, 우리가 심각하다고 바라보는 수준이나 사건, 결과를 말한다. 문제는 문제점과 다르다. 문제는 이미 터져버려 손 쓸 수 없는 결과, 상태처럼 발생한 것을 의미하지만, 문제점은 그 결과가 일어나게 된 이유, 근본적인 원인을 말하는 것이다. 보고서를 작성할 때 이 부분에서 해결책으로 넘어갈 때 연결성이 중요하다. 문제를 3가지 유형으로 나누어 살펴보자.

발생형(과거) 문제

앞서 언급했던 사례처럼 문제가 수중으로 드러나 많은 사람들이 감지했을 경우로 심각한 결과를 초래한 문제에 대한 해결책을 찾아야 한다. 문제의 유형 중에 명확한 문제가 발생하였기 때문에 문제의 원인을 다양한 관점으로 규명해보고 그에 맞는 최적의 해결책을 제시하는 과정으로 흐른다.

< 발생형 문제의 해결 프로세스 >

① 문제가 드러난다.
② 문제가 발생하게 된 원인을 규명한다.
③ 해결책·대책을 수립하여 실행한다.
④ 실행 결과를 피드백한다.

탐색형(현재) 문제

문제는 현황과 목표 사이의 벌어진 차이를 의미한다. 일반적으로 조직에서는 새로운 일을 추진할 때 어느 정도의 성과를 낼 것인지 목표를 세운다. 문제라는 것을 정확히 알기 위해서는 우리의 목표와 지금의 상황의 차이로 확인할 수 있다. 딱히 문제가 공공연히 드러나지 않았더라도 우리가 잘하고 있는지를 평가하기 위해 현재 상황과 목표를 비교해 보면서 문제를 인지하는 것이다.

< 탐색형 문제의 해결 프로세스 >

① 우리의 목표를 명확하고 구체적으로 세운다.(산출·성과)
② 그에 따른 평가 기준을 세운다.
③ 목표를 달성하기 위한 여건을 파악하고 방안을 모색한다.
④ 목표를 달성할 수 있는 방안의 우선순위를 결정하고 실행한다.

설정형(미래형) 문제

요즘과 같은 시대를 불확실성의 시대라고 말한다. 4차 산업혁명으로 발빠르게 새로운 기술들이 세상을 바꾸어 나가면서 편리한 부분도 있지만 문명의 급성장에 따라 야기되는 문제들로 한 순간에 무너질 수 있는 만큼 앞으로 일어날 수 있는 문제들을 예상하여 대비할 수 있어야 한다. 미래에 발생할 수 있는 문제들의 공통적인 지점을 찾아 시나리오를 적용해 보면서 미리 대비할 수 있는 위기관리 능력이 필요하다.

< 설정형 문제의 해결 프로세스 >

① 우리의 중점 영역을 선택한다.
② 발생 가능한 문제들을 예견해본다.
③ 가설을 세우고 다양한 대책을 세운다.
④ 위기관리 매뉴얼을 구비하여 발생 상황에 대비한다.

유형	발생형(과거) 문제	탐색형(현재) 문제	설정형(미래) 문제
상황	• 정상적인 상태, 목표 대비 이탈이나 미달 상황을 정상의 상황으로 만들고자 하는 의도 (예) 지난 주 대비 접속자 25% 감소 수익률 감소, 매출의 지속적 하락 불만족, 클레임 13건 발생(40% 상승)	• 현재의 기준/목표 대비 개선 기회를 모색(현재의 목표, 기준을 상향) (예) 업무 효율성 추가 30% 제고 학습 성취율 추가 25% 상승 홈페이지 접속수 추가 110만 명 확대	• 기준이나 목표를 새롭게 설정하고 도전, 창조 • 미래의 트렌드나 변화에 대비 (예) 환경 보전 위한 ESG 사업 추진 인공지능 기술력 확보 미래 먹거리 곤충 식품류 개발
특징	• 원인 규명형 과제 • 눈에 보이는 과제	• 개선 추구형 과제 • 문제의식을 갖고 찾아내는 과제	• 미래 환경 변화를 예측 • 당사자의 의지에 의해 새롭게 설정되는 과제

문제를 확인하고 해결책을 찾는 과정

① 과제 목표와 현실 사이의 차이로 인한 부정적 요소를 표현해 본다.

② 그간 지속했던 과제라면 추진상황, 실적, 성과를 먼저 평가하고, 목표와 비교하여 어떤 한계를 드러냈는지 찾아본다.(성과보고서·결과보고서 검토)

③ 결과에 따른 부족했던 점이나 보완해야 할 점은 무엇인지 찾아본다.

④ 우리의 목표를 이루기 위해 어떤 문제점을 과제로 설정해야 할 것인지 찾아본다.

⑤ 과제별로 적절한 해결방안을 수립한다.(방안의 장점과 단점도 고려)

⑥ 우리의 역량, 조직, 제도, 예산, 시설, 인프라, 홍보 효과를 점검하여 계획을 수립한다.

　- 올바른 의사결정이 이뤄지기 위해서는 현재 상태에 대한 정확한 인식이 꼭 필요하므로 현황이 어떠한지를 객관적이고 구체적인 사실에 기초하여 다각적으로 기술

　- 현황과 실태를 기술 후 이러한 상태가 발생하게 된 원인에 대해 단순히 문제점을 나열하는 수준이 아니라 근본적인 원인을 파악

현황(지금의 상태)과 문제점은 무슨 차이일까?

• 사실 = 문제

현황은 지금의 상태를 객관적으로 표현한 것. 문제는 심각한 상황이나 결과.

• 의견 = 문제점

문제점은 종합적인 원인과 과제에 대해 나의 의견 주장하거나 제시하는 것.

(예) 칼슘은 권장량의 2/3로 부족, 12~18세 청소년기에 가장 낮음 → 문제

과일 섭취량은 10~18세가 모든 생애주기에 비해 상대적으로 매우 낮음 → 문제

생애주기별 영양불균형에 따른 영양 균등 섭취 방안 필요 → 문제점

(예) 홈페이지의 신규서비스에 대한 인지도가 30% 이하로 조사됨 → 문제
      동시접속이 지난 주 대비 3.5% 감소했으며, 계속적으로 감소하고 있음 → 문제
      신규 회원의 사용 방법 무지로 다각적인 홍보 필요 → 문제점

문제점을 분석하기 위한 5WHY 질문법

일어난 결과에 대해 '왜 일어났는가?'를 생각하라.

문제 해결과정에서 문제가 드러나는 현상에만 집착하여 문제 해결의 방향을 잘못 잡아 나가는 경우를 주의해야 한다고 했다. 현상만 보며 '어떻게 하지?' 막연한 질문만 반복하지 말고 '왜 일어났는가?'라는 끝없는 질문을 통하여 문제의 실체를 정확히 파악하고 정확히 파악된 문제를 바탕으로 올바른 해결방안을 수립해 나가야 한다.

질문 ①: 왜 156명이나 죽었을까?
답변 ①: 다수가 흉부 압박으로 질식사했기 때문에
질문 ②: 왜 질식사 했나?
답변 ②: 많은 사람들이 한꺼번에 밀집되어 넘어져서
질문 ③: 왜 넘어졌나?
답변 ③: 많은 사람들이 보행할 수 있도록 통제하는 시스템이 없어서
질문 ④: 왜 통제하는 시스템이 없었나?
답변 ④: 할로윈 데이 인파를 통제·관리하는 책임기관이 없어서
질문 ⑤: 왜 책임기관이 없나?
답변 ⑤: 안 만들어서, 중요하게 생각하지 않았으니까
          (사고 예방 시스템과 책임기관의 부재, 안일한 업무 방식)

질문의 답변으로 모르겠다는 말이 나올 때까지 질문을 해보고 마침내 어느 정도 구체적인 이유가 나왔다면 그 이유를 문제점과 과제로 생각하여 해결책을 찾아보면 될 것이다. 물론 계속적인 질문법이 모든 문제를 해결해 주는 것은 아니다. 다만 근본적인 원인을 찾아줄 수 있도록 도와주는 방법이 될 것이다.

할 수 있는 것과
할 수 없는 것

'문제가 왜 일어났는가?'의 원인이 여러 가지라면 그 중에서 우리가 할 수 있는 일에 집중하자. 할 수 없는 것을 바라만 보면 괴리감도 더 커지게 된다. 손자병법의 전략술에서도 이길 수 없는 판이라면 들어가지 않는 것도 전략이다. 이길 수 없는 판에 열정으로 들어가서 참패만 지속적으로 당하다 보면 사기도, 비용도, 시간도 날리는 것이니 승률을 판단해 이길 수 있는 판에 전략을 세워 들어가는 것이 여러모로 이롭다.

일상에서도 내 시간과 노력을 할 수 있는 일보다는 할 수 없는 일에 집중해 허비하는 사람들이 참 많다. 리스트를 만들어 구분하고 할 수 있는 일에 집중해 하나씩 우선순위를 정하여 진행하다고 보면 내 삶이 조금씩 변화하는 것을 느낄 수 있을 것이다. 우리의 조직도 마찬가지다.

Good Report

보고서를 잘 쓰고 싶다면
반드시 알아야 할 것

우리의 과제는 무엇인가?

문제점	왜 문제가 일어났지의 근본적인 이유(여러 가지 원인들)
과제	우리가 해결할 수 있는 범위 내의 원인

- 다양한 문제의 원인 중 해결할 수 있는 원인에 집중하자.
- 문제점은 곧 해결책의 실마리 역할을 한다는 것을 기억하자.

4

최적의
해결방안을
찾아서

문제점에 대한 대책을 어떻게 제시할 것인가?

우선 절차대로, 원칙대로 하자면 정보를 조사하고 그에 맞는 분석을 통해 정답을 찾는 것이 맞다. 그러나 인생사 모든 일들이 원리대로 흘러가지만은 않는다. 순리대로 분석하지 말고 직관력을 통해 가설을 세우고 빠르게 검증하는 것이 더 전략적일 수도 있다. '이것이다!'라고 단정할 수는 없지만 시간이 중요한 비즈니스 세계에서는 문제를 조사하고 분석하는 것에 시간을 최소화하는 것이 경쟁력이다. 그래서 직장에서는 경험자에 의한 감(촉)을 세워 가설을 던져보는 것이 우선이다.

물론 경험이 부족하거나 없는 구성원은 무턱대고 가설을 던질 수 없다. 오랜 경험으로 내공을 쌓은 선배, 상사에게 감각을 빌릴 수밖에 없다. 유경험자라면 가설(입증되지 않은 가정의 설)을 던져보고 빠르게 검증하여 방안을 모색하는 것이 지름길이다. 처음부터 말했듯이 보고서의 정답은 결재권자에게 있기 때문에 분석으로 열심히 답을 제시하더라도 결재권자의 흡족함을 얻어내지 못하면 의미 없는 짓이기 때문에 먼저 결재권자의 의중을 제대로 살펴볼 필요가 있다.

번뜩이는 아이디어, 어떻게 떠올릴 수 있을까?

아이디어는 아무 노력 없이 나올 수 없다. 평상 시 내가 일하는 분야의 정보와 동향을 늘 모니터링 해야 한다. 요즘 기술적 트렌드나 새로운 이슈들이 무엇이 있는지 조사하고 잊지 않도록 주요 내용들은 스스로 정리해 두는 습관도 필요하다. 필자는 카테고리별로 폴더를 만들어 연도별로 정리한다. 또한 시장 분석, 마케팅, 기술, 업무 스킬, 정책 등 관심 분야별 폴더로 모아두고 보고서를 작성할 때 논리의 근거나 명분 자료로 활용한다.

영감에 도움을 주는 사이트

1. 사업 기획 아이디어

• 아이보스 iboss.co.kr
  메인 메뉴 > 콘텐츠 > 자료실

메조미디어, 인크로스, 한국갤럽, DMC미디어, 대학내일, 모비데이즈, 크로스미디어, 나스미디어 등 다양한 분야 트렌드와 소비자 상황을 조사하고 분석하는 기관에서 발간한 트렌드 리포트를 한눈에 수집할 수 있다. PDF 기반의 보고서 형태로 깔끔하게 정리되어 있어 보고서의 자료로 활용하기에 안성맞춤이다.

• 디스콰이엇 disquiet.io

IT 실무자, 개발자, 창업가들을 위한 공간이다. 메이커들이 더 좋은 제품을 개발하는 것에 도움이 되는 제품 개발 인사이트, 트렌드, 스토리가 올라온다.

• 서핏 surfit.io

디렉토리 현업에서 일하는 다양한 분야의 사용자가 자신을 소개하고, 경험을 공유하는 공간이다. 스타트업, 브랜딩, 기획 및 디자인 등 현업에 있는 사람들이 관심 가질 만한 주제들의 콘텐츠를 큐레이팅해 준다. 서핏 내 검색 기능을 활용하여 창업, 시장 관련 자료 조사에 있어서 도움이 된다.

2. 마케팅·광고 아이디어

• 스투시의 Marketing&AD Factory blog.naver.com/stussyblog
• 스투시 브런치 brunch.co.kr/@stussygo

해외의 다양하고 기발한 마케팅, 광고 이야기를 자신의 견해와 함께 이해하기 쉽게 정리해 놓은 사이트이다. 지금 당장 회사에 접목할 수 있는 아이템은 아니지만 해외에서 어떤 기발하고 참신한 마케팅이 펼쳐지고 있는지 레퍼런스를 연구하거나 교육할 때 유용하게 참고할 수 있는 사이트이다.

• 제일기획 아이디어 페스티벌 ideafestival.cheil.co.kr

• HS애드 hsad.co.kr/00_main/index.asp

역대 수상작의 크리에이티브와 기획서 사례들을 보면 시장에서 적용할 만한 참신한 광고, 마케팅 아이디어 사례들을 찾아볼 수 있다. 특히, 기획서 사례들은 시장을 분석하고, 고객을 정의하여 전략과 컨셉을 도출하는 일련의 마케팅 기획 과정을 스토리텔링으로 쉽게 볼 수 있어 마케팅 기획서나 보고서 자료를 만들 때 참고하여 활용할 만한 가치가 있다.

3. 정책 아이디어

• 한국 보건산업진흥원 khidi.or.kr
  정책제안 > 우수정책제안

정책 관련하여 국민들의 아이디어를 공모하며, 이를 통해 선정된 우수한 정책 방안을 게시하고 있다.

• 한국보건사회연구원 kihasa.re.kr
  발간자료 > 보건복지 Issue & Focus, 보건복지포럼

국내에서 연구하고 있는 공공의 문제와 과제 그리고 방안 연구자료들을 간추려 확인할 수 있다. 보통 학술자료나 논문은 방대한 자료로 되어 있어 내용 발췌에 어려움이 있고 정리하는 데 시간도 많이 필요하지만 10~15장 내외로 함축·정리된 자료는 내용 발췌에 용이하다.

이외에도 원하는 명확한 주제가 있다면 구글에서 (File type: pdf, ppt.. + 찾는 키워드)로 세밀하게 검색하면 내가 원하는 최적화된 자료를 맞춤 형태로 쉽게 찾아볼 수 있다.

그리고 반드시 알아야 하는 것은 회사는 너무 기상천외한 아이디어는 거부한다는 것이다. 아이디어도 아이디어 나름이다. 생각지도 못한 범위의 의외적인 기발한 아이디어는 조직에서 외면한다. 참신한 것도 좋지만 조직은 위험천만한 모험보다는 안정을 우선으로 생각하기 때문에 너무 도전적인 아이디어는 거부할 수밖에 없다. 차별화되는, 혁신적인 사고를 요구하면서 동시에 보수적인 아이러니한 상황이다. 이러한 모순을 고려하여 익숙한 것으로부터 약간, 2% 다른 아이디어를 제시하도록 하자. 혹은 조직이 인정할 수 있는 범위 내에서 방안을 제시해보자.

미래를 예측하는 아이디어 발상법, 퓨쳐스 휠

혼자 혹은 기획 회의를 할 때 생각이 정체되어 있거나 도무지 아이디어가 떠오르지 않는다면 찬찬히 생각의 사다리를 열어볼 수 있도록 도와주는 도구를 추천한다. 퓨쳐스 휠(Futures Wheel)은 특정 이슈 키워드나 트렌드가 미래 사회에 미칠 영향력 및 파급 효과를 사전에 파악할 수 있게 도와주는 분석도구이다. 마치 마인드맵과 유사한 도구처럼 보이지만 마인드맵처럼 생각나는 대로 적는 것보다는 방향성과 개연성을 가지고 생각을 확장해 나간다는 점에서 차이가 있다.

가운데 내가 혹은 조직이 생각하는 이슈 키워드를 쓰고 이를 토대로 3~6개월 후에 어떻게 변화되어 나갈 것인지를 추측하며 단계를 확장해 나가는 것이다. 예를 들어 저출산 고령화를 키워드로 잡아보자. 고령화가 되면 노동 인구와 저축 수요는 감소하고, 노인들의 취미생활이 다양화되며 노인들을 위한 전문 의료기관과 요양시설들이 증가하게 된다. 그에 따라 혼자 사는 노인들이 늘어나고 노인들의 맞춤형 식단과 생활 케어를 할 수 있거나 도움을 주는 대행 산업이 커진다. 노인들이 함께 상부상조하며 생활을 하는 쉐어하우스도 합리적인 사업 모델이 될 수 있다.

이렇게 사회적으로, 기술적으로, 환경적으로, 제도적으로, 문화적으로 어떤 변화가 생겨날 것인지를 다양하게 상상해보며 나에게 유리할 수 있는 지점을 찾거나 우리 회사나 팀의 신규 사업 아이템이 될 수 있는 아이디어를 발견할 수도 있을 것이다.

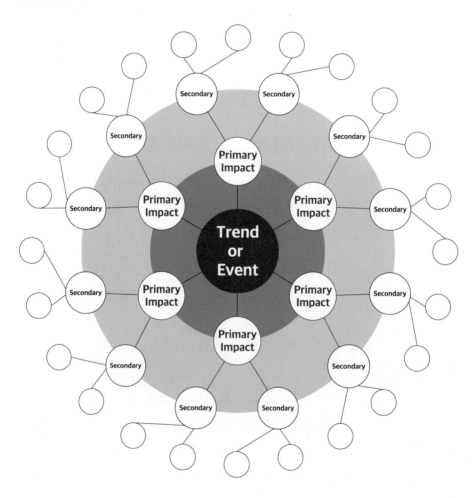

하나의 주제를 구체적으로 확장하는 사고법, 만다라트

막상 아이디어나 아이템이 생각났다 하더라도 무엇부터 어떻게 계획해 나가야 할지 막연할 수 있다. 총 9장의 종이를 마련하고 전체 종이에 9칸의 공간이 나오도록 선을 긋는다. 첫 장에 9칸의 빈 공간 가운데에 사업 아이템을 적고 1차적으로 나머지 빈 8개 공간을 아이템을 실행하기 위해 어떤 자원이나 요소가 필요한지를 적어 나가며 디테일한 구상을 해나간다. 하나를 쓰는 데에 많은 시간을 할애하기보다는 가능한 제한 시간을 두고 짧은 시간동안 빠르게 내용을 완성해보고 이후 보완하는 것이 능률적이다.

예를 들어 앞서 노인들을 위한 상부상조 쉐어하우스 사업을 계획한다고 가정해보자. 그럼 사업을 추진하기 위해 필요한 요소가 무엇일까? 쉐어하우스를 짓기 위한 예산, 공간, 인력, 홍보, 인허가, 대상, 개발기간, 진행 절차 등 대략만 생각해도 이러한 진행에 필요한 요소들을 뽑을 수 있다. 큰 키워드 카테고리에서 그 다음 장의 중앙에 예산을 적고 쉐어하우스를 만드는 데 필요한 세부 예산을 적어가는 식으로 총 9장을 완성해가면 된다.

이렇게 생각을 구체화해 보면서 실행을 위한 계획을 세워 보면 막연하고 모호하게 생각했던 것들이 명확하게 표현되고 한 발짝씩 실현할 수 있도록 도와줄 것이다. 결국 기획이란 거창하고 어려운 것이 아닌 상상을 검증하여 확신을 갖고 실현하여 결과를 얻는 일련의 과정이다. 실패는 성공의 거름이 될 수 있고, 경험은 그 다음 단계로 변화하고 성장하는 발판이 될 것이다.

	세부 목표 1			세부 목표 2			세부 목표 3	
			세부 목표 1	세부 목표 2	세부 목표 3			
	세부 목표 4		세부 목표 4	핵심 목표	세부 목표 5		세부 목표 5	
			세부 목표 6	세부 목표 7	세부 목표 8			
	세부 목표 6			세부 목표 7			세부 목표 8	

< S/T/E/E/P의 분야로 다양하게 적용해보기 >

Social: 대중 트렌드, 소비자 생활 방식, 교육 배경, 사회 활동
Technological: IT Trends, 혁신기술, 과학기술 보급
Environmental: 지구온난화, 재순환, 전문 환경
Economic: GDP 성장, Inflation, 소비자 물가지수, 환율
Political: 정치적 협의, 규제안, 이해정당과 NGOs

Social 사회적분석	Technological 기술적분석	Environmental 환경분석	Economic 경제적분석	Political 정치·법적분석
• 고령화 사회 진입 • 출산율 감소 • 1인 가구 증가 • 신기술 도입 • 글로벌 • 코로나팬데믹 • 알파세대	• 4차 산업혁명 • 선제적 기술 • 인공지능 • IOT/AI • 자율주행 • AR/VR/XR • 메타버스	• 물가상승률 • 환율 변동 • 원자재가격 변동 • 무역전쟁 • 특정국가 부도 • GNP/GDP • 청년실업	• ESG경영 • 지구온난화 • 미세먼지 • 기후위기 • 농산물 • 물 • 지하자원	• 시장의 규제 • 무역협정 • 세율의 변동 • 정부의 간섭 • 법률의 통과 • 정책 동향

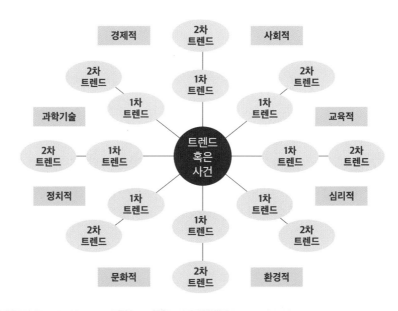

최적을 위한 타당성 검증

문제점을 분석하고 도출한 다양한 방안들을 여건만 된다면 모두 추진해 나가면 되겠지만, 가지고 있는 자원(시간과 돈)은 한정적이기 때문에 우리는 다양한 대안들 중에 가장 확실한 하나의 대안을 선택해야 하는 경우가 많다. 그렇다면 가장 최적의 선택 기준은 무엇일까? 기획 아이템이 적정한 것인지 스스로 판단이 어렵다면 목적, 수요, 사례, 효과, 자원 측면으로 다섯 가지 요소를 생각해보자.

목적

'내가 이 기획을 통해 이루고자 하는 가치나 의도가 적합한가?'라는 부분을 검증해 보는 것이다. 보통 회사나 조직은 기획이 목적에 부합하면 목적에 부합하니 되었다고 생각할 수 있겠지만, 일을 실행하는 주체가 나라면 남 좋은 일뿐만 아니라 내게도 동기부여가 되어야 추진 의지가 생기는 것이다. 그렇기 때문에 내가 원하는 바가 맞는지도 생각해 봐야할 것이다.

수요

아무리 좋은 아이템도 그것의 가치를 알아봐 주는 이가 없다면 말짱 도루묵이다. 그 아이템을 필요로 하는 사람이 있는지, 수요자의 크기가 얼마나 되는지 생각해 보아야 한다. 결국 이 부분은 수익과도 직결될 수 있는 부분이기 때문에 신중히 검토해야 한다.(공익적 목적은 제외)

사례

기발한 아이템이 보통 이 부분에서 많이 좌초된다. 다시 말해 까인다. 상사에게 아이템을 보고할 때, "그거 이미 했던 거잖아!"라는 이야기를 듣지 않으려면 이 부분을 검토해봐야 한다. 떠올린 아이템이 내 관점에서는 정말 기발하다 생각할 수 있다. 그러나 의외로 인터넷에만 검색해봐도 다 나온다. 약 99%의 기발하다고 믿는 아이템들이 그런 경우가 많다.

사람들은 다르지만 비슷한 생각을 많이 한다. 필자가 청년창업사관학교 사업 아이템 컨설팅을 할 때 창업자들이 가져온 사업계획서의 아이템이 비슷한 경우를 많이 봤다. 한창 붐이었던 것이 플랫폼 사업 혹은 스마트팜이었다. 열 개 중서너 개의 아이템은 그런 부류였다. 물론 남들도 다 써내는 사업이기에 내가 해도 망한다는 논리는 아니다. 적어도 내가 생각한 아이템이 최초인지, 유사 아이템이 이미 존재한다면 차별화할 수 있는 부분은 무엇인지 등 경쟁자는 알고 시장에 접근하자는 말이다.

효과

이 아이템을 통해 우리의 목표를 달성할 수 있는지, 다양한 이익을 실현할 수 있는지를 검토해 봐야 한다. 특히, 기업은 모든 것을 INPUT(투입)과 OUTCOME(성과)으로 판단하는 엄격한 조직이다. 수익이나 그에 준하는 성과가 있어야 지속가능한 명분이 된다. 특히 수익적인 측면에서 참 냉정하다. 마케팅적 아이템이라면 당장 수익화 할 수 없더라도 비슷하게 환산할 수 있는 고객만족도, 유입률, 가입률, 시장지배력, 인지도, 노출도 등 그에 준하는 효과를 낼 수 있어야 한다는 것이다.

자원

마지막으로 고려할 요소는 자원이다. 자원은 곧 우리가 가지고 있는 인프라 혹은 동원할 수 있는 능력들을 말한다. 아이템은 환상적인데 예산이 부족하거나 할 수 있는 인력이 없다면 그것은 우리가 할 수 없는 것이다. 특히 회사가 쓸 수 있는 예산의 범위라는 것이 있는데 그 선을 넘게 되면 칼같이 거절될 수 있다. 하지만 그렇다고 모든 아이디어에 가지고 있는 자원으로 엄격히 제한을 둔다면 할 수 있는 것이 거의 없을 수도 있다. 그러니 다음과 같은 부분들을 고려해 볼 것을 추천한다.

① 사업 수행능력 및 적합성: 사업의 기획, 진행자의 역량은 충분한가?
② 제품 및 기술성: 이 제품 및 기술이 다른 경쟁사보다 우위에 있는가?
③ 시장성 및 사업성: 충분한 고객이 확보되어 있는가?
④ 수익성 및 경제성: 원하는 수익을 낼 만한 사업인가?
⑤ 자금 수지 및 성장성(기업환경 종합분석): 수익은 안정적으로 성장할 것인가? 향후 사업이 더 확대될 가능성이 있는가?

대안 시뮬레이션 하기

이 과정은 결정된 대안을 모의적으로 진행하거나 진행한다는 가정 하에 진행하는 과정 혹은 결과에서 일어날 수 있는 여러 변수들을 고려해 보는 것이다. 일반적으로 큰 일을 앞두고 리허설을 하는 것과 같은 이치다. 이러한 과정이 없다면 모든 일은 운에 맡겨야 한다. 운이 좋게도 변수 없이 생각한 대로만 흘러간다면 좋겠지만 경영학의 아버지 피터 드러커도 사업에는 너무 많은 변수가 있다고 말했다. 특히 처음 진행하는 사업은 더욱 모의 시험 절차를 거쳐야 한다. 이것이 우리가 사업의 근거로 선례나 시범사례를 찾는 이유이기도 하다.

예를 들어 창업자가 사업을 추진하는 과정에서 일어날 수 있는 대표적인 변수로는 핵심인재의 유출, 기술이나 정보의 유출, 법적 제지, 자금난, 고객 클레임 등이 있다. 초기 단계에서는 경험이 없기 때문에 알 수 없지만 경험이 있는 사업자라면 반드시 경험하게 되는 일반적인 변수들이 중간에 포기하거나 경영난을 겪게 하는 등 큰 데미지를 줄 수 있다.

따라서 '만약에 ~이 안 되면?'이라는 진행 과정 상의 단계별 질문을 통해 간단하게나마 변수에 대한 대비를 하는 것이 필요하다.

장점과 단점
그리고 Plan B

"무조건 A안입니다!" 내가 확신하는 하나의 대안만 가지고 상사에게 제안하는 사람이있다. 의지가 강력하더라도 제안자는 객관성을 유지해야 한다. 대안에 대한 시뮬레이션을 해보면서 알게 된 대안의 단점과 장점 그리고 타당성 검증 과정을 통해 알게 되는 득과 실을 정리해볼 수 있어야 한다. 이 부분의 정리가 필요한 이유는 의사결정자의 판단을 돕기 위한 것이다. 대안이 탁월한 것인지 상사는 감적으로도 알 수 있지만 중대한 결정에는 책임도 뒤따르기 방안을 제안하는 사람은 상사의 객관적인 판단에 도움을 줄 수 있어야 한다. 물론 제안자는 대안 중에 추천하는 것은 있어야 한다. 그러나 상사가 "A안은 별로인데? 다른 대안은 없나?"라고 하는 상황을 대비해 추가적인 옵션과 같은 대안을 두는 것이다.

모든 일들이 생각한 대로 흘러간다면 더할 나위 없이 좋겠지만, 앞서 말한 변수라는 것이 너무 많고 결정권자 역시 내 맘 같지 않기 때문에 추가적인 옵션을 마련해 상사가 탁월한 판단을 할 수 있도록 돕는 것이 나의 일이다.

사례. 제품의 매출 신장을 위한 판촉 방안

1안

영업사원을 채용하여 직접적인 노출과 판매를 유도	
장점	단점
• 판매 아이디어나 방식 적용이 용이 • 현장 상황을 직접적으로 파악하고, 고객의 니즈를 바로 알 수 있음 • 매출 직결에 직접적인 영향	• 인력 채용과 교육 부담 증가 • 인력에 따른 비용 부담 발생

2안

대리점과 같은 유통채널을 통한 간접 판매	
장점	단점
• 인력 채용에 대한 비용 부담 없음 • 다양한 고객채널 확보 가능	• 판매 아이디어 적용 불가 • 판매 자율성 배제 • 고객 현장 반응 체험 불가 • 판매 적극성 결여

선택 유도 설계의 기술

생각을 구체화하는
5W+2H

보고서의 추진력을 높이려면 내용을 어떻게 정리해야 할까? 생각의 중복
과 누락을 막기 위해 쓰이는 툴이 바로 앞서 간단히 설명했던 5W+2H이다. 더
자세히 알아보자.

5W+2H란?

What?	무엇을 하려고 하는가?	How?	어떤 방법으로 하는가?
Who?	대상은 누구인가?	How much?	얼마의 예산으로 하는가?
When?	언제 하려고 하는가?		
Where?	어디서 하려고 하는가?		
Why?	왜 하려고 하는가?		

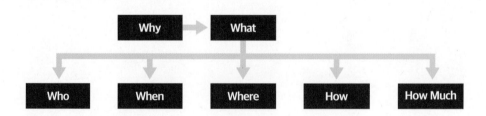

앞서 언급했지만, 이러한 기본 프레임을 가지고 구체적인 내용을 계획해야 한다.

• What?

무엇을 하려고 하는가? 목적과 함께 무엇을 하려는 것인지 명확하게 기술한다. 사업명이라면 그 사업이 누구를 대상으로 어떠한 목적으로 무엇을 하려는 사업인지 명확하게 알 수 있도록 해야 한다.

• Who?

대상은 누구인가? 참여 대상이 누구인지 작성한다. 수혜자 측면도 있지만 진행하는 자의 측면에서는 누가 이 사업에 참여할 것인지 수행 인력을 구체화 해보는 것도 해당된다. 사업에서는 핵심 참여자(대상자, 타겟), 주변 참여자(관련 업무 수행자, 대상자 주변인)가 포함된다.

• When?

언제 하려고 하는가? 시점과 기간을 표현한다. 프로젝트를 진행하기 위해서 얼마만큼의 기간이 소요되는지 생각해 보는 것이다. 크게는 사업을 준비하는 기간과 사업을 진행하는 기간, 사업을 종료하고 유지, 관리, 평가하는 기간으로 구분할 수 있다. 기술 사업이라면 기술을 개발하는 기간이 추가될 수 있다.

• Where?

어디서 하려고 하는가? 장소 계획이다. 프로그램을 진행하는 데 장소가 필요하다면 주최측 공간에서 진행할 것인지, 외부 공간을 대관할 것인지 정해야 한다. 특히 공간 계획은 오프라인 행사나 이벤트 분야에서 구성하는 경우가 많은데 행사가 이뤄지는 메인 스팟, 부대 프로그램이나 이벤트가 진행되는 서브 스팟, 연회장, 대기 공간, 휴게 공간 등 고객의 동선에 따라 세부적으로 구성해야 된다.

• Why?

왜 하려고 하는가? 사업을 추진하려는 단계보다는 보통 초기 제안 단계에서 사업의 목적을 구체화하는 경우가 많다. 이 부분은 이 프로젝트가 필요한 배경이나 문제가 되는 상황과 비교 사례들을 제시하여 이것을 해야 하는 이유나 필요성을 간단히 정리해야 한다. 추진하는 상황에서는 이 부분을 단순하게 정리한다.

• How?

어떤 방법으로 하는가? 진행 과정이나 절차들을 생각해보며 정리한다. 보통 단계별로 계획을 세우거나 기간에 따라 단기, 중기, 장기로 표현하기도 한다. 세부 프로그램 단위별로 구분해서 시행 시기, 방법, 내용, 횟수, 참여자, 대상자를 표로 나누어 정리해도 좋을 것이다. 이 부분에서 대외적인 노출이나 모집 과정이 필요하다면 홍보 계획도 온라인과 오프라인으로 나누어 세부적으로 세울 필요가 있다.

• How much?

얼마의 예산으로 하는가? 사업을 실제 진행하는 데 투입되는 자원으로 사업에 소요되는 모든 비용을 빠짐없이 충실하게 적어야 한다. 특히 한 번 결재가 올라간 예산의 경우 번복하기가 매우 어렵다. 그러니 내부 결재 상황은 물론이고 클라이언트나 외부 투자기관에 제시할 때는 더 세밀하게 검토해야 한다.

상사가 궁금해하는 내용부터 상황별 내용 전개

상대방의 관심사에 맞게 내용의 우선순위를 기획하자. 상대방이 알고 있는 정보가 없거나 문제를 인식하지 못하고 있다면 일의 필요성을 위해 상대가 문제라고 느낄 수 있도록 적절한 상황과 문제점을 구체적으로 보여주고 상대방이 사안의 긴급함을 느낄 수 있도록 스토리를 세팅하자. 왜 방안이 필요하고 무엇이 문제이며 원인인지 구체적으로 제시하여 상대방으로 하여금 제안한 방안을 선택하도록 유도 설계해 보자.

상대방이 이미 문제를 인식하여 해결책과 구체적인 방법을 궁금해 한다면 방안과 그에 따른 필요 자원이 구체화된 보고서를 작성하도록 하자. 이때는 한 두 줄 정도로 간단한 목적과 필요성을 언급하여 장황해지지 않도록 한다. 이미 필요성을 느끼고 있으므로 방안에 따른 필요 자원들과 실행을 위한 단계별 계획이 무엇인지 구체적으로 작성해 보자.

제안을 할지, 하지 않을지 결정되지도 않았는데 밤을 새가며 구체적인 계획까지 작성해 보고하는 것은 혼자서 김칫국을 들이키는 것과 같다. 의향을 확인하는 초안 보고는 필수이다. '반드시 될 것이다! 아니, 되어야 한다!'와 같은 논리는 나 혼자만의 바람일 뿐 공허한 야근으로 회사에 대한 좌절만 커질 것이다.

한꺼번에 계획까지 구체적으로 보고하는 것은 혼자 북 치고 장구 치는 경우가 된다. 보고서는 단계별로 구분하여 보고하는 것이 좋다. 일의 순서에 따라 대표적인 보고서의 유형을 살펴 보면 다음과 같다.

> -초반에는 방향성을 맞추는 간략한 개요서로 기획, 제안보고서
>
> - 개요서가 통과되면 구체적인 세부 방안을 담은 방안보고서
>
> - 방안이 결정되면 방안에 따른 세부 운영 매뉴얼인 추진계획서 및 일이 진행되고 있는 상황에서 추진 경과와 상황을 담은 추진, 상황보고서
>
> - 프로젝트가 끝나고 결과를 보고하는 단계에서 목표 대비 성과를 표현하는 결과보고서

한 방에 끝나는 보고서 작업은 없다. 첫 시작부터 끝까지 일의 과정마다 보고서는 하나의 계약서처럼 승인이 되어야 그 다음 스텝으로 진입할 수 있다. 돌다리를 두들겨 보고 나아가는 것처럼 단계별로 차근차근 순서를 밟아 나가자. 맥락은 상대방의 관심사에 따라 어떤 내용을 구체화할지 결정된다.

대분류	소분류	구성
기안	기안서·품의서·공문	두문 - 본문(제목/내용/붙임) - 결문
기획 보고서	사업기획보고서	제목 - 추진배경 - 현황 - 문제점 - 개선방안 - 기대효과 - 조치사항
	방안기획보고서	
	행사기획보고서	제목 - 추진배경 - 행사내용 - 홍보 및 추진계획 등
상황·결과 보고서	상황보고서	제목 - 개요 - 추진배경 - 추진상황 - 시사점 - 조치사항
	결과보고서	제목 - 개요 - 추진배경 - 추진결과 - 기대효과
요약 보고서	자료요약보고서	제목 - 개요 - 추진배경 - 주요내용 - 시사점
	참고자료보고서	
	정보·연구보고서	
회의 보고서	회의자료보고서	제목 - 개요 - 추진배경 - 회의안건
	회의결과보고서	제목 - 개요 - 회의결과 - 주요 발언 - 시사점

문제를 알면 결론부터

WHY (20%)
WHAT (30%)
HOW (50%)

일반적으로 조직에서의 보고서는 상사가 일에 대한 필요성을 느끼고 부하 직원에게 무엇을 어떻게 추진할 것인지를 요구하는 계획서를 지시하는 유형이 가장 많다. 직원은 왜 이러한 결론으로 도출하게 되었는지 과정과 상황을 말하고 싶지만 상사는 결론부터 말하라고

제목
왜 해야 하는가?(20%) 배경, 목적, 필요성
무엇을 해야 하는가?(30%) 목표와 방안
어떻게 해야 하는가?(50%) 일정, 인력, 예산, 홍보 등

요구한다. 장황하게 서사적인 설명을 들었던 경험이 쌓여 있는 상사라면 더욱이 시작도 하기 전에 바쁘니까 핵심만 간결하게 보고하라는 요구를 할 것이다. 이럴 때는 배경적인 내용을 다소 축소하고 핵심적인 내용부터 이야기하는 것이 좋다. 보고 순서는 [요점] → [근거] → [방법·사례] → [요점]이다. 이렇게 보고하면 상사에게는 정리가 잘된 속 시원한 보고가 될 것이다.

목적이나 배경을 간단히 언급하고 대안을 말한 후, 구체적인 방법을 제시하고, 다시 한 번 의결사항을 정리하는 순으로 보고서를 작성하자.

🖱️ 사례

요점	강신정 강사의 비즈니스 라이팅 교육을 들어라.
근거	교육을 통해 제안서, 보고서, SNS 홍보글을 쓰기 위한 다양한 글쓰기 노하우를 알 수 있기 때문이다.
사례	실제로 약 100명의 수강생이 이 교육을 들었고 만족도 조사 결과 90% 이상의 수강자가 아주 만족한다고 응답하였다.
요점	강신정 강사의 비즈니스 라이팅 교육을 들으려면, 이 홈페이지에 접속하여 강의를 수강하면 된다.

문제를 모르면 공감부터

WHY (50%)
WHAT (30%)
HOW (20%)

　이러한 설계는 상사가 요청해서이기
보다는 조직 내에 문제가 발생하여 해결
이 필요한 상황에서 주로 사용한다. 혹
은 심각한 문제가 발생했지만 원인을 모
를 때도 이 경우에 해당한다. 이럴 때는
왜 이런 현상이나 문제가 발생했는지 배
경과 현상, 문제를 객관적으로 제시하고

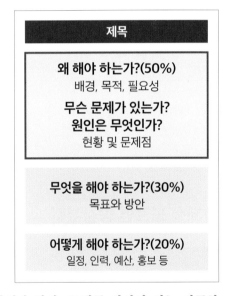

그에 따른 원인을 분석하여 방안을 제시해야 한다. 문제를 알아야 하는 긴급한
경우 방안까지 제시되지 않더라도 무엇이 원인인지, 무엇을 해결해야 하는지
와 같은 쟁점은 분명히 정리할 수 있도록 하자. 문제의 요점을 알고자 하는 경우
에는 [배경] → [현황·문제] → [문제점] 순으로, 문제에 따른 방안을 알고자 하는
경우에는 [배경] → [현황·문제] → [문제점] → [해결방안] 순으로 작성하면 된다.

⌖ 사례

배경	뽑아 놓으면 나가는 직원 때문에 재무 관리와 운영의 어려움이 커지고 있다.
문제	실질적으로 매년 신규 직원 채용 관리 비용으로 회사의 손해가 발생했다.
문제점	안정적으로 재무를 운영·관리할 수 있는 시스템 도입이 필요하다.
해결 방안	인공지능 AI 회계, 재무관리 서비스를 도입해 보자. 실제로 월 평균 300~500만 원의 비용을 월 5만 원으로 절감하였다.
사례	국내의 유명한 A기업에서도 이 솔루션을 도입하여 업무를 효율화했다.
제안	이제는 AI 디지털 시대, 똑똑하게 효율적으로 일하는 재무 솔루션을 도입하라.

문제를 알면 결론부터

문제를 모르면 공감부터

상황별 내용의 비중
결정하기

제목
<보고일자, 보고자>

개요상자

본문
1. 배경
2. 현황 및 문제점
3. 해결방안
4. 실행계획

5. 기대효과, 의결사항

보고서를 작성할 때 내용마다 어느 정도로 디테일하게 구조를 잡아야 하는지 고민스러울 때가 있다. 특히 요약보고서나 간추린 보고서를 작성할 때는 더욱 비중을 어느 정도로 맞추어야 하는지 고민스러울 것이다.

현황 = 개선사항(방안)

① 추진배경 (20%)
② 현황 및 문제점 (40%)
③ 개선방안(대책, 추진계획) (40%)

현황과 개선사항(방안)의 비중이 유사한 경우이다. 현황을 정확히 진단하거나 파악하기를 원하는 경우, 방향을 제시해야 하는 경우, 개선 방안을 제안해야 할 때 이렇게 작성한다. 보편적인 보고서의 형태로 실무에서 가장 많이 쓰는 보고서의 형태라고 볼 수 있다. 업무보고, 추진계획보고, 검토보고, 결과보고를 할 때 이 비중으로 맞춘다.

현황 > 개선사항(방안)

① 검토배경 (20%)
② 현황 및 문제점 (60%)
③ 개선방안(대책, 추진계획) (20%)

현재 어떤 상황인지, 그에 따른 핵심적인 원인이 무엇인지 강조하여 전달하고자 할 때 작성하는 유형으로 개선사항(방안)보다 현재 상황에 더 관심을 두는 경우이다. 지금 상황이 어떤지, 어떤 심각한 결과가 초래되었는지, 그 원인은 무엇인지를 알고자 하는 보고서의 유형이다. 보통 상황, 정보보고를 할 때 이 비중으로 맞춘다.

현황 < 개선사항(방안)

① 추진배경 (20%)
② 현황 및 문제점 (20%)
③ 개선방안(대책, 추진계획) (60%)

현황에 따른 대책이나 방안 그리고 향후 일정이나 계획을 제시해야 하는 경우가 있다. 현재 상황이나 문제점을 이미 파악하고 있는 상태이기 때문에 그에 대한 대책과 방안 쪽에 많은 비중을 두어 어떻게 방안을 추진해 나갈 것인지에 대한 구체적인 계획을 작성한다. 보통 대책보고, 계획보고를 할 때 이 비중으로 맞춘다.

보고서 장표는 한정적이기 때문에 무조건 많은 내용을 담기보다는 상사가 관심을 두는 내용이 무엇인지 경중을 따져 구조를 잡는 것이 좋다.

초점을
바로 잡는
기획서 작성법

한 장짜리 요약보고서 vs. 풀페이지 상세보고서

한 장짜리 보고서 작성이 어려울까? 많은 페이지를 채우는 것이 어려울까? 무조건 정해진 페이지 수를 채우려고 글을 쓰는 사람에게는 한 장짜리 보고서 작성이 더 어렵다고 느껴질 수 있으나, 사실 핵심만 요약해서 함축적으로 담는 것이 더 어려운 일이다. 보고서를 작성해 본 사람들에게 물으면 페이지 수를 늘리는 것보다 어렵게 써 놓은 내 피 같은 내용을 날리는 것이 참 어렵다고 말한다. 그것이 남이 작성한 내용이라면 손쉽게 쳐 낼 수 있지만 내가 쓴 것이라면 경우가 달라지기 때문이다. 사람은 하나 더 더하는 것은 두려워하지 않지만 내가 가지고 있는 것을 빼앗기는 것에 고통을 3배 이상 크게 느낀다고 한다. 그래서 보고서를 작성할 때 능률적인 방법은 한 장짜리 보고서를 먼저 작성하고, 그 다음에 여기에 추가하여 구체적인 보고서를 작성하는 것이다.

그러나 많은 직장인들은 일을 반대로 하는 경우가 많다. 중간상사가 보고하라는 기간까지 고민으로 밤을 새우며 보고서를 만든다. 그리고 중간상사와 방향이 안 맞다, 내용이 두서 없다, 너무 장황하다 등 여러 가지 이유로 옥신각신하며 수정과 보완을 거쳐 보고서를 다듬는다. 이때 내용만 손대고 오탈자, 띄어쓰기, 줄간격까지 세부적으로 따지고 들지 않으면 그나마 다행인 것이다. 이렇게 고생 끝에 보고서를 완성하였다고 한숨 돌리려 하면, 이제 또 최종 결재권자에게 보고를 해야 하니 한 장짜리 보고서로 압축해야 하는 과제를 받게 된다. 이러니 실무자는 보고서 작성이라는 작업을 두려워할 수밖에 없는 것이다.

능률적으로 일하려거든 한 장짜리 보고서를 먼저 작성해 상사와의 방향성을 맞추고 그 다음 세부 장표로 구체화하자. 이미 밤새워서 다 써 놓고 상사에게 보고하였을 때, 운 좋으면 방향이 맞을 수도 있지만 진짜 촉이 좋은 경우가 아니고서야 대부분은 여러 번의 시행착오를 겪는다. 칠전팔기의 정신으로 멘탈이 무장되어 있다면 괜찮겠지만 상사에게 쓴 소리를 들어서 아무렇지 않을 수 없다.

또한, 상사의 입장에서 생각해보자. 호랑이 상사, 두려운 존재는 옛말이다. 오피스 빅뱅의 시대를 살고 있고 직장 내에서도 매너와 에티켓이 중요해진 만큼 호되게 잘못된 부분을 지적하면 감정적으로 상사가 더 불편하고 괴로워한다. 묵직한 보고서를 들고 오는 부하직원에게 보고서가 잘못되었어도 말을 못하고 끙끙 앓는 상사들도 많다. 상사도 피드백을 주기 부담스럽지 않도록 한 장으로 먼저 가져오기를 바랄 것이다.

월요일에 이번 주 내로 보고서를 작성해오라는 지시를 받았다면 금요일 퇴근 시간에 맞추어 완성된 보고서를 제출하지 말고, 적어도 화요일 중에 대략적인 보고서의 흐름을 알 수 있는 한 장짜리 요약보고서를 만들어 초안을 보고하자. 이 과정은 반드시 필요하다. 상사의 의도와 내가 생각하는 방향이 맞는지를 확인할 수 있는 과정이며 삽질을 방지하는 최선책이다.

< 한 장짜리 기획보고서는 어떻게 구성할까? >

Why	제목	목적 + 수단(해결책)
	배경	거시적인 이유, 보고서를 작성하는 이유이자 목적 포함
	현황(근거)	실제 확인 가능한 현재 상태(구체적인 수치, 백분율)
	문제	목표와 현황과의 차이
What	문제점	핵심적인 우리의 해결 과제, 문제의 근본적인 원인
	목표	정해진 기간 내에 달성할 수준과 정도(지표와 기간 포함)
	방안	목표를 달성할 핵심적인 수단(전략)
How	일정	대안을 실행하기 위한 구체적 스케줄과 계획
	인원	업무 분장(역할 분담 체계)
	비용	소요 자원
IF	기대효과	성공 시 얻는 총체적 이익과 혜택

🖱 사례

제목: 이용자 건강 증진을 위한 유전자 맞춤형 밀키트 제공 사업 방안	

①
배경
	• 1인 가구의 증가로 인한 간편식 시장 성장
	• 밀키트 시장 약 2,000억 원 규모 성장, 매년 10% 이상 성장률
	  (2023년 기준)
	  >> 건강한 식단을 원하는 1인가구의 맞춤형 밀키트의 필요성 대두

② 현황 및 문제점	• 1인 가구의 밀키트 구매 비중 2022년 기준 약 40% 차지 • 1인 가구의 바쁜 생활로 식사 준비의 불편과 어려움 호소 >> 개인의 건강 상태와 라이프 스타일에 따른 영양소 제공 식단 필요

③
해결전략
	• 목표: 1인 가구의 건강한 식단 지원, 기존 대비 30%이상 균형 잡힌
	     영양 식단 제공
	• 방안: 유전자 검사 기반 맞춤형 밀키트 사업을 추진
	  - 유전자 검사로 고객의 건강 상태와 라이프 스타일 분석 후 맞춤
	    밀키트 제공
	  - 고객의 선택권 확대, 합리적인 가격으로 고객의 부담 최소화

④ 계획	• 2023년 3분기: 유전자 검사 기반 밀키트 서비스 개발 • 2023년 4분기: 온라인 판매 시작 • 2024년 1분기: 오프라인 판매 시작 • 필요 인력: 총 4명(기획·운영 1인, 플랫폼 및 디자인 개발 2인, 마케팅·홍보 1인) • 필요 인력: 총 3명 (기획운영팀 1명, 디자인팀 1명, 마케팅팀 1명) • 소요 예산: 이벤트 경품 100만 원 (나머지는 기업 협찬)
⑤ 기대효과	• 고객: 유전자 검사 기반 밀키트 서비스 제공으로 건강 유지, 만족감 제고 • 회사: 고객 이용도 및 인지도 확대 > 시장 점유율 및 매출 향상(30%)

기획보고서의 내용 설계

기획보고서를 쓰는 것은 기획의 흐름과 같지 않다. 보고서를 쓴다는 것은 이미 머릿속에서 문제점의 고찰을 통해 아이디어를 검증하고 방안 모색까지 끝낸 이후, 결재자에게 방안 실행을 승인받기 위해 쓰는 것이다. 그렇기 때문에 보고서를 쓰는 단계에서는 모든 구상과 스토리보드가 이미 잡혀진 상태여야 한다.

그렇다면 승인받기 위한 기획보고서의 내용 설계는 어떻게 해야 할까? 포함되어야 하는 내용은 다음과 같다.

① 제목
② 목적
③ 배경
④ 현황 및 문제
⑤ 문제점
⑥ 목표
⑦ 방안
⑧ 추진일정
⑨ 수행인력
⑩ 소요예산
⑪ 위기관리·갈등관리
⑫ 기대효과

제목 작성법

제목은 어떻게 쓸까? 제목은 어떻게 작성해야 할까? 제목은 본문의 내용을 어느 정도 마무리한 후에 마지막으로 작성하는 것이 좋다. 보고서의 본문의 목적과 방안을 묶어 한 문장의 제목을 만들면 되기 때문이다. 대제목은 보통 ○○[목적] 달성을 위한 ○○[방안]으로 작성하는 것이 일반적이며 보고서의 성격, 상태, 목적, 관련성에 따라 부제를 작성하면 된다.

1. 대제목은 최대 20자를 넘기지 않도록 15~20자 내외로 쓴다.
2. 대제목에서 담지 못한 내용을 부제로 작성한다. 부제는 1~2개 정도 쓴다.

제목을 작성할 때 상사로부터 제일 많이 지적받는 사항은 제목이 모호하다거나 제목만 봐서 뭘 하려는 것인지 잘 모르겠다는 피드백일 것이다. 문서에서 가장 먼저 보는 것이 제목이기 때문에 유도성, 명확성, 구체성 있는 제목을 써야 한다.

> - 상사의 관심을 집중시킬 수 있는 제목이어야 한다. 제목에서 내용을 보고 싶게 이끌 수 있어야 한다.
> - 상대가 제목만 봐도 무엇을 위해 어떻게 하려는 것인지 한눈에 알 수 있어야 한다.
> - 상대방이 모호하고 두루뭉술하게 느끼지 않도록 방안이 구체적으로 드러나야 한다.

좋아요 👍

업무 효율성 증대 **화상 근무 추진 방안**

아쉬워요 👎

내부 구성원들의 만족도를 높이고 업무의 효율성을 높이기 위한
비대면 화상 로테이션 근무 추진 방안

---

1. 서술식으로 쓰지 말고 개조식으로 작성하자.
2. ~와, ~로, ~을 통한, ~을 위한, ~에 대한 등의 조사 접속어를 생략하자.
3. 문장체를 이루는 단어, 명사는 깔끔하게 조합해서 쓰자.

목적과 방안이 잘 드러나게 쓰자!

　특히 상사의 입장에서 관심이 생기는 제목을 작성해야 그 다음 내용도 관심있게 볼 것이다.

아쉬워요 👎

○○원 사용자 만족도 및 편의성 제고 방안

> **좋아요** 👍

사용자 만족도 제고
'자동문자 발송 시스템' 적용 방안

기획서나 제안서는 기대효과나 목적을 강조하자!

좋아요 👍

매출 20% 상승! 2024년 시장지배율 강화 전략

구체적 내용을 담되 너무 길지 않게 작성하자!

아쉬워요 👎

○○지원 성과 및 비전
2030 홍보를 위한 24년 2분기 ○○지역 ○○기자 간담회 개최 계획(안)

> **좋아요** 👍

○○지역 기자 간담회 개최 계획(안)

　제목 끝에 '(안)'이 붙은 것은 그 사업의 실행 여부가 아직 결정되지 않은 것을 의미한다. 실행을 검토하고 검토 작업을 지속하는 과정에서 작성된 보고서는 '(안)'을 붙이지 않도록 하자.

제목은 갈고리 역할을 한다고 말했다. 제목이 상대의 관심을 이끄는 첫 관문이기 때문이다. 상사가 내가 쓴 보고서에 관심이 없다면 그것은 상사의 취향 문제가 아니라 내가 상대의 관심사항을 잘 모르고 있는 것이다. 그렇기 때문에 내용을 다 기술한 후 가장 마지막에 내용 속에서 목적과 방안을 추출하여 제목에 포함시키는 것이 바람직하다. 부디 좋은 제목을 짓겠다고 내용을 쓰기도 전에 제목 짓느라 시간을 다 허비하지 않기를 바란다.

용어 정리

보고서의 제목을 정할 때 자주 사용되는 용어에 대해 간략히 정리해 보자. 비슷한 단어, 용어를 혼용해서 사용하는 경향이 많기 때문에 자신이 사용하고자 하는 제목과 용어가 의도하는 뜻을 내포하고 있는지 살펴보고 좀 더 신중히 선택할 필요가 있다.

예를 들어 제목이 '○○○ 극복대안 방안 보고'이다. 이 제목에서 '대안'과 '방안'이 중첩해서 제시되었는데 보고서를 작성한 당사자가 실제 이러한 것을 인식하고 사용했는지 아니면 그냥 사용했는지 등을 살펴볼 필요가 있다.

• **대안(Alternative)**
　가. 代案(대안): 어떤 안(案)에 대신(代身)할 안(案)
　나. 對案(대안): ① 어떠한 일에 대처(對處)할 안(案)
　　　　　　　　② 상대방(相對方)의 안(案)에 대(對)하여, 따로 내놓은 안(案)

• **방안(Way, Plan, 方案)**
　일을 처리하거나 해결하여 나갈 방법이나 계획
　[유] 방도, 방침, 대책

- 대응(Action, Maneuver, 對應)
  ① 어떤 일이나 사태에 맞추어 태도나 행동을 취함
  ② 어떤 두 대상이 주어진 어떤 관계에 의하여 서로 짝이 되는 일
    [유] 대등, 대처, 대비

- 대책(Measures, 對策)
  어떤 일에 대처할 계획이나 수단 [유] 대비책, 방안, 대응책

- 강화(Reinforcement, Consolidation, 強化)
  세력이나 힘을 더 강하고 튼튼하게 함. 수준이나 정도를 더 높임

- 개선(Improvement, Upgrade, 改善)
  잘못된 것이나 부족한 것, 나쁜 것 따위를 고쳐 더 좋게 만듦
  [유] 개량, 수정,정정

- 활성화(Vitalization, Invigoration, 活性化)
  사회나 조직 등 기능이 활발함. 또는 그러한 기능을 활발하게 함
  *Activation plan(활성화 방안)

- 확보(Secure, Assurance, 確保)
  확실히 보증하거나 가지고 있음. '갖춤'으로 순화
  (예) '○○○ 현황 및 인적자원 확보 방안' → '○○○현황 및 인적자원 갖춤 방안'

*출처: 국립국어원, 국가공무원인재개발원

목적 작성법

목적은 조직에서 궁극적으로 이루고자 하는 청사진, 최종 성과, 지향하는 이미지, 원하는 것을 쓴다.

(예) 보건산업의 내실화, 고객 만족도 극대화, 초일류기업 달성, 이윤 창출

이때 목적과 목표는 구분해서 써야 한다.

(예) 돈 모으기
    목적 : 경제적 자유를 얻기 위해서
    목표 : 10년 내에 10억 만들기, 소득의 50% 저축하기

비즈니스 분석 보고서	목적	기업의 판매 성과 달성과 마케팅 환경 개선
	목표	전년 대비 판매율 10% 증대, 마케팅 분석 능력 향상
인력 관리 보고서	목적	조직 내 인사 정책 개선
	목표	직원 만족도 20% 상승, 인사 시스템 형평성 증가

의료 연구 보고서	목적	새로운 의약품에 대한 평가 관리 체계 정립
	목표	환자 집단에서의 치료 효과 15% 상승, 부작용 감소, 장기적 안전성 10% 확대
사회 문제 분석 보고서	목적	노인 인구의 안정적 노후 기반 마련(미래 노후 안정화)
	목표	노인 고용률 30%(10만 명) 제고, 직장 적응 및 이해도 증가
교육 평가 보고서	목적	학교 교육을 통한 학업 성과 제고
	목표	교육 프로그램 12회 실시, 학생 성취도 평가 평균 점수 10점 향상, 학생 및 교수 만족도 제고
금융 분석 보고서	목적	고객들의 올바른 투자 결정 환경 지원
	목표	고객 수익률 25% 향상, 고객들의 재무 분석 능력 향상

배경 작성법

배경으로는 변화나 장기적인 흐름, 트렌드, 패턴, 추세, 움직임을 객관적으로 서술한다. 목적과 배경을 함께 묶어 쓰기도 하는데 목적은 배경에 포함되는 개념이라고 볼 수 있다. 일을 기획한 배경 중 가장 주요한 이유가 곧 목적이기 때문이다.

> - 보고서를 통해 전하려고 하는 기획·제안의 계기, 주변적 상황,
>   객관적 조건, 경과 등을 포함
> - 배경, 경과, 목적으로 나누어서 표현 가능
>   (배경) 어떤 사업을 하게 되는 계기·조건
>   (경과) 사업이 진행되어 온 역사·과정·절차
>   (목적) 사업의 취지·이유·필요성

(예) 친환경 자전거 사업의 배경: 도시화와 교통 체증으로 인한 대기 오염 증가, 온실 가스 배출이 환경 문제로 대두, 미세먼지와 온실 가스 배출을 감소시키며 시민들의 건강을 증진할 수 있는 대안 마련 필요

배경과 현황은 주장하는 메시지의 근거나 출처의 타당성이 높아야만 상대방의 신뢰와 공감을 얻을 수 있다. 그렇기 때문에 말하고자 하는 메시지와 함께 뒷받침할 수 있는 근거를 제시해야 한다.

추진 배경	추진 목적	추진 근거	검토 배경	필요성

또한 배경은 거시적인 관점으로 보고가 필요한 이유를 쓰되, 그 내용이 현황, 문제점과 중복되지 않게 써야 한다. 특히 통계, 여러 사건, 문제점 등이 거론되는 경우 현황, 문제점에서 기술한 내용과 중복되지 않도록 주의해야 한다.

⬚▸ 사례

추진 배경

> ◆ 최근 "자원전쟁"이라 할 정도로 세계적인 **에너지자원 확보경쟁**이 치열하게 전개되고 있는 상황에서 주요 에너지 자원을 대부분 수입하는 우리의 경우 **안정적인 자원확보는 국가적 과제**
> ◆ 이에 따라 체계적이고 장기적인 해외 자원개발 종합계획을 마련 · 집행함으로써 국가경제 발전과 국민생활 안정을 위한 기반 구축 필요

주요 정책 과제

> ◆ 주요 에너지원 자립능력을 획기적으로 제고
> ○ 원유 개발률 (2023) 4.2% → (2028) 18.1%
> ○ 5대 광종 개발률 (2023) 18.24% → (2028) 32.1%
>   *2024년 30% 조기 달성 계획 (당초 계획 2026년 달성)

현황 작성법

현황은 지금의 실태와 상황을 말한다. 상대가 문제라고 느낄 수 있는 상황이나 현상들을 객관적으로 제시해야 한다. 조직에서 추구하는 목적에 반하는 심각한 상황이나 사건을 제시하며 보고를 받는 상대방으로 하여금 문제나 위기의식이 느껴지도록 제시해야 한다. 배경과 구분하자면 배경은 전체를 설명하는 개념이고, 현황은 그 중에서 내가 다루고자 하는 내용의 우선순위, 중요도, 긴급도 등을 고려하여 현재 문제가 되는 상황들을 전개해 나가는 단계이다.

- 배경에서 언급한 내용의 구체적인 상황을 제시
- 좀 더 세부적인 현황, 사실과 통계, 제언, 사례, 데이터 자료 등의 근거를 함께 제시

사례

▲ **전체 노인학대 소폭 증가** ('18년 5,188건 → '19년 5,243건, 1.1% 증가)
  * 생활시설 내 학대 증가 ('18년 380건 → '19년 486건, 27.9% 증가)
▲ **경제적 학대 전년 대비 11.8% 증가** ('18년 381건 → '19년 426건)

현황에 포함해야 하는 내용으로는 요구분석, 설문조사, 건의사항 등과 추진 절차 및 과정과 같이 그 동안 실행해 온 내용, 그리고 타 기관 활용 현황과 국내외 유사 비교 사례가 있다.

어릴 적 소설 속 내용 전개를 떠올려 보자. 보통 발단, 전개, 위기, 절정, 결말로 이루어져 있다. 필자는 언제나 위기와 절정의 순간에 감정이입하면서 흥미진진하게 그 상황에 빠져들었다. 이와 같이 보고서에서도 보는 상대방이 사안에 있도록 상황을 유도 설계해야 한다. 너무나도 객관적인 논리적 설명에만 치중한다면 인간이 느낄 수 있는 감정적 교점을 비켜나 관심은 저 멀리 삼천포로 빠질 수 있다.

연차별로 진행 중인 지속적인 사업보고라면?

이미 반복적으로 진행했던 사업의 문제점을 찾고 보완할 점을 제시하고자 하는 보고서는 작년 시행 사업의 성과, 운영 현황, 업무 체계, 구성원의 만족도 및 의견을 확인하고 지난 운영 결과에 대한 비교 대상이 될 수 있는 유사 성공 운영 사례와의 비교 분석을 통해 앞으로의 보완할 사항을 정리하여 제시하도록 한다.

1. 추진 배경
2. 전년도 사업 결과
3. 사업 운영 현황
4. 국내외 우수 사업 운영 사례

문제점 작성법

앞서 제시한 상황과 문제들의 원인이나 궁극적인 논점을 하나로 취합하여 제시한다. 문제점이 제시되지 않으면 방향성 또한 모호해질 수밖에 없다. 여러 문제들만 많고 그에 따른 취합 정보를 제공하지 않으면 결재자로부터 "그래서 어쩌라고?", "그래서 요점이 뭔데?"라는 질문을 받게 된다. 그래서 핵심 정리가 필요한 것이다.

- 이슈들의 공통점
- 문제들의 공통적인 원인
- 우리가 해결할 수 있는 범위의 과제 제시
- 여러 가지 문제를 묶어 해결할 수 있는 전략적인 과제

소설의 흐름 단계로 보자면 상황이 가장 극화된 절정 단계라고 할 수 있다. 여러 가지 문제가 되는 현상과 현황, 궁극적인 원인이나 도출된 과제, 시사점을 한 문장으로 제시해야 한다. 이때도 현상이나 문제, 사례와 중복되지 않게 쓰는 것이 중요하다.

◌ 사례

문제점

□ **(단속) 금연구역 단속실적 부족 및 단속방법 미흡**

○ 인력부족 및 소극적인 업무자세로 인한 단속실적 저조

- 타시도 대비 흡연단속 횟수, 단속기간, 인력, 실적 매우 저조

※ 내일시에 비해 단속횟수가 5배, 기간 20배, 인력 5배 적음

- 여직원들의 단속업무 기피도 단속실적 저조에 영향

문제, 현황

문제점

□ **(인력) 금연구역 단속 전담부서 및 인력 부족**

○ 금연구역 단속 전담부서 부족

○ 금연구역 단속 전담요원 인력부족 및 업무과다

※ 전담요원 1인당 평균 800개 정도, 1일 평균 160개 정도 점검

※ 지자체별로 평균 3.3명의 전담요원 보유하고 있음

문제, 현황

목표 작성법

목적과 목표는 같은 방향이지만 표현에서 명확히 구분된다. 목적은 추상적인 가치이지만 목표는 그것을 실무자가 실행해 나갈 수 있도록 정량적으로 표현해야 한다. 실무자는 목적이 마치 뜬구름처럼 모호하다고 말한다. 예를 들어, 고객들의 삶의 질을 개선하여 만족스러운 삶에 기여한다는 것이 목적이라면, 이것을 달성하기 위한 기준은 어느 정도인지, 언제까지 추진해야 하는지 알 수 없기 때문이다. 그래서 무엇을 언제까지 얼만큼 달성해야 하는지 기준을 세운 표현이 바로 목표다.

목표를 명확하고 구체적으로 작성하려면 첫째, 목표를 구체적인 상황이나 행동으로 표현해야 한다. 행동으로 옮길 수 있는 목표여야 하는 것이다. 둘째, 목표는 측정과 정량화가 가능한 형태로 표현해야 한다. 셋째, 목표에 기한을 정해야 한다. 넷째, 목표를 단계별로 정의해야 한다. 여러 단계로 나누어 최종목표에 도달하게 되는 것이다.

- 무엇을(대상의 구체화) 제시
- 언제까지(기간의 구체화) 제시
- 어느 수준까지(도달 수준의 구체화) 제시

□ M/S 확대와 고객만족 경영을 통한 초일류 기업의 실현	목적
○ 대리점 판매력 강화로 2023년 6월 30일까지 시장점유율 40% 확대	목표
○ SNS 홍보채널 확대로 2025년 11월 2일까지 시장점유율 75% 확대…	

정량목표 vs. 정성목표

목표는 정량목표와 정성목표로 나뉜다. 정량목표는 수치 데이터로 환산할 수 있는 목표, 정성목표는 수치적으로 환산할 수 없는 의미적인 목표를 말한다. 목적이 우리가 올라야 할 산의 정상이라면, 목표는 정상에 오르기 위한 중간 과정 혹은 중간 지점을 규명해 놓은 것과 같다. 목표는 목적을 세분화하여 제시하기 때문에 단계별, 단위별로 쪼개어 두 가지나 세 가지로 제시할 수 있지만 목적은 하나여야만 지향점이 분명해진다.

정량목표	정성목표
• 외국인 관광객 유치 20% 증가 • 국내여행 종합만족도 1위 • 관광정보 접근성 만족도 4.7점 이상 • 지정면세점 매출액 800억 원 달성	• 해외 권역별 특화 마케팅 강화 • 지역 및 문화관광 활성화 • 수용태세 개선으로 관광서비스 품질 향상 • 수익사업 내실화

산출목표 vs. 성과목표

목표를 설정할 때 내가 어느 정도의 수준으로 진행할 것인지를 주체자 측면과 수혜자 측면에서 구분할 수 있어야 한다. 이것을 구분하지 않으면 나중에 평가하는 사람 입장에서 일한 만큼 성과가 있었는지를 평가하기 어렵기 때문이다. "일한 만큼 성과를 내라!"라는 말이 있는 것처럼, 일을 열심히 했다고 해서 그게 성과는 아니다. 눈에 보이는 변화된 결과가 있었는지를 나누어 표현해야 한다.

산출목표는 내가 일하는 업무 투입 정도, 성과목표는 수혜자의 변화되는 수준을 말한다. 투입한 노동량과 변화되는 결과인 것이다.

산출목표와 성과목표를 혼용하거나 두루뭉술하게 표현해서는 안 되며, 중복되게 써서도 안 된다. 특히, 경영평가나 사업의 결과를 평가할 때는 산출목표와 성과목표를 구분하고 성과목표를 측정할 수 있는 도구와 모니터링하는 방법들도 세부적으로 작성해야 할 필요가 있다. 평가 도구는 단순히 설문조사를 통한 만족도로만 판단할 수 있는 것이 아닌 다양한 평가 방법들을 모색해야 한다. 스스로 단계별 테스트 도구와 지표를 개발하여 체계적으로 평가하든지, 자체 개발의 역량이 부족하다면 전문기관이나 컨설팅 업체의 도움을 받아 평가 방법을 다양하게 모색할 수 있어야 한다. 평가 방법의 경우, 자료 수집 방법이나 측정 시기와 같은 구체적인 서술이 있어야 타당성을 얻을 수 있다.

⌖ 사례

1. 산출목표

세부 사업명	산출목표	모니터링 방법
	(예) 피해 청소년 30명 X 학교폭력 예방 프로그램 주 3회 X 총 4회 실시	

2. 성과목표 및 평가 방법

성과목표	평가 도구 및 방법	측정시기
(예) 학교폭력 피해 학생들의 폭행 피해 발생 사고 감소 + 성과지표: %로 환 산한 결과값 (피해 사고 30% 감소)	(예) 관할 지역 학교 폭력 피해 건수 확인 + 자료수집원: 관할 지역 경찰서 혹은 국가통계포털	

해결방안 작성법

문제점에 따른 해결방안을 제시하는 단계로, 무엇으로 목표를 이룰 것인지 써야 한다. 보통 분량을 요약하는 보고서에서는 '○○○○ 추진을 통한 매출 ○○% 달성'과 같이 목표와 방안을 함께 표현하기도 한다. 그러나 목표나 방안의 항목이 많을수록 무엇이 방안이고 목표인지 불분명해질 수 있으므로 가능하면 목표와 방안은 독립적으로 구분하여 서술하도록 한다.

- 문제점에 따른 개선, 해결책 제시
- 대안 선택 거절을 대비한 옵션 대안 준비
- 방안에 따른 장·단점 제시

🖱 사례

[해결전략]
신규 고객창출과 이익극대화를 위한 **특수 판매 용병팀 채용**

만약에 제안한 해결방안을 거절한다면?
넌 다 계획이 있구나~!

초기 방안 제안 보고단계라면 하나의 방안만을 제시하기보다는 결재자가 방안을 채택하지 않을 경우를 대비하여 두 가지 정도의 추가적인 옵션 대안을 제시하는 것이 좋다. 또한 방안을 선택할 경우 장점과 단점을 함께 작성한다면 결재자의 입장에서 효율적인 판단을 할 수 있으며, 당신의 보고를 좀 더 신뢰하게 될 것이다.

⌖ 사례

메인 방안
신규 고객창출과 이익극대화를 위한 특수 판매 용병팀 채용

서브 옵션.1 디지털 마케팅 강화와 CRM 전략 개선	서브 옵션.2 제품 및 서비스 혁신과 확장
디지털 마케팅 강화와 고객 관계 관리(CRM) 전략으로 신규 고객 확보 및 이익 극대화	제품 및 서비스의 혁신으로 고객 니즈에 부합하는 솔루션 제공
• 장점: 디지털 마케팅을 통한 고객 도달률 확대 가능, 소셜 미디어를 통한 브랜드 인지도 제고 가능 • 단점: 데이터 보안 및 개인 정보 보호 문제에 대한 보안성 강화가 필요	• 장점: 기존 시장에서의 점유율 추가 확보, 새로운 수익원 창출 • 단점: 제품 및 서비스 투자 비용이 필요, 이로 인해 초기 투자 부담 발생 새로운 시장 개척과정의 예상치 못한 시장 리스크나 경쟁 증가 예상

추진일정 작성법

이 단계부터 방안 제시 후 실행을 위한 구체화된 계획을 보여주는 구간이다. 대안 채택 전 초기 제안 단계에서는 간단히 사업기간과 예산 그리고 필요 인력 정도만 기재하여 간략히 보고하겠지만, 대안 채택 후 실행 계획에서는 채택한 대안을 잘 진행하기 위한 5W+2H 형식의 구체적인 계획을 세워야 한다. 결재자의 입장에서 궁금한 부분이 없도록 구체적으로 작성해야 한다.

- 단계별 사업기간 제시
- 기간별 단위 진행 업무 제시
- 표(간트 차트)로 보기 좋게 정리

보기 좋은 떡이 먹기도 좋다! 일정은 한눈에 볼 수 있도록 하자! 일반적으로 계획 단계에서의 추진일정은 한눈에 일정에 따른 운영사항을 확인할 수 있도록 대부분 간트 차트의 형태로 시각화하여 정리한다.

:" 사례

□ 세부 추진 내용

1. 시연행사: 창포물 머리 감기

　가. 일시: 6. 21.(수) 10:00~10:30

　나. 내용: 언론대상 보도자료 배포 후 프레스 포토타임 진행

　다. 장소:　　　　일대

2. 세시풍속 체험행사

　가. 일시: 6. 18.(일), 6. 22.(목)

　나. 내용

　-단오부채 그리기

　-단오부채 나누기

　　※ 2관 <여름-단오> 코너 방문 인증 후, 단오부채 증정

　-애호(艾虎) 쑥향주머니 만들기

　-단오부적 찍기

　-단오절식(수리취떡·제호탕) 맛보기

　　※「동국세시기」5월 <단오>
　　임금의 약을 관리하는 내의원에서는 여러 여러 약초가루를 꿀에 넣어 끓인 제호탕을 만들어
　　임금에게 바치며...

　다. 장소: 박물관 로비

　라. 참여방법: 현장접수 후 참여(인원 제한), 참가비 무료

성과목표	프로그램명	활동 (수행방법)	시행 시기	수행 인력	참여 인원	시행 횟수 시간
학교와 아동관계자의 경계선지적 기능아동 인식률향상	워크샵 및 교사교육	- 대상: 지역 내 지역사회교육전문가, 　　교사, 아동관계자 - 횟수: ① 지역사회교육전문가 워크샵/총 4회기 ② 교사, 아동관계자 교육 6개교/각 1회기 - 내용: 경계선지적기능 아동에 대한 이해 　(신규학교 1개교 포함)	4월-5월	강사	100명	10회 /14h
	사례회의	- 대상: 교사, 지역사회교육전문가, 지역 내 　　아동관계자 등 - 횟수: 6개교 각 1회기 - 내용: 참여아동 개입과정에 대한 　　과정공유 및 모니터링 　(신규학교 1개교 포함)	11월- 12월	자문교수, 지역사회 교육전문가, 학교교사, 아동관계자	40명	6회 /4h
	스크리닝	- 대상: 참여를 희망한 6개교 아동 - 내용: 경계선지적기능 아동 판정을 　　위한 종합심리검사 실시 - 방법: 교사와 지역사회교육전문가가 경계선 　　지적기능이라고 의심되는 아동을 본관에 　　의뢰→임상심리사에게 파견→검사 실시	4월-7월	지역사회 교육전문가, 학교교사, 임상심리사	12명	12회 /24h

□ **추진일정**
   ○ 사업계획 수립: 5월 4주
   ○ 강사 및 운영요원 섭외: 5월 4주~6월 1주
   ○ 홍보물 제작 및 배포: 5월 4주~6월 2주
   ○ 온라인 홍보 및 보도자료 배포: 6월 3주
   ○ 행사운영 결과 보고: 6월 4주

추진일정 내용	5월	6월			
	4주	1주	2주	3주	4주
사업계획 수립					
강사 및 운영요원 섭외					
홍보물 제작 및 배포					
온라인 홍보 및 보도자료 배포					
행사운영 결과 보고					

🖱 사례

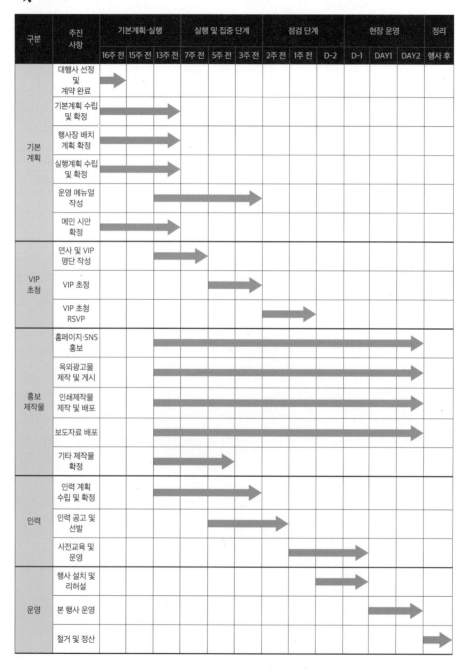

구분	추진 사항	기본계획·실행			실행 및 집중 단계			점검 단계			현장 운영			정리
		16주 전	15주 전	13주 전	7주 전	5주 전	3주 전	2주 전	1주 전	D-2	D-1	DAY1	DAY2	행사 후
기본 계획	대행사 선정 및 계약 완료													
	기본계획 수립 및 확정													
	행사장 배치 계획 확정													
	실행계획 수립 및 확정													
	운영 메뉴얼 작성													
	메인 시안 확정													
VIP 초청	연사 및 VIP 명단 작성													
	VIP 초청													
	VIP 초청 RSVP													
홍보 제작물	홈페이지·SNS 홍보													
	옥외광고물 제작 및 게시													
	인쇄제작물 제작 및 배포													
	보도자료 배포													
	기타 제작물 확정													
인력	인력 계획 수립 및 확정													
	인력 공고 및 선발													
	사전교육 및 운영													
운영	행사 설치 및 리허설													
	본 행사 운영													
	철거 및 정산													

구분	내용	본사	영업지점	대행사	비고
D30	전체 행사 운영 계획서 작성	○		○	
	행사 장소 선정			○	
	행사 세부 예산 계획 수립			○	
D15	행사 장소 예약(대략 체험자 수 예약)				
	석식 행사 식사 메뉴(장소 선정)		○		
D14	기념품 선정(기념품 구입·신청)		○		
	1차 참석 고객 리스트 확보		○		
	45인승 관광버스 대절			○	
D7	행사 장소 답사(체험 거리 및 동선 확인)			○	
	기념품 준비			○	
	고객 인화 사진 서비스(폴라로이드)			○	
D4	기념품 도착(수령 확인)			○	
	2차 확정 고객 리스트 정재 (참석 여부 확인 TM 1차)			○	
	문화 체험 행사 장소 예약 확인·석식 식사 장소 예약			○	
D2	최종 확정 고객 리스트 정재(참석 여부 확인 TM 2차·집결지 통보)			○	
	안심 귀가 서비스 수단 사전 확인(버스 하차 후 고객 귀가 편도만 확인 점검)			○	
D1	최종 리허설(QSheet)			○	
	최종 확정 고객 리스트 SMS 재 고지			○	
DDay	주말오전 7시부터 차량 컨택 후 집결지 도착(약 2시간 전 행사장 도착)			○	보고서 3일 내 제출
	총괄 진행 연출자에 의한 행사 진행 (현지 가이드에게 도착 일시 통보)			○	
	행사 종료 후 리포트 작성 보고			○	

수행 인력 작성법

조직에서 프로젝트를 성공적으로 추진하기 위해서는 일을 수행할 구성원이 필요하다. 사업의 규모가 클수록 팀 단위, 부서 단위로 주관부서와 협력부서의 역할을 분명히 하여 일을 주체적으로 진행할 수 있어야 한다. 또한 사업을 진행하며 변수가 생기더라도 구성원이 책임의식을 가지고 해결해 나갈 수 있어야 하기 때문에 구성원의 지정과 업무의 분담을 통한 역할을 구체적으로 기술해야 한다.

- 주최·주관 기관(회사, 팀) 기재
- 해당 업무 진행 담당자 기재
- 업무별 개인·팀 단위의 구체적인 역할 기재

사업의 규모가 크고 인력 체계가 복잡하다면 업무 조직도를 만들어 한눈에 볼 수 있도록 구성하고, 업무를 세분화한 후 팀 단위의 업무 분담표를 만들어 서로의 역할을 분명히 구분 짓는다. 일을 수행하면서 책임과 관리 또한 역할 분담표를 통해 체크리스트처럼 확인해 나간다.

사례

구분	성명	현직·주요경력	역할	비고
조직위	이나라	• 퐁당페스티벌 조직위 위원장 • 2006년 대박 페스티벌 집행위원장	조직위원장	상근
조직위	꽃미남	• 2010년 참신해 축제 예술감독	예술감독	비상근
이사회	관심남	• 착한기업 대표이사	이사회 위원	비상근

구분	포지션	인원	비고
PM	행사 총괄	1	대행사
AM	행사 총괄 보조	1	대행사
VIP 의전	개막식 VIP 의전	6	의전 요원
VIP 의전	VIP 대기실	4	의전 요원
안전 관리	VIP 경호	2	경호 요원
안전 관리	행사장 입구	2	경호 요원
안전 관리	주간 행사장 내부	2	경호 요원
안전 관리	야간 행사장 경호	2	경호 요원
행사 안내	행사장 동선 안내	4	대행사·진행요원
행사 안내	개막식 진행	2	대행사·진행요원
행사 안내	행사장 출입 관리	4	대행사·진행요원
행사 안내	행사장 인포 데스크	6	대행사·진행요원
행사 안내	내부 부스 안내	4	대행사·진행요원

정리

1. 보기 쉽고 사용에 편리하게
2. 순차적으로 연결되게
3. 순번, 항목, 일정 그리고 담당

소요 예산 작성법

    결재자의 의사결정에 있어 가장 중요한 사항은 예산과 기간이다. 이 둘 중 어느 하나 충족하지 못할 경우 모든 기획은 재검토되거나 수포로 돌아갈 수 있기 때문이다. 어떤 일이든 추진하고자 할 때 대략 얼마의 비용이 들어갈지 세부항목별로 예상할 수 있어야 하고, 세부 항목의 총 예산을 결재자에게 승인받아야 원활히 사업을 추진할 수 있다.

- 구상 단계에서는 큰 범위의 예산을 산출한다.
- 실행 단계에서는 단위별로 항목을 그룹화하여 하위로 세부항목을 산출한다.
- 예산은 한 번 통과하면 돌이킬 수 없는 만큼 치밀하게 오류 없이 기술한다.

사례

(금액 단위: 천 원)

구분	항목	세부 항목	산출내역						비고
			단가	수량	단위	횟수·기간	규격	금액	
개회식	시스템	음향	5,000	1	식	1		5,000	외부 음향 사용

- 사업에 직접 투입되는 비용을 인건비, 사업비, 관리운영비로 구분하여 작성한다.
  - 인건비: 해당사업을 직접적으로 수행하는 인력에게 투입되는 비용
  - 사업비: 프로그램 수행에 필요한 직접비용
  - 관리운영비: 프로그램의 수행에 필요한 간접비용(사업관리에 필요한 비용)
- 세목은 세부 사업별로 구분하고 단위가 큰 경우 세세목으로 구분하여 작성한다.
- 산출근거는 실제 단가, 수량, 인원수, 건수, 횟수 등을 구체적으로 기록한다.

사업 및 프로그램 견적서 양식

목	세목	세세목	계	산출근거
	총계			
인건비				
	소계			
사업비				
	소계			
관리 운영비				
	소계			

견적서 세부 용어 이해

구분	용어 해석
구분	• 구분은 일정한 기준에 따라 종류를 분류할 때 사용 • 개회식, 환영 만찬, 폐회식처럼 프로그램을 크게 분류할 때 사용
항목	• 유사한 성격을 가지고 있는 것을 묶어 하나의 이름으로 사용하여 표현하는 것 　예) 음향, 조명, 중계, 특수효과, 영상 장비들은 하나로 묶어 '시스템'으로 표현
세부 항목 (내용)	• 항목에 포함되는 세부적인 이름 　예) 항목: 기자재 / 세부 항목: 무전기, 차단봉, 노트북 • 세부 항목이라는 이름 대신 '세부내용'이라는 단어로도 사용
수량	• 해당하는 항목이나 세부 항목이 필요한 개수를 기록 • 식: 수량을 1개, 2개, 1장, 2장 등으로 셀 수 없거나 여러 가지 요소가 모여 하나의 서비스를 구성하는 경우(주로 무대, 시스템 및 장비류에 많이 사용) 　예) 음향 1식이라 함은 이벤트 한 프로그램당 소요되는 스피커, 마이크, 연결선, 콘솔 등의 장비 일체를 의미 • 부: 인쇄제작물(종이류에 인쇄하여 만들어지는 제작물로 초청장, 포스터, 발표 자료집, 리플릿, 브로슈어 등) 　예) 초청장 400부, 포스터 150부, 제안서 30부(권)
단가	• 단가는 항목/세부 항목에 대한 최소 단위의 금액
횟수	• 부: 항목 및 세부 항목별 사용 횟수 　예) 항목: 차량 / 세부 항목: 셔틀버스(공항 ↔ 행사장)/수량: 7대 / 횟수: 2일 5회
기간	• 사용되어지는 일수, 월 등을 나타냄. 　예) 2일, 5주
규격	• 예산의 내용에 따라 사용하기도 하고, 사용하지 않는 경우도 있음. 　주로 제작물에 많이 사용하고, 제작물의 사이즈를 표시 　예) 현수막 2,700x720mm(가로*세로 너비)

*출처: 교육부, NCS학습모듈 이벤트 예산 관리

행사 진행 시 견적서 세부 용어 이해

구분	세부 항목
기획비	• 이벤트 기획 관련 비용
제작물 비	• 무대 제작비(트러스/목공제작) • 이벤트 안내판/유도사인 관련 비 • 이벤트 인쇄제작물 관련 비용 등(현수막/포스터/배너/전단지)
시스템 비용	• 음향 비용 • 조명 비용 • 영상 및 특수효과 비용 • 기타 이벤트 현장 운영에 요구되는 시스템 비용
출연진 비용	• 공연 출연진 비용 • 이벤트 진행 MC 비용 • 그 외 댄서, 특강 연사/강사 등 비용
인건비	• 이벤트 프로그램에 투입되는 기획, 운영, 연출, 의전, 행사 진행 및 경호 인력 관련 비용 • 이벤트 준비 및 실행 기간 전담 계약 인력 비용 등 • 이벤트의 준비 및 현장 운영에 요구되는 사무실 집기, 통신 등 운영비
운영비	• 이벤트 준비 및 현장 운영에 요구되는 사무실 집기, 통신 등 운영비, 렌탈비 • 이벤트 프로그램 관련 인력의 식사·수송·인력 교통비 등 현장 진행 비용 • 이벤트의 사전 회의 및 답사비용 • 임시행사 진행 인력 사전 교육비
기타 비용	• 사전 홍보비 • 기념품 제작비 • 행사 보험비 • 안전 비품비

⌖ 사례. 행사 분야 견적서

행사명	항목	내용	계약예산 (A)	실행예산 산출내역						증감 (B-A)	비고
				수량	단위	회	단위	단가	금액(B)		
	2. 회의장 임차료		4,000	1	식	2	일	2,000	4,000	0	
			500	1	식	0.5	일	500	500	0	
		소계							4,500	0	
	2. 연사숙박		5,092	36	실	1	박	127.3	4,583	- 509	투숙인원 감소
		소계							4,583	- 509	
	3. 인쇄물, 장치장식물		675	300	개	1	회	2.7	810	135	현장등록 증가
			48	250	개	1	회	0.6	48	0	
			700	70	매	1	회	10	700	0	
			1,000	1	식	1	회	1,000	1,000	0	
		소계							6,141	135	
			3,500	1	전체	1	일	3,500	3,500	0	
			1,800	1	전체	1	일	1,800	1,800	0	
			1,000	2	식	1	일	500	1,000	0	
			1,000	1	전체	1	일	1,000	1,000	0	
			150	2	대	1	일	150	300	150	발표용 PDP 현장 추가

B-2 지출 예산 : 총 240,000,000 원

(단위 : 원)

항 목	산출근거	지출액	지원 신청액
사례비	작품료 : 3,800,000x5인 = 19,0000,000원 연출료 : 5,000,000x2인 = 10,000,000원 출연료 : 300,000x5명x10팀 = 15,000,000원 …	90,000,000	70,000,000
임차료	실내 공연장 : 500,000x10일=5,000,000 …	8,000,000	-
제작비	야외무대설치 : 10,00,000x1식=10,000,000 …	40,000,000	20,000,000
인쇄 및 유인비	프로그램북 : 2,000x2000부= 4,000,000 포스터 : 1,000x500부= 500,000 …	12,000,000	-
	…	…	
계		240,000,000	90,000,000

목	세목	세세목	계	산출근거	예산조달 계획				
					신청금액	비율(%)	자부담	비율(%)	자부담재원
총 계									
인건비									
		소 계							
사업비									
		소 계							
관리운영비									
		소 계							

구분	1차년도			2차년도			3차년도		
목	세목	신청금액	자부담	세목	신청금액	자부담	세목	신청금액	자부담
	총 계	90,668	20,000	총 계	171,953	10,000	총 계	141,690	20,000
인건비	담당자 급여	23,000		담당자 급여	25,000		담당자 급여	20,000	5,000
	소 계	23,000		소 계	25,000		소 계	20,000	5,000
사업비	심리정서 지원	8,820		심리정서 지원	6,780		심리정서 지원	7,530	
	직업 역량강화	52,128		직업 역량강화	56,438		직업 역량강화	60,350	
	인턴십 센터 운영	2,100	20,000	인턴십 센터 운영	80,815	10,000	인턴십 센터 운영	50,890	15,000
	소 계	63,048	20,000	소 계	144,033	10,000	소 계	118,770	15,000
관리운영비	사무용품	1,900		사무용품	1,900		사무용품	1,900	
	출장비	720		출장비	1,020		출장비	1,020	
	집기비품	2,000		-	-		-	-	
	소 계	4,620		소 계	2,920		소 계	2,920	

*출처: 사회복지공동모금회

예산, 어느 정도로 구체적으로 짜야 할까?

처음부터 예산을 빈틈없이 짜는 것보다는 업무 진행 단계에 따라 구체화하도록 한다. 초기구상 단계에서는 총 사업비와 과목별로 대략적인 예산을 기재할 수 있다. 결재자와의 방향성 검토 후 중간기획 단계에서는 구체적 내용검토를 위한 항목 단위별 세부 예산을 편성해야 한다. 이후 최종결정 단계에서는 빈틈없이 확정 예산을 구체적으로 작성해야 한다. 큰 항목 단위에서 세부 항목을 그룹으로 묶고 세부 항목에 따른 산출 근거를 자세히 기재하도록 한다. 이때 항목 수가 많아지면 센스 있게 소계, 합계, 총계를 표에 두괄식으로 올려 결재자가 빠르게 확인할 수 있도록 돕는다.

예산은 통과한 이후로는 수정할 수 없다. 그러니 빠뜨린 항목이나 오류는 없는지 보고 또 볼 필요가 있다. 특히, '0' 하나를 빠뜨려 전체 금액이 잘못되지는 않았는지 봐야 한다. 누구나 실수를 할 수 있지만, 한 번의 실수로도 돌이킬 수 없는 결과를 초래하는 것이 예산이다.

진행해보지 않은 사업은 더욱이 발생할 수 있는 모든 범위의 예산을 고려하여 비용을 책정해야 한다. 일부는 참고표(※)를 사용하여 시세에 따라 항목과 금액이 변동될 수 있다는 여지를 남겨두기도 한다. 말하건대 통과된 예산을 변경하는 일은 쉽게 일어나지 않는다.

위기관리,
갈등관리 작성법

모든 치밀한 계획에도 변수란 존재한다. 모든 일이 계획대로, 순리대로 진행된다면 세상에 실패라는 단어는 없을 것이다. 계획을 세워도 그대로 이행되지 않는 경우가 대부분이다. 그래서 치밀하고 구체적인 계획 수립도 필요하지만 일을 추진하면서 발생할 수 있는 변수나 돌발상황에 대한 대응·대비 계획도 세워야 한다.

> 업무를 추진하면서 예상되는 위기상황을 예측하여 제시
> 위기상황을 항목 단위로 구성하고 관리 방안을 구체적으로 제시

아마추어와 프로의 차이는 위기관리 능력에 있다. 아마추어는 업무를 진행하며 돌발상황이 발생하거나 결재자가 변수 가능성을 물을 때, 그런 일은 절대 일어나지 않을 것이라 주장하거나 예상치 못한 상황에 당황하며 일을 그르치게 될 것이다. 변수에 대비하는 자만이 성공적인 업무를 완수할 수 있다. 또한, 변화를 관리할 수 있는 자가 결재자의 신뢰를 받는다.

추가

일반적인 사업 계획 시,
예상되는 변수와 대응방안은?

1. 인력변수: 사업 구성원 중 핵심 멤버의 이탈 상황(전문 인력 조달 기관 및 업체 미리 확보, 업무 과정 인수인계 자료 준비)

2. 기술변수: 기술 개발 일정의 지연 및 개발 불가 상황 (기술 개발 가능한 업체 및 기술자 미리 확보하여 대비)

3. 자금변수: 사업 운영 자금의 부족으로 인한 경영난 우려 상황 (예비 자금 및 자금을 증자할 조달처를 미리 확보하거나 계획)

4. 법률변수: 법, 제도적 측면의 불가 상황(사전 법률전문가 자문 의견 확보, 법과 제도의 타당성 검증 및 확인)

5. 관계변수: 사업 추진 관련 반대 단체의 항의 상황(기관, 단체, 사업자 간의 소통 체계를 구성하여 효율적으로 갈등 관리)

각종 행사 및 축제 진행 시, 위기상황에 따른 대응 계획은?

1. 위기상황 식별: 어떤 상황이 위기로 간주될 수 있는지 식별 (예: 화재, 응급 상황, 날씨 악화 등)

2. 통신 및 연락 체계 구축: 행사 내부 및 외부의 모든 관계자와 효과적인 연락 체계 구축 (예: 연락망, 통신 도구)

3. 위기대응팀 구성: 위기상황에 대응하는 팀 구성 및 역할 할당 (예: 대표자, 안전 담당자, 의료 인력 등)

4. 행동 계획 및 절차 마련: 각 위기상황에 대응할 행동 계획과 절차 마련 (예: 대피 절차, 응급 의료 조치, 재난 알림)

5. 위기상황 모의 훈련: 위기상황 발생 대비 모의 훈련을 실시하여 실제 위기상황에 대비

6. 위기상황 정보 제공 및 업데이트: 행사 참가자에게 위기상황 정보와 안전 조치에 대한 정보 업데이트

7. 의사결정 및 의사소통 방안: 위기상황에서의 의사결정 및 관련 당국과의 의사소통 방안 마련

8. 대피 및 안전시설 설정: 필요한 경우 대피 및 안전시설 마련, 참가자들에게 안내 실시

9. 피해복구 및 사후분석: 위기상황 발생 후 복구 작업과 사후분석 실시 후 대응전략 개선

10. 상황 모니터링 및 업데이트: 위기상황 발생 시 지속적인 모니터링과 그에 따른 적절한 대응 유지

기대효과,
제언사항 작성법

　결재자 혹은 기획처 입장에서 사업의 목적 실현뿐만 아니라 전략사업을 통한 다양한 파급효과를 기대할 수 있다. 모든 투자에는 원금뿐 아니라 +@의 추가 이익을 실현하고자 하는 바람이 있다. 특히 제안 단계에서의 보고서는 일타쌍피(화투용어로 한 가지 일을 하여 두 가지 이익을 본다는 뜻)의 개념처럼 목적 실현 외 다양한 시너지 효과까지 풍부하게 작성하면 결재자의 기대심리를 유도하여 선택 확률을 높일 수 있다.

기대효과는 일반적 표준화, 대상, 측면의 다각화로 구분할 수 있다. 하나씩 알아보자.

1. 일반적 표준화 구분

정량적 효과	기대효과를 계량화 지표로 환산하여 제시 예) 비용 절감, 처리시간 단축, 시장점유율 및 품질지표 향상 ➡ 기대효과를 계량화 지표로 환산하여 제시
기술적 측면	계량화가 어려운 기대효과를 설득력 있게 기술 예) 업무프로세스 간소화, UI 편의성 증대, 이미지 제고 ➡ 회사의 이미지, 평판, 만족감, 이해도 등

2. 대상의 구분(관련 이해관계자 측면의 효과 기술)

고객 측면	고객 문제 해결, 만족도 증대
회사 측면	이윤 창출, 브랜드 이미지 제고
개인(구성원) 측면	애사심 고취, 업무 효율 증대 등

3. 측면의 다각화 구분(STEEPS 다각화)

사회적 측면 Social	고용 창출 및 일자리 안정화 실현
기술적 측면 Technological	신기술 개발로 산업 경쟁력 제고, 기술
경제적 측면 Economical	산업시장의 경제 활성화, 매출 상승
환경적 측면 Environmental	환경 보호 및 자원 절약
법·제도적 측면 Political	제도화를 통한 사회 안정화 실현
문화적 측면 Surrounding	고객의 편의 증대 및 삶의 질 향상

목표와 기대효과는 어떻게 구분할까? 목표가 내부적으로 달성하고자 하는 수준이나 정도라면, 기대효과는 기타 따라오는 이득이다. 만약 목표와 기대효과가 중복된다면 목표만 쓰는 편을 추천한다. 보통 기대효과는 초기제안 단계에서만 작성하고 실행 단계에서는 생략하는 경우가 많기 때문이다.

제안을 받는 상대가 원하는 바에 따라 기대효과의 측면을 다각적으로 기술할 필요가 있다. 상대가 민간 기업일 경우 회사의 목적이나 이익 실현 효과에 관심이 있을 것이고, 정부나 공공기관이라면 사회적, 환경적으로 긍정적인 공헌 효과를 원할 것이다. 이렇듯 보고를 받는 상대에 따라 기대하는 바가 다를 수 있기 때문에 제안 대상에 맞춰 기대효과를 제시해야 한다. 그렇다면 장밋빛 설렘으로 제안을 마무리할 수 있을 것이다.

사례

O2O OOOO 서비스를 선도하여 지역사회 미래 성장 시너지 창출

소비자를 위한, 소상공인을 위한, 시민 모두를 위해
차별화된 마켓 서비스 상생플랫폼을 운영하여 중·소상공인과
지역 경제 발전에 도움 주면서 수익 창출하는 회사로 만들어 나가고자 합니다.

OOO	OOO	OOOO	OOO
· 품질 좋은 상품 수급 · 저렴한 수수료와 가격 구매 · 편리한 소비 생활 지속	· 중개 수수료 최소화 · 판로확대·온라인 판매 가능 · 신규 소비자 유입 증대	· 지역경제 활성화 · 양질의 지역 일자리 창출 · 시장 스마트상점화 경쟁력 향상	· 플랫폼 서비스 산업 개척 · 지속성장 가능한 이윤 창출 · 운영사의 신성장 경쟁력 확보

> ## 과학기술 기반 농업 문제 해결

학술적
· SCI/E 논문 150편 이상 게재
· SCI/E 논문 rnIF 60/40이상
· 국제전문학술지 비율 60% 이상
· 국제학술발표 80건 이상

산업·경제적
· 폐플라스틱 분해 기술 특허 30건
· 잔류농약 분해 기술 특허 15건
· 지방질 유용효소 특허 10건
· 나고야의정서 비용 절감(10% 이상)

사회·환경적
· 영농 폐플라스틱 단계적 감소
 (10만t → 8만t → 6만t → ⋯)
· 농약기준 초과 농작물 잔류농약 감소
 90% 이상 달성

정량적   정성적

학술적
· 농업 그린바이오 연구 분야
 확장 및 관련 기술 시계 선도
· 지방질 관련 유용료소 신 분야
 창출 및 세계적 선도

산업·경제적
· 친환경 폐플라스틱 및 잔류농약
 분해 원천기술 기반 신산업 창출
· 오염 감소 및 작물생산성 증대
· 생물자원 초고부가가치 창출

사회·환경적
· 폐플라스틱 및 잔류농약 저감화
 에 따른 농업환경 안전 보전
· 국민 안전성 및 복지 증진
· 국민 농업기술 신뢰도 제고

농업미생물 활용가지 제고
미래 신성장동력 창출

농업환경 개선 미생물 발굴
및 현장적용 기술 개발

---

*출처: 서울대학교 농업생명과학정보원

Good Report

보고서를 잘 쓰고 싶다면
반드시 알아야 할 것

기획서 작성의 핵심!

1. 추진배경
2. 현황 및 문제점
3. 비전, 목표, 기본방향
4. 주요 과제
5. 활용 방안(전략)
6. 세부추진계획
7. 변화관리, 갈등관리대책
8. 기대효과
9. 행정사항
10. 붙임 자료

0. 제목

목적과 방안 함축적으로 20자 내로 정리, 개조식으로 작성할 것

(예) 사용자의 만족도 제고 '자동문자 발송 시스템' 적용방안

1. 목적

이루고자 하는 마지막 그림, 전체 업무의 달성 가치

(예) 기술산업의 내실화, 고객 만족도 극대화, 초일류기업 달성, 이윤 창출

2. 목표

목적을 달성을 위한 중간 과정, 달성 정도·수준을 정량적으로 제시

(예) 마케팅 담당자 및 관련 기획자의 사업 수행 능력 및 30% 수준 향상

3. 배경

주제에 따른 거시적인 환경변화, 패러다임, 추세, 법·제도의 변화

(예) 밀레니얼 세대 대거 유입으로 조직 인력 구조 변화. 저출산, 고령화, 바이러스 장기화

4. 현황

지금의 실태, 문제, 사례로 수치화, 정량화, 객관적인 데이터 보완

(예) 직원들의 업무 현황, 실태, 상황이 어떻게 진행되고 있음

5. 문제

지금의 실태, 문제, 사례로 수치화, 정량화, 객관적인 데이터 보완

(예) 직원들의 업무 처리 능력이 전년 대비 다소 감소(전년대비 15% 감소)

6. 문제점

문제에 따른 근본적인 원인, 지금 당장 수행해야할 과제 제시(핵심과제)

(예) 직원들의 부족한 업무 능력을 보완하기 위한 실무 교육 필요

7. 방안(해결책)

원인(문제점)을 해결하는 분명한 방안·대책 제시

(예) 직원들의 사업 수행 능력을 높이기 위한 보고서 작성 교육 실시

8. 계획

방안을 실행하기 위한 구체적인 행동 메뉴얼

(예) 기간, 인력, 예산, 행정사항, 홍보계획, 갈등관리 계획 등 세부 매뉴얼 작성

상황별·목적별 보고서

본 챕터에서 소개하는 상황별·목적별 보고서 작성 요령 및 양식은
'행정안전부 행정업운영편람'과 '성남시 보고서 표준화 매뉴얼'을 기반으로 하고 있습니다.

문서의 기본 양식

입향순속(入鄕循俗)
: 그 나라에 들어가는 사람은 그 고장의 풍속을 따른다.

로마에 가면 로마법을 따르라. 교육을 하다 보면 수강생들에게 받는 많은 질문 중에 하나가 "우리 상사는 이렇게 쓰지 말라고 하던데요?" 혹은 "강사님이 가르쳐 주는 대로 보고서를 썼다가 상사가 화내면 누가 책임지나요?"라는 것들이다. 그러면 필자는 "아니, 그러셨어요? 상사가 정답이죠."라고 말한다.

많은 직장인들이 보고서 작성에 대해 상사에게 물어보기가 부담스럽다 보니 책을 보거나 인터넷을 뒤져보거나 교육을 받는 방식으로 조금 더 인정받고 칭찬받기 위한 방법들을 연구한다. 게다가 물어보면 하나하나 꼼꼼하게 알려주는 너그러운 상사도 있지만 보통 상사도 감으로만 알고 있을 뿐 어떻게 가이드를 줘야 할 것인지 모르는 경우가 많다. 옛날 같으면 "이런 걸 왜 나한테 물어? 여기가 학교야? 이런 건 알아서 써야지!"라고 호통을 들었을 수도 있다. 그럼에도 불구하고 보고서의 정답은 상사다.

신규로 생겨난 조직이거나 회사라면 보통 문서를 작성하는 양식이나 기준이 주먹구구일 것이다. 이런 경우 실무자들은 말은 못하지만 양식을 통일할 수 없는지, 맨날 시간도 없는데 레이아웃 잡는 데에 시간이 오래 걸린다는 등의 불만을 털어 놓는다. 이런 불만은 실무자뿐만이 아니다. 상급자나 결재자도 "아니, 이렇게 제멋대로 보고서를 쓰면 나보러 어떻게 보라고? 양식 좀 통일할 수 없나?"라는 볼멘소리를 한다. 그래서 교육을 하고 나면 실무자들은 "이 교육을 우리 상사가 들어야 하는데"라고 생각하고, 관리자들은 "이걸 우리 직원들이 들어야 하는데"라고 생각한다. 오래된 조직일수록 관행이라는 것이 있다. 회사의 사무 규정이 자리 잡혀 있다면 내부 기준을 따라야 한다. 그러나 기준이 없는 경우라면 내부 매뉴얼을 만들어 표준화하는 작업이 필요하다. 앞으로 나오는 보고서 양식이나 사례들도 마찬가지이다.

자, 그럼 보고서의 정답은 누구에게 있는가? "정답은 나에게 있다."라고 한다면 정신 나간 소리다. 정답은 보고서를 받는 상대방에게 있다. 상사가 그렇게 쓰라고 한다면 써야 한다. 다만 상사마다 기준이 다르다면 어떻게 해야 할까? 최종 결재자를 염두에 두고 보고서를 써야 한다. 중간 상사를 무시하고 무조건 최종 결재자의 이야기만 따르라는 것이 아니다. 다만 이럴 때는 융통성 있게 관계를 풀어가야 한다. 제발 상사와 싸우지 말자. 내가 맞다, 네가 맞다. 싸움의 끝은 결국 파멸이다.

나라에서도 기관들마다 문서 양식이나 작성 기준이 다르다 보니 공통적인 기준을 세워 행정 효율과 협업 촉진에 관한 규정(대통령령)과 관련하여 행정기관의 행정업무 운영과 관리에 대한 이해를 돕고자 제작된 편람이 있다. 그것이 바로 《행정업무운영편람》이다. 문서는 내부적으로 쓰는 보고서 형태의 문서도 있지만 협조문이나 요청문처럼 외부에 보내야 하는 문서도 있다. 이러한 문서의 경우 서로 간의 분쟁이나 이견을 최소화하기 위해 공통적인 사무 규정 원칙과 기준에 관한 가이드를 제시하고 있다. 이 자료를 토대로 내부 사무 규정이나 기준을 세워도 좋겠다.

기안서
기안문, 품의서, 공문서

문서의 형태는 크게 일반기안문과 간이기안문의 형태로 나뉜다. 일반기안문은 내부에서 사용하는 문서와 외부로 보내는 문서로 추가적으로 나뉜다.

일반기안문은 보통 한 장으로 작성하며 두문, 본문, 결문의 3가지 영역으로 구분한다. 기안문은 목적에 따라 크게 4가지의 유형으로 나누어진다.

1) 지시 문서: ① 내부 직원에게, ② 하급 기관에게
2) 보고 문서: ① 상급 기관에게
3) 협조 문서: ① 기관 내 부서 간, ② 기관 간
4) 대민 문서: ① 민원문서, ② 알림문서, ③ 처분문서

< 일반기안문 >

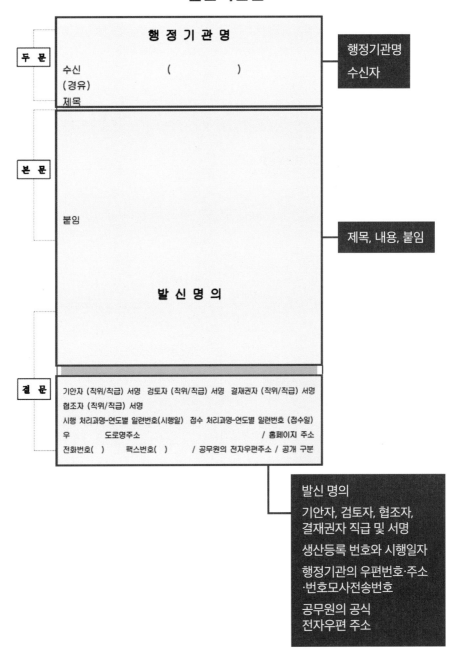

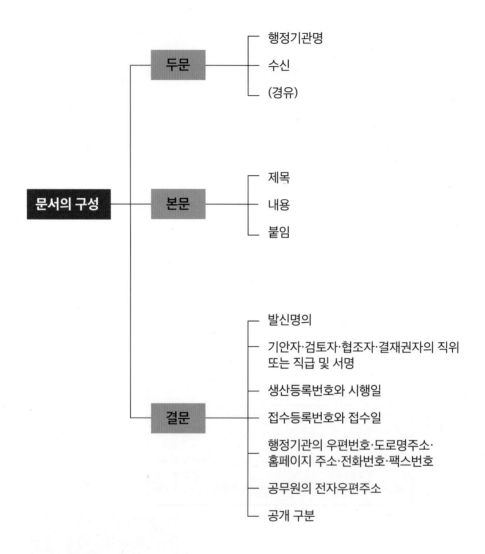

문서의 구성

두문
- 행정기관명
- 수신
- (경유)

본문
- 제목
- 내용
- 붙임

결문
- 발신명의
- 기안자·검토자·협조자·결재권자의 직위 또는 직급 및 서명
- 생산등록번호와 시행일
- 접수등록번호와 접수일
- 행정기관의 우편번호·도로명주소· 홈페이지 주소·전화번호·팩스번호
- 공무원의 전자우편주소
- 공개 구분

일반기안문 작성방법

1. 행정기관명

그 문서를 기안한 부서가 속한 행정기관명을 기재한다. 행정기관명이 다른 행정기관명과 같은 경우에는 바로 위 상급 행정기관명을 함께 표시할 수 있다.

2. 수신

수신자명을 표시하고 그 다음에 이어서 괄호 안에 업무를 처리할 보조·보좌 기관의 직위를 표시하되, 그 직위가 분명하지 않으면 ○○업무담당과장 등으로 쓸 수 있다. 다만, 수신자가 많은 경우에는 두문의 수신란에 '수신자 참조' 라고 표시하고 결문의 발신명의 다음 줄의 왼쪽 기본선에 맞추어 수신자란을 따로 설치하여 수신자명을 표시한다.

3. (경유)

경유문서인 경우에 '이 문서의 경유기관의 장은 ○○○ (또는 제1차 경유기관의 장은 ○○○, 제2차 경유기관의 장은 ○○○)이고, 최종 수신기관의 장은 ○○○입니다.'라고 표시하고, 경유기관의 장은 제목 란에 '경유문서의 이송' 이라고 표시하여 순차적으로 이송하여야 한다.

4. 제목

그 문서의 내용을 쉽게 알 수 있도록 간단하고, 명확하게 기재한다.

5. 발신명의

합의제 또는 독임제 행정기관의 장의 명의를 기재하고, 보조기관 또는 보좌기관 상호 간에 발신하는 문서는 그 보조기관 또는 보좌기관의 명의를 기재한다. 시행할 필요가 없는 내부결재문서는 발신명의를 표시하지 않는다.

6. 기안자·검토자·협조자·결재권자의 직위·직급

직위가 있는 경우에는 직위를, 직위가 없는 경우에는 직급(각급 행정기관이 6급 이하 공무원의 직급을 대신하여 사용할 수 있도록 정한 대외직명을 포함한다. 이하 이 서식에서 같다.)을 온전하게 쓴다. 다만, 기관장과 부기관장의 직위는 간략하게 쓴다.

7. 시행 처리과명연도별 일련번호(시행일)
접수 처리과명연도별 일련번호(접수일)

처리과명(처리과가 없는 행정기관은 10자 이내의 행정기관명 약칭)을 기재하고, 시행일과 접수일란에는 연월일을 각각 마침표(.)를 찍어 숫자로 기재한다. 다만, 민원문서인 경우로서 필요한 경우에는 시행일과 접수일란에 시·분까지 기재한다.

8. 우 도로명주소

우편번호를 기재한 다음, 행정기관이 위치한 도로명 및 건물번호 등을 기재하고 괄호 안에 건물 명칭과 사무실이 위치한 층수와 호수를 기재한다.
(예) 우03171 서울특별시 종로구 세종대로 209 (세종로)

9. 홈페이지 주소

행정기관의 홈페이지 주소를 기재한다.
(예) www.mois.go.kr

10. 전화번호(   ), 팩스번호(   )

전화번호와 팩스번호를 각각 기재하되, (   )안에는 지역번호를 기재한다. 기관 내부문서의 경우는 구내 전화번호를 기재할 수 있다.

11. 공무원의 전자우편주소

행정기관에서 공무원에게 부여한 전자우편주소를 기재한다.

12. 공개구분

공개, 부분공개, 비공개로 구분하여 표시한다. 부분공개 또는 비공개인 경우에는 「공공기록물 관리에 관한 법률 시행규칙」 제18조에 따라 '부분공개( )' 또는 '비공개( )'로 표시하고, 「공공기관의 정보공개에 관한 법률」 제9조제1항 각 호의 번호 중 해당 번호를 괄호 안에 표시한다.

13. 관인 생략 등 표시

발신명의의 오른쪽에 관인 생략 또는 서명 생략을 표시한다.

※ 기안자·검토자 및 결재권자(직위·직급) 서명: '기안자'·'검토자'·'결재권자' 및 '직위(직급)'의 용어는 표시하지 아니하고, 기안자·검토자 및 결재권자의 직위·직급을 쓰고 서명하되, 직위·직급 및 서명란의 수와 크기는 필요에 따라 조정하여 사용할 수 있다.

※ 협조자(직위·직급) 서명: '협조자'의 용어를 표시한 다음, 이어서 직위·직급을 쓰고 서명한다.

※ 전결 및 서명 표시 위치: 「행정 효율과 협업 촉진에 관한 규정」 제10조 제2항 및 동 시행규칙 제7조제2항에 따라 결재권이 위임된 사항을 전결하는 경우에는 전결하는 사람의 서명란에 '전결' 표시를 한 후 서명하되, 서명하지 아니하는 사람의 서명란은 설치하지 아니한다.

※ 대결 및 서명 표시 위치: 「행정 효율과 협업 촉진에 관한 규정」 제10조제3항 및 동 시행규칙 제7조제3항에 따라 대결하는 경우에는 대결하는 사람의 서명란에 '대결' 표시를 하고 서명하며, 위임전결사항을 대결하는 경우에는 전결권자의 서명 란에 '전결' 표시를 한 후 대결하는 사람의 서명란에 '대결' 표시를 하고 서명한다. 이때 서명하지 아니하거나 '전결' 표시를 하지 아니하는 사람의 서명란은 설치하지 아니한다.

※ 발의자(★)와 보고자(◉)의 표시는 직위·직급의 앞 또는 위에 하되, 보고자의 표시는 직접 결재권자에게 보고하는 경우에만 표시한다.

일반기안문은 내부용으로도 사용하지만 외부로 보낼 때도 사용하기 때문에 '~ 해 주시기 바랍니다.'와 같이 친절하게 서술식의 문장으로 쓴다. 문장의 끝은 내부결재 문서는 '~ 하고자 합니다', 외부 발송 문서는 '~ 보고합니다. 제출합니다. 송부합니다.'로 통일하여 쓴다. 맥락의 흐름은 '~을 위하여 ~을 하고자 합니다. 이에 따라 ~을 해 주시기 바랍니다.'의 흐름으로 구성하자. 보통 내부에서는 상대방이 목적이나 취지를 알고 있는 경우 간단히 '~을 하고자 합니다.'로 간단히 한두 줄로 쓰는 경우가 많고, 상호 보조, 보좌기관 혹은 다른 행정기관이나 민간기관 회사, 일반인에게 보낼 경우에는 관련 근거나 취지를 들어 구체적으로 문서를 보내는 이유를 쓴다. 서술형 문장은 최대 3줄을 넘지 않게 쓰도록 하고, 한 문장 안에 하나의 정보만 담도록 하자. 그래야 상대방이 내용을 빠르게 이해할 수 있기 때문이다. 구체적인 사항들은 서술형 문장보다는 개조식으로 번호 체계로 구분하여 짧게 나열하자.

< 개조식 문장사례 >

- 교육개요
  - 교육기간: 2023. 1. 11.~1. 13.(13일간)
  - 교육장소: 경기도인재개발원 회의실
  - 참석대상: 총 30명(도청, 시·군 신규 공무원)
  - 주요강사: 총무과장, 외부 전문강사

일시 〉 장소 〉 대상자

< 공문서 여백 >

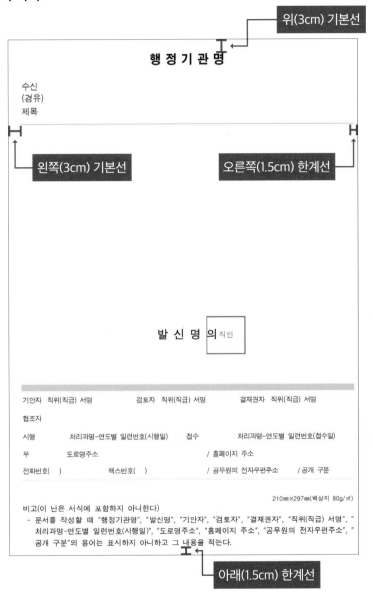

위(3cm) 기본선

행 정 기 관 명

수신
(경유)
제목

왼쪽(3cm) 기본선

오른쪽(1.5cm) 한계선

발 신 명 의 직인

기안자 직위(직급) 서명   검토자 직위(직급) 서명   결재권자 직위(직급) 서명

협조자

시행   처리과명-연도별 일련번호(시행일)   접수   처리과명-연도별 일련번호(접수일)

우   도로명주소   / 홈페이지 주소

전화번호(   )   팩스번호(   )   / 공무원의 전자우편주소   / 공개 구분

210㎜×297㎜(백상지 80g/㎡)

비고(이 난은 서식에 포함하지 아니한다)
 - 문서를 작성할 때 "행정기관명", "발신명", "기안자", "검토자", "결재권자", "직위(직급) 서명", "처리과명-연도별 일련번호(시행일)", "도로명주소", "홈페이지 주소", "공무원의 전자우편주소", "공개 구분"의 용어는 표시하지 아니하고 그 내용을 적는다.

아래(1.5cm) 한계선

일반기안문의 순서체계

수신vv○○○장관(○○○과장)
제목vv○○○○○
문서관리교육을 다음과 같이 실시하오니 참석하여 주시기 바랍니다.
1.v일시:v○○○○○
2.v장소:v○○○○○○○○○○
3.v참석대상:v○○○○○○○○○○○○.vv끝.

구분	항목 기호	구분
첫째 항목	1., 2., 3., 4., …	
둘째 항목	가., 나., 다., 라., …	
셋째 항목	1), 2), 3), 4), …	□
넷째 항목	가), 나), 다), 라), …	○
다섯째 항목	(1), (2), (3), (4), …	─
여섯째 항목	㉮, ㉯, ㉰, ㉱, …	
일곱째 항목	①, ②, ③, ④, …	•
여덟째 항목	㉠, ㉡, ㉢, ㉣, …	

기안문의 가장 기본적인 항목 기호의 순서체계이다. 문서의 내용을 둘 이상의 항목으로 구분할 필요가 있으면 다음 구분에 따라 그 항목을 순서대로 표시하되, 필요한 경우에는 □, ○, 등과 같은 특수한 기호로 표시할 수 있다. 첫째 항목기호는 왼쪽 기본선에서 시작한다. 둘째 항목부터는 바로 위 항목 위치에서 오른쪽

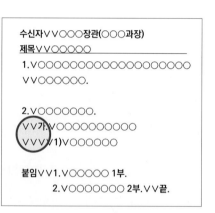

으로 2타씩 옮겨 시작한다. 항목이 두 줄 이상인 경우에 둘째 줄부터는 항목 내용의 첫 글자에 맞추어 정렬한다. (한글 단축키: Shift + Tab 키 사용) 항목기호와 그 항목의 내용 사이에는 1타를 띄운다. 항목이 하나만 있는 경우 항목기호는 생략한다.

관련 근거 작성법

관련 근거는 서술식과 개조식 두 가지 방법으로 작성할 수 있다. 제목 뒤에 조사나 접속어'와, 과, 에'가 붙으면 '관련됩니다. 관련합니다'로 문장을 쓰고, 조사나 접속어가 붙지 않으면 '~관련입니다.'로 쓰면 된다. 혹은 '관련 근거:'와 같이 앞에 제목을 두고 개조식 문장으로 짧게 쓸 수 있다.

관련 근거의 내용이 길 때는 근거들을 한 줄씩 내려 나열할 수 있고, 짧다면 열거 형태로 열거할 수 있다. 다만 두 줄 이상 이어지는 열거 문장의 경우 두 번째 줄의 위치는 내용열에 맞춰 들여쓰기를 하는 것이 원칙이다.

> 1. 평택시 2023-1(2023. 2. 1.) 「근무 지침」과 관련됩니다.

> 1. 평택시 2023-1(2023. 2. 1.) 「근무 지침」과 관련합니다.

> 1. 평택시 2023-1(2023. 2. 1.) 「보고서 작성 과정」관련입니다.

> 1. 관련 근거: 여수시 2023-1(2023. 1. 1.) 「보고서 작성 과정」

- **내용이 길 때**

> 1. 관련 근거
> ∨ ∨ 가. 전주시 2023-2(2023. 2. 2.) 「기안문 작성 세미나 안내」
> ∨ ∨ 나. 전주시 2023-3(2023. 2. 3.) 「보고서 작성 지침」

- **관련 근거를 행을 바꾸지 않고 열거할 경우**

> 1. 관련 근거: 평택시 2023-1(2023. 2. 1.) 「보고서 작성 과정」, 평택시 2023-3(2023. 2. 3.)
>   「보고서 작성 지침」, 평택시 2023-5(2023. 2. 5.) 「보도 자료 작성 지침」

관련 근거 여러 가지를 열거하여 두 줄 이상 넘어갈 때 Enter 키로 넘기고 Space 키를 일일이 눌러 내용열의 위치에 맞추지 말고 자동 정렬 기능을 활용하자. 맞추고자 하는 글머리 위치에서 Shift + Tab 키를 누르고 한 줄이 끝나는 지점에서 Enter 키가 아닌 Shift + Enter 키를 누르면 자동 정렬되는 것을 볼 수 있다.

붙임문서 작성법

문서에 서식·유가증권·참고서류, 그 밖의 문서나 물품이 첨부되는 때에는 본문이 끝난 줄 다음에 '붙임'의 표시를 하고 첨부물의 명칭과 수량을 쓰되, 첨부물이 두 가지 이상인 때에는 항목을 구분하여 표시한다. 문장이 하나일 때는 번호를 부여하지 않고 두 가지 이상일 때부터 '1. 2.'로 번호로 항목을 구분한다. 붙임의 첫 번째 항목의 제목은 가급적 대제목과 통일성 있게 형식을 맞추고 두 번째 항목의 제목부터는 생략할 수 있다.

항목의 제목 뒤에는 1부라는 문서를 구분 짓는 단위를 써서 상대가 문서의 내용과 매수가 어느 정도인지를 파악할 수 있도록 표기해야 한다. 1부 뒤에는 반드시 온점(.)으로 갈음한다. 끝표시는 반드시 끝나는 지점에서 2타 띄우고 '끝.'으로 표기해야 한다.

별도로 보내는 문서를 '별도 송부'라고 하는데 간혹 이를 줄여 '별송'으로 표기하는 경우가 있다. 가능하면 유통되는 문서의 경우는 '별송'과 같은 줄임표현보다는 전체의 의미를 오해하지 않도록 풀어 쓰는 것을 기본으로 하자.

※ 예시

(본문) ·· 하시기 바랍니다.
붙임∨∨창업박람회 참가 확인서 1부.∨∨끝.

※ 예시

(본문) ·· 하시기 바랍니다.
붙임∨∨1.∨창업박람회 결과보고서 1부.
∨∨∨∨2.∨창업박람회 확인서 1부.∨∨끝.

(본문) ·· 하시기 바랍니다.

붙임∨∨1.∨창업박람회 1부.
∨∨∨∨2.∨창업박람회 확인서 1부.∨(별도 송부) ∨∨끝.

붙임문서가 여러 가지일 때 '1'의 위치에 '2'를 자동 정렬하는 기능이 있다. 방법은 앞서 소개한 것과 동일하다. 맞추고자 하는 위치('1')에서 Shift + Tab 키를 누르고 한 줄이 끝나는 지점에서 Enter 키가 아닌 Shift + Enter 키를 누르면 '2'를 시작하는 위치가 자동 정렬되는 것을 볼 수 있다.

```
행정안전부 홈페이지(www.mois.go.kr)를 통해 실시되고 있음을 알려드립니다.

붙임  「행정 효율과 협업 촉진에 관한 규정」 일부개정령안 1부.  끝.
```

붙임은 본문과 구분하여 본문이 끝난 줄 다음(구 사무관리규정은 본문이 끝난 다음 줄)에 쓰도록 개정하여 붙여 쓰거나, 띄어 쓸 수도 있다. 본문 항의 구분도 읽고 이해하기 쉽도록 기안자가 위와 아래 여백을 조정할 수 있습니다.

끝 표시는 본문 내용의 마지막 글자에서 한 글자(2타) 띄우고 "끝" 표시를 한다.
(예) 주시기 바랍니다.∨∨끝.

첨부물이 있으면 붙임 표시문 다음에 한 글자(2타) 띄우고 표시한다.
(예) 붙임 1. 서식승인 목록 1부.
         2. 승인서식 2부.∨∨끝.

본문 또는 붙임 표시문이 오른쪽 한계선에서 끝났을 경우에는 그 다음 줄의 왼쪽 한계선에서 한 글자(2타) 띄우고 "끝" 표시를 한다.
(예) (본문 내용) ······························· 주시기 바랍니다.∨∨끝.

본문이 표로 끝나는 경우에는 어떻게 할까? 표의 마지막 칸까지 작성되는 경우에는 표 아래 왼쪽 기본선에서 한 글자를 띄우고 "끝" 표시를 한다.

응시번호	성 명	생년월일	주　　소
10	김○○	1980. 3. 8.	서울시 종로구 ○○로 12
21	박○○	1982. 5. 1.	부산시 서구 ○○로 5

ＶＶ끝.

표의 중간에서 기재사항이 끝나는 경우에는 "끝" 표시를 하지 않고 마지막으로 작성된 칸의 다음 칸에 "이하 빈칸"으로 표시를 한다.

응시번호	성 명	생년월일	주　　소
10	김○○	1980. 3. 8.	서울시 종로구 ○○로 12
이하 빈칸			

표의 위치는 정해진 사항이 없으며, 왼쪽 기준선부터 전체를 사용하거나 또는 표 제목의 아래 위치부터 시작한다.

🔲 사례 1. 대내문서

행정안전부

수신 정부청사관리소장(관리총괄과장)

(경유)

제목 회의장소 사용 및 통신장비 설치 협조

「행정 효율과 협업 촉진에 관한 규정」 개정내용 설명회 개최에 따라 회의장소 사용 및 통신장비 설치 등의 협조를 요청하오니 조치하여 주시기 바랍니다.

1. 설명회 개요
   가. 일시: 2023. 11. 27. (월) 11:00~18:00
   나. 장소: 정부서울청사 8층 회의실(8층 810호)
   다. 참석: 30명

2. 협조요청 사항
   가. 참석자용 책상 30개 및 의자 40개(배석자 포함) 배치
   나. 강의 시설(마이크, 빔 프로젝트, 스크린 등) 설치

붙임 「행정 효율과 협업 촉진에 관한 규정」 개정내용 설명회 개최 계획 1부. 끝.

전결 2023. 11. 27.

행정사무관 김〇 정보공개정책과장 장〇〇 정부혁신기획관 박〇〇

협조자

시행 정보공개정책과-903   접수

우 03171 서울특별시 종로구 세종대로 209 (세종로)/www.mois.go.kr

전화번호 02-2100-3421 팩스번호 02-2100-3459 / nj5223@moi.go.kr / 대국민공개

🔲 사례 2. 대외문서

행정안전부

수신 (사)○○협회장

(경유)

제목 「행정 효율과 협업 촉진에 관한 규정」 개정내용 설명회 개최 계획 통보

1. 「행정 효율과 협업 촉진에 관한 규정」의 전부개정에 따른 개정내용 설명회 개최 계획을 알려드리니,

2. (사)○○협회 소속 행정업무 운영 분야 교수 또는 행정학 교수들이 설명회에 많이 참석하실 수 있도록 협조하여 주시기 바랍니다.

붙임 「행정 효율과 협업 촉진에 관한 규정」 개정내용 설명회 개최 계획 1부.   끝.

행정안전부장관

전결 2023. 11. 27.

행정사무관 김○   정보공개정책과장 장○○   정부혁신기획관 박○○

협조자

시행 정보공개정책과-902   접수

우 03171 서울특별시 종로구 세종대로 209 (세종로)/www.mois.go.kr

전화번호 02-2100-3421 팩스번호 02-2100-3459 / nj5223@moi.go.kr / 대국민공개

⌨️ 사례 3. 일반 기업의 문서

※ 민간 기업에서는 본문의 내용 시작지점을 제목의 시작열과 맞추는 경우도 있으니 일반 기업은 내부 관행을 확인하여 작성해야 한다.

기 안 자 :		처 리					
기안부서 :							
직 급 :							

제목의 시작열과
전체 문서의 열을 맞춤

"OOO건으로 기안(상신) 하오니 재가(승인, 결재) 바랍니다." 등의 문구는 사용不

제 목	2023년 1분기 인건비 분석 보고 (간결하게)

한줄띄움

2023년 1분기 본사 인건비 실적을 아래와 같이 보고 합니다. (← 가급적 간결하게 1줄 내로 작성) (예시 1)
2023년 OOOOOOOOOOOOOOOOOOOOOOOOOOOOOOOOOOOOOOOOOOOOOOOOOOOOOOOOOOOOO
OOOOOOOOOOOOOOOO. (← 설명이 길어질 경우 넘어가는 행의 시작열은 좌측의 제목열의 점선과 일치) (예시2)

한줄띄움

한줄띄움

- 아   래 - (← 문서 중앙에 위치)

1. 목적
↔1) OOOOOO (↔한칸띄움)
  2) OOOOOO

2. 실적현황
↔1) 월별 실적

※ 기안문서는 아래의 3가지 큰 골격 내에서 육하원칙의 내용을 명시해야 함.
   (누가,언제,어디서,무엇을,어떻게,왜)

1) 기안의 목적 (배경)
2) 내용 (의사결정을 위한 핵심내용)
3) 결과 및 기대효과

한줄띄움

표삽입

↔2) 본부별 실적

표삽입

한줄띄움

3. GAP 분석
↔1) OOOOO
↔↔ ① OOOOOO
↔↔ ② OOOOOO
↔2) OOOOO

줄간격 : 15pt
(내용이 많을 경우 14pt 이하 적용 가능)

4. 시행일 (시행일자가 있는 기안문일 경우)
- 2023년 00월 00일.

한줄띄움
한줄띄움

붙임 1. 1분기 인건비 세부내역 1부.
   2. 2분기 예상인건비 현황 1부.↔↔ 끝. (←문서의 끝남을 반드시 "끝"으로 표기)

첨부파일	1분기 인건비 세부내역 1부. (←붙임파일의 순서와 동일한 순서로 첨부)
	2분기 예상 인건비 현황 1부.

간이기안문(규칙 제3조제1항, 별지 제2호서식)

왼쪽 상단에 문서등록 표시(생산등록번호, 등록일, 결재일 및 공개구분), 오른쪽 상단에 결재란(기안자, 검토자, 협조자, 결재권자)을 표시하고 그 아래에 제목·작성일·작성기관을 표시한다. 요약설명문이 필요한 경우에는 제목과 작성일 사이에 적는다. 이 문서는 내부용도로만 쓰이고 유통하지 않는다.

※이 서식은 보고서, 계획서, 검토서 등 발신할 필요가 없는 내부결재문서로만 사용하며, 시행문으로 변환하여 사용할 수 없음(규칙 제3조제3항)

간이기안문

생산등록번호	
등록일	
결재일	
공개 구분	

협조자			

제목

※ 필요한 경우 보고근거 및 보고
내용을 요약하여 적을 수 있음

○○○○부(처·청 또는 위원회 등)   ○○○○부(처·청 또는 위원회 등)

또는

○○○○국   ○○○○과

① 생산등록번호: 처리과명(처리과가 없는 행정기관은 10자 이내의 행정기관명 약칭)과 연도별 일련번호를 붙임표(-)로 이어 적는다.

② 공개 구분: 공개, 부분공개, 비공개로 구분하여 표시한다. 부분공개 또는 비공개인 경우에는 「공공기록물 관리에 관한 법률 시행규칙」 제18조에 따라 '부분공개(   )' 또는 '비공개(   )'로 표시하고, 「공공기관의 정보공개에 관한 법률」 제9조제1항 각 호의 번호 중 해당 번호를 괄호 안에 표시한다.

③ 기안자, 검토자, 협조자, 결재권자의 직위·직급: 직위가 있는 경우에는 직위를, 직위가 없는 경우에는 직급(각급 행정기관이 6급 이하 공무원의 직급을 대신하여 사용할 수 있도록 정한 대외직명을 포함한다. 이하 이 서식에서 같다.)을 온전하게 쓴다. 다만, 기관장과 부기관장의 직위는 간략하게 쓴다.

④ 발의자(★), 보고자(◎) 표시: 해당 직위·직급의 앞 또는 위에 표시하되, 보고자는 직접 결재권자에게 보고하는 경우에만 표시한다.

⑤ 전결 및 서명 표시 위치: 「행정 효율과 협업 촉진에 관한 규정」 제10조제2항 및 동 시행규칙 제7조제2항에 따라 결재권이 위임된 사항을 전결하는 경우에는 전결하는 사람의 서명란에 '전결' 표시를 한 후 서명하되, 서명하지 아니하는 사람의 서명란은 설치하지 아니한다.

⑥ 대결 및 서명 표시 위치: 「행정 효율과 협업 촉진에 관한 규정」 제10조제3항 및 동 규정시행규칙 제7조제3항에 따라 대결하는 경우에는 대결하는 사람의 서명란에 '대결' 표시를 하고 서명하며, 위임전결사항을 대결하는 경우에는 전결권자의 서명란에 '전결' 표시를 한 후 대결하는 사람의 서명란에 '대결' 표시를 하고 서명한다. 이때 서명하지 아니하거나 '전결' 표시를 하지 아니하는 사람의 서명란은 설치하지 아니한다.

⑦ 직위·직급 및 서명란의 수와 크기는 필요에 따라 조정하여 사용할 수 있다.

보고서의 기본 양식(한글팁 포함)

　일반적으로 회사나 기업에서는 파워포인트라는 시각화 도구를 사용하여 보고서를 작성하는 경우가 많고 공공기관이나 행정기관 학교 등은 한글 문서를 기반으로 보고서를 작성한다. 일반 기업들은 내부 레이아웃이나 양식들이 있을 텐데 맥락적인 부분을 참고하여 보기 바란다.

< 보고서 작성 기본 양식 >

정부 3.0 보고서 작성 양식을 기준

구분	표준 규격	비고
용지	• 용지규격: A4 세로 • 여백: 위·아래 15mm, 좌·우 20mm, 머리말·꼬리말 10mm	
제목 글상자	• 글자/문단/줄 간격: HY헤드라인 M 20~22p/ 위·아래 0pt/160% • 글장사 테두리: 0.3mm • 글상자 바탕색: 연한 옥색	
개요 글상자	• 글자/문단: 중고딕 15p/위·아래 5pt·0pt • 글장사 테두리: 0.4mm, 위·아래 한 줄, 좌·우 없음 • 글상자 바탕색: 없음	본문 배경에 목적, 취지 있는 경우 생략 가능
본문 큰제목	• 글자/문단/줄 간격: 휴먼명조 16~18p/문단 위 20pt, 문단 아래 0pt/160%	
본문 작은제목	• 글자/문단/줄 간격: 휴먼명조 15~16p/문단 위 5pt, 문단 아래 0pt/180%	
본문	• 글자/문단/줄 간격: 휴먼명조 15~16p/문단 위 5pt, 문단 아래 0pt/180%	
참고사항	• 글자/문단/줄 간격: 휴먼명조 13~14p/문단 위 3pt, 문단 아래 0pt/180%	※
주석(각주)	• 글자/문단/줄 간격: 휴먼명조 12p/문단 위 0pt, 문단 아래 0pt/130%	*

상황별 보고서 구분

조직에서 쓰는 문서는 상황에 따라 사업보고서, 업무보고서, 행사보고서, 교육보고서, 회의보고서, 메모보고, 보도자료로 구분할 수 있다.

사업 보고서	검토 보고서	상황·동향 보고서	행사·회의 보고서	결과 보고서

No.	보고서 유형		어디에 어떤 때 쓰는 보고서인가?
1	사업 보고서	기획	• 비즈니스 계획 수립: 새로운 비즈니스 아이템이나 프로젝트의 구체화, 세부계획 수립. 사업의 현황, 필요성, 목표, 전략(방안) 등을 명확히 서술 • 자금 조달 및 투자 유치: 투자자나 금융기관에게 제시되어 자금 조달을 위한 문서로 활용. 사업의 잠재적 성장 가치와 수익성을 설득력 있게 제시 • 의사 결정 지원: 기업 내부의 의사 결정을 위한 정보 제공. 의사 결정자가 사업의 잠재적 위험과 혜택을 평가, 최종 결정 판단 시 활용 • 문제점 없이 방침에 따라 반드시 추진해야 하는 사업은 해당 내용은 배경, 목적 정도 작성하여 기술
		결과	• 완료된 사업의 결과를 알리기 위해 작성하는 보고서 • 보통 사업기획보고서로 시작한 사업의 중간결과 또는 최종결과를 결재권자 에게 알리는 보고서
2	업무 보고서	검토	• 일을 진행하는 과정에서 생긴 민원이나 문제에 따라 현재 상황에 따른 조치사항들의 결정, 판단을 위한 문서 • 업무의 종류와 진행 단계에 따라 검토보고서, 계획보고서, 결과보고서로 구분할 수 있음
		계획	
		결과	
3	행사 보고서	계획	• 행사 배경, 행사 개요, 내용, 준비계획 등을 상세히 알 수 있도록 기술한 문서로 끝선 보고 시, 한 장으로 요약하고 동선이나 인사 말씀 등 끝선의 업무를 기재
		결과	• 개최한 행사의 결과와 성과, 효과 등을 정리하고 향후계획 등을 정리한 보고서
4	회의 보고서	기획	• 회의를 위해 작성하는 보고서로 정보공유, 의견수렴, 의사결정 등 회의의 목적에 따라 구분해서 작성
		결과	• 끝난 회의의 최종 결과와 성과 중심적으로 작성하고 이후 일정을 정리하여 보고
5	메모보고		• 위의 상황들과 유형들의 보고서를 간단하게 개요 위주로 정리하여 보고, 신속히 보고할 때 사용
6	보도자료		• 기업, 단체, 기관 등이 어떤 사건, 행사, 제품 출시 등의 정보를 언론 매체나 대중에게 전달하기 위해 작성하는 문서 • 사건보도, 제품 출시, 연구 결과, 재무 성과, 협력, 사회 공헌, 이벤트, 위기 관리 등 보도

기획·계획보고서
사업 기획, 방안 기획, 행사 기획

사업기획서

사업기획서

1. 개요
□ 핵심 용건 및 결정 사항

2. 추진배경
□ 배경, 목적, 필요성
·
□ 근거, 진행 경과

3. 현황 및 문제점
□ 현황(통계, 사례, 수치/데이터)
·
□ 문제점(근본적인 원인과 분석결과 제시)

4. 해결방안
□ 목표, 방안
·
□ 기대효과

5. 업무사항
□ 향후계획(추진체계, 예산, 일정)

사업기획서의 개요에는 이 사업 기획의 핵심을 간추려 쓴다. 추진배경에는 보고 목적 및 필요성, 일의 진행 경과나 목적 등을 쓴다.

- 배경
  - 이 사업을 하게 된 계기와 법적근거 제시
- 경과
  - 어떤 과정을 거쳐 현재의 보고서를 만든 것인지 추진경과 제시
- 목적
  - 어떠한 문제로 이 사업을 기획했는지 보고의 목적을 분명히 기술

현황 및 문제점은 상사의 이 사업의 추진 결정이 타당한지를 보여주는 항목으로 이 일은 명분이다. 지금의 상황이 어떠한지를 객관적이게 서술하고 다양한 측면의 자료들을 조사하여 명분이 약하다, 문제가 심각하지 않다, 당장 추진해야 할 가치가 없다는 등의 의견이 나오지 않도록 다각적으로 조사한 내용을 정리해야 한다.

- 현황
  - 지금의 상황을 구체적 통계, 여론조사 결과, 현장조사 결과 등 입증할 수 있는 자료 제시
  - 우리의 상황과 비교되는 국내·외 사례 제시
- 문제점
  - 여러 상황들의 공통적인 요인(원인) 제시
  - 우리의 여건에서 수행해야 할 과제 제시

해결방안은 위 문제점의 해결방안이나 대책을 연계하여 제시해야 한다. 앞의 내용과 동떨어지거나 앞에서 문제로 제시하지 않은 뚱딴지 같은 방안을 쓰지 않도록 연결되게 작성해야 한다.

- 목표
  - 어느 정도의 수준으로 달성할 것인지 가능하다면 정량적으로 수치화하여 작성
- 방안
  - 목표를 무엇으로 달성할 것인지의 핵심적인 수단과 방법, 전략을 제시
- 기대효과
  - 목표와 동일한 내용이 반복되면 중복 제거, 목표 달성으로 얻을 수 있는 다양한 측면의 효과 제시

행정사항은 위 방안을 실행하기 위한 필요 자원을 계획하는 항목이다. 일반적으로 누가 할 것인지, 언제 진행할 것인지, 어디에서 얼마의 비용이 소요되는지를 시각적으로 잘 정리하여 제시한다.

사업결과서

　사업결과서는 사업의 결과로 달성하고자 했던 목표와 성과가 잘 드러나게 정리해야 한다.

```
┌─────────────────────────────────────┐
│      ┌───────────────────────┐       │
│      │      사업결과서         │       │
│      └───────────────────────┘       │
│                                       │
│  1. 개요                              │
│  □ 핵심 결과, 성과, 총평 요점          │
│  2. 추진배경                          │
│  □ 배경, 목적(간단히, 불필요시 제거)   │
│   •                                   │
│  3. 추진내용                          │
│  □ 사업개요                           │
│   •                                   │
│  □ 세부 추진내용                       │
│   •                                   │
│  4. 추진결과                          │
│  □ 세부결과                           │
│   •                                   │
│  □ 추진성과                           │
│   •                                   │
│  □ 향후 보완점                         │
│  5. 업무사항                          │
│  □ 향후계획(추진체계, 예산, 일정)       │
└─────────────────────────────────────┘
```

　사업기획서는 진행하고자 하는 사업의 추진 여부를 결정하는 보고서이기 때문에 사업의 타당성과 명분이 중요하지만 결과서는 이미 종료된 사업의 결과와 부족한 점 그리고 사업 이후에는 어떤 계획이 있는지를 보고하는 문서이다.

　언제나 보고서의 상부는 상사가 가장 궁금해하는 포인트를 정리해서 담아야 한다. 결과서에서 상사가 가장 관심 있게 생각하는 부분은 무엇보다도 성과일 것이다. 따라서 성과가 잘 드러나게 서술해야 한다.

　사업결과서의 개요에는 이 사업으로 인한 결과가 어땠는지 요점을 정리해서 기재한다. 추진내용은 요약적으로 누가 언제 어디서 무엇을 어떻게 얼마의 예산으로 진행했는지를 개조식으로 간결하게 나열해야 한다. 한 장짜리 요약보고서는 핵심 간결하게 요약해서 담아야 하지만 상세결과보고서의 경우는 사업별 상세 진행과정이나 내용들을 구체적으로 적을 수 있다. 추진결과는 앞서 추진한 사업의 결과와 성과를 표현한다. 가능하면 총평이나 핵심적인 결론이 되면 내용을 두괄식으로 배치하여 상사가 성과나 결과를 한눈에 확인할 수 있도록 정리해야 한다.

- 상세결과
  - 이 사업을 통해 나타난 다양한 결과, 변화된 양상을 제시
- 추진성과
  - 목표치 대비 나타난 효율적이고 생산적인 측면의 결과 제시(수치화할 수 없는 것은 정성적으로 표현하고 가능한 수치화하여 표현하는 것이 명확함)
- 보완점
  - 사업을 진행하면서 미진했던 부분이나 취약했던 부분을 제시

향후계획은 이사업을 앞으로 어떻게 이어 나갈 것인지, 축소할 것인지 확대할 것인지, 이 사업의 결과를 어떻게 표준화할 것인지 등의 다양한 사업 활용방안이나 계획들을 정리하여 기재한다.

⌖ 사례 1. 한 장짜리 사업기획서

개인 수익 확대 인공지능 투자관리플랫폼 사업

1. 사업배경
- ❑ 4차 산업혁명 시대에 데이터의 분석이 중요한 시장으로 판도 형성
- ❑ 금융고객들을 위한 성공적이고 안정적인 자산관리와 재산 증식

2. 현황 및 문제점
- ❑ **금융업 종사자의 업무효율성과 직업 전문성을 높일 수 있는 방안 필요**
  - ○ 시장의 변화에도 이를 자유롭게 다룰만한 제품이나 플랫폼이 전무
  - ○ 투자자들이 비효율적이고 번거로운 절차로 아이디어를 검증 해야 함

3. 해결전략
- ❑ **사업대상: 금융업체와 기관 그리고 개인**
  - ○ 금융 데이터 분석으로 전문성을 키우고자 하는 금융권 종사자
  - ○ 금융 데이터 분석 결과를 이용해 시장 수익률을 높이고 싶은 투자자
- ❑ **사업전략: 딥러닝 기반 금융데이터 검색엔진과 연산엔진 전문솔루션**
  - ○ [머신 러닝] 투자자의 프로필, 선호도, 목표 수익 등을 분석하여 최적의 투자 전략을 제안
  - ○ [포트폴리오] 수많은 자산에서 최적의 포트폴리오 구성을 제안하기 위해 포트폴리오 최적화 기술을 사용
  - ○ [자연어 처리] 뉴스, 보고서, 소셜 미디어 등에서 금융 관련 정보를 수집하고 분석하기 위해 NLP 기술을 사용
  - ○ [인공 신경망] 딥 러닝 모델을 활용하여 복잡한 금융 데이터를 처리하고, 추세 분석, 패턴 인식, 예측을 수행

4. 기대효과
- ❑ [국내 증권사] 국내 증권사와 업무협약 체결로 증권사 시스템 개선
- ❑ [펀드 매니저] 수익개선 리포팅으로 사무의 업무간결화(시간&비용 절약)
- ❑ [개인 투자자] 연산엔진을 통해 손쉬운 투자 의사결정 결정 지원

📌 사례 2. 방안보고서

대중교통 이용 불편지역 국내여비 지급방안

1 검토 배경

□ OOO시 지방 **거주 교수님**들이 교육 평가를 위해 **자가용**을 **이용**하여 OO으로 **출장**

□ OO의 여비규정을 준용하여 교통비 지급 계획이었으나, OOO와 OO 간 **철도 노선**이 **없어** 합리적 **여비 지급방안**을 마련할 필요

　* OO·OO와 OO 간에도 철도 직통 노선이 없어 동일한 상황

2 현실태 및 문제점

□ OOO 현장교육 강사 또는 우수 교수들에 대한 여비 지급 시 별도로 정한 **여비 지급기준**이 **없어** OO의 **여비규정**을 준용하여 지급

구 분	교 통 비				일비 (1일당)	식비 (1일당)	숙박비 (1일당)
	항공임	철도임	선박임	자동차임			
임원	실비 (비지니스)	실비 (특실)	실비			00	실비
직원 (1·2급)	실비 (이코노미)	실비 (특실)					
직원 (3급 이하)	실비 (이코노미)	실비 (일반)					

> 두 장 이내의 방안보고서는 2줄 이내 문장으로 정리할 수 있도록 하고, 가능한 두 번째 줄의 단어가 앞에서 짧게 끝나지 않게 내용을 구체적으로 서술하도록 한다.

□ OOO와 OO 간 철도 직통은 없고, 시외버스가 있다 하더라도 편도 6시간 이상 소요되고, 최종 목적지까지 이동 시 추가 시간 소요 등으로 OOO **거주 교수**들은 **자가용 이용**이 **불가피**

□ OOO에서는 출장 시 자가용 대신 버스 이용을 권고하고 있어 현재까지 **자가용 이용 사례가 없고**, 연료비 및 통행료 **지급기준도 없는 상황**

□ KTX 환승 노선의 왕복비용 00000원인 반면, 자가용 이용비용은 약 OO만원으로 KTX 환승 요금이 비싸 **교통비 과다 지급 우려**

3 개선 방안

┌─────────────── < 기 본 방 향 > ───────────────┐
◈ OO의 여비규정에 부합하되, 교수들의 교육 시 지장 및 **불편 최
  소화**를 위한 **교통편의 지원방안 강구**
- 자가용 이용 시 연료비 및 통행료 총액이 KTX 환승 노선
  (OO-OO-OO) 비용보다 적은 범위
└──┘

□ **(적용시점)** 2024. 1. 1. 이후부터

  o **(교통비)** OOO의 OO을 기준으로 출장일 거주지의 시도별 평균
    유류단가를 적용하여 산출(통행료는 영수증 제출)

  o **(일비·식비·숙박비)** OOOO의 여비규정을 준용

   * 시외버스 이용 시 해당비용 지급(항공기는 자가용 이용비용 한도에서 지급)

□ **(거리산정)** 거주지에서 출장지까지 카카오지도의 거리산정 결과를 적용

□ **(연비환산)** 경유 차량은 경유, 휘발유 차량은 휘발유를 기준으로
   적용하되, 자가용 연비는 소형차 평균수준(11km/ℓ당) 일괄 적용

□ **(적용지역)** OO-OO에 적용, 철도 직통노선이 있는 다른 지역에서
   자가용 이용 시에도 KTX 철도 직통(환승)비용 한도에서 실비 지급

4 향후 계획

□ OOO와 협의 및 시행('24. 4. 중순)

□ OOO 해당 국내 여비 지급 방안 보고 실시('23. 12. 중순)

> 문장 안에서 항목들을 각 주체 키워드를 설정하여 (괄호)로 정리하면 한눈에 전체 내용이 쉽게 구분된다.

밀레니얼 신입사원 조기 적응 방안

1. 검토배경
- ❏ 밀레니얼세대 신입사원의 증가로 인한 급격한 인력 구조의 변화
- ❏ 밀레니얼세대의 조직 조기적응을 위한 제도적·문화적 방안 마련 필요

2. 현황 및 문제점

한 장짜리 방안보고서는 가능한 두 줄보다는 한 줄로 함축적으로 요약하여 담는다. 문장의 끝 어절이 끊기지 않도록 주의하자!

- ❏ [교육] 신입사원들의 직무
  - ○ 신입사원 교육에서 직무교
- ❏ [문화] 기성직원과 신입사원 간 이해 부족으로 갈등 리스크 확대
  - ○ 기존 조직문화에 대한 신입사원의 수용도 저하 및 불만 고조
  - ○ 신입직원 대다수 회식, 휴가, 호칭 관련 개선 시급 지적(70%)

3. 대응방안
- ❏ [교육] 신입사원 직무역량 강화 위한 인재육성 프로그램 신설
  - ○ 신입사원 대상 설문조사 진행 후 수요자 맞춤형 직무교육과정 확대
  - ○ 신입사원 조기 적응을 위한 사내 멘토링 제도 기획 후 추진
- ❏ [문화] 세대간 갈등 완화 위한 유연하고 수평적인 조직문화 구축
  - ○ 회식문화 개선 캠페인 시행, 연차휴가 사용 장려 및 호칭 개선
  - ○ 행동 기준 마련, 가이드라인/매뉴얼 제작 후 배포, 사내 교육 시행

4. 향후계획
- ❏ 신입사원 입문교육 관련 설문조사 시행   : 7월 중
- ❏ 신입사원 입문교육 현업적용도 평가 및 결과보고   : 9월 중
- ❏ 조직문화 개선 성과공유 워크숍 시행   : 12월 중

OOOO 인체 유해 보도 대응방안

□ **검토배경**

　o '24. 5. 4. OO일보 조간보도에 OOOO로 인해 인근 거주 학생이
　　OOOO 판정받았으며 현재 고소 진행 중이라는 기사 수록

　- 이로 인해, 대책위에서는 주거지 우회경로로 OOOO 실시 설계
　　변경 주장하여 대응방안 마련 필요

□ **쟁점 및 대응논리**

　o **[쟁점 1] OOOO 인체 유해 영향 가능성 여부:** 관계 없음

　- OOOO 인체유해 가능성 없음 확인(세계OOOOO 산하 OOO연구소)

　- OOOO 인체OO 가능성 불충분(OOOO, OOOOOO 발병 관계 미약)

　o **[쟁점 2] 주거지 우회 경로 OOOO 작업 변경가능 여부:** 변경불가

　- 주거지 우회경로 작업 변경 불가, 비효율적 판단(입지선정 위원회)

　- 기존 원안대비 10배 공사비 추가 발생(기존 000억, 변경 시 0,000억)

□ **대응방안**

　o **(대응체계)** 입장표명과 관계 조정 및 홍보를 위한 대응체계 구축

　o **(언론대응)** OOOO 인체유해 가능성 및 상관관계 보도자료 배포

　o **(관계증진)** 사업반대 대책위와의 관계 조정 및 증진에 노력

□ **향후계획**

　o 언론기관 해명보도(즉시) 및 대책위와 관계증진 노력(5월 중).　끝.

2024년 제00기 신규자 과정 운영 계획

❑ 교육목적
○ 올바른 공무원의 가치관과 직무능력을 갖춘 창의적 인재 양성

❑ 교육개요
○ 기간: 2023. 0. 0.(월)~0. 0.(금)
○ 장소: ○○○○
○ 대상: **총 00명**(선임자 00명, 신규자 00명)
○ 방법: **병행교육** (1주차: 비대면 / 2~3주차: 대면)

❑ 교육생 현황
○ 성비 및 연령(평균연령 00세)

구분	계	24세 이하	25~29세	30~34세	35~39세	40세 이상
계	00	00	00	00	00	00
남	00	00	00	00	00	00
여	00	00	00	00	00	00

○ 근속기간(평균 00월)

계	임용전(수습)	6월 이하	1년 이하	1년 이상
00	00	00	00	00

❑ 교육시간 계획

구분	0/0(월)	0/0(화)	0/0(수)	0/0(목)	0/0(금)
09:00 ~ 09:50	오리엔테이션	보고서 작성법	OA실무	민원응대 스킬	선임 멘토링
10:00 ~ 10:50	과정안내				
11:00 ~ 11:50					
12:00 ~ 12:50	중식	중식	중식	중식	중식
13:00 ~ 13:50	비즈니스 매너	보고서작성 실습	OA실습	민원 관리 실습	평가
14:00 ~ 14:50					분임토의
15:00 ~ 15:50	조직 내 소통				
16:00 ~ 16:50					
17:00 ~ 17:50					
강의실	zoom회의실	zoom회의실	zoom회의실	zoom회의실	zoom회의실

행사계획보고서

행사계획서

행사계획서는 대부분 행사계획, 운영계획 등을 보고서에 담는 형태이다. 특히 실무자 입장에서 규모가 있는 행사를 성공적으로 준비하고 치르기 위한 계획수립, 추진계획, 진행단계별 점검사항, 업무분장 등을 조직 내에서 공유하며 준비를 위한 보고서이다. 행사가 종료된 후에는 결과보고서를 작성하며 최초 계획 보고와 연계하여 결과, 성과를 언급할 필요가 있다.

행사계획서는 보통 기획하는 상황보다는 기관이나 조직에서 해야하는 공식 행사나 내부 크고 작은 행사를 진행하기 위한 보고서이므로 행사를 하기 위한 이유나 타당성보다는 행사 준비 계획에 포커스를 맞추는 보고서이다.

추진배경은 행사에 대한 이해를 돕기 위한 기본 목적, 추진방향을 제시하거나 행사를 하게 된 계기를 정리하여 제시한다.

행사개요는 전체 행사를 조망할 수 있도록 주제(제목)나 주제나 내용과 함께 일시, 장소, 대상을 개조식으로 간결하게 한눈에 들어오게 담는다. 특히, 시간계획은 몇 시에 어떤 행사가 누구의 주도로 진행되는지 쉽게 볼 수 있도록 표로 정리하는 것이 좋다.

세부추진계획은 행사의 세부 행사별로 구체화하는 내용을 담는다. 메인 행사와 서브 행사 혹은 공식 행사와 부대 행사로 내용을 구분하여 행사별로 시간계획을 작성한다. 행사 내용은 개조식으로 간결하게 작성하고 시간계획은 표로 작성한다.

행정사항은 행사를 준비하고 계획하는 일정과 역할자들별로 해야 할 일을 간단하게 정리(요약보고서 경우)하거나 일정표로 구성한다. 협조사항은 협력부서들을 정리하고 각 부서별로 해야 할 역할들을 기재한다.

첨부자료에는 행사에 필요한 각종 참고자료, 말씀자료, 참석자 프로필, 예상 발언 등은 첨부자료들을 첨부한다.

보고받는 사람이 상사라면 행사의 핵심과 예산 그리고 상사가 해야 할 일에 포커스를 맞추어 작성하며, 행사 진행의 실무자나 관련자라면 행사 운영 준비와 구체적인 계획 내용에 포커스를 맞추어 작성한다. 관련 연계 기관이라면 행사 개요와 담당기관별 요청사항이나 협조사항을 본문에 간단하게 요약하고 나머지 세부장표나 내용들은 첨부로 담아 상대방이 필요하면 구체적으로 찾아볼 수 있도록 준비한다.

- 기대효과
  - 이 행사를 통해 얻을 수 있는 가치나 효과 제시

- 예산, 역할분담
  - 행사에 필요한 예산(인건비, 진행비, 홍보비, 관리비 등으로 구분)을 표로 제시
  - 행사에 투여되는 필요 인력(기획, 운영, 관리, 홍보, 연계인력 등으로 구분)을 표로 제시

< 실무자용 행사계획서 >

보고서 제목 – HY헤드라인 M, 20~22p –

HY중고딕 13~15p, 본문과 중복되지 않게 작성
짧은 보고서(1~2장)의 경우 반드시 둘 중 하나는 제거

Ⅰ 행사개요[회의개요 17~18p]

- ○ 행사주제:
- ○ 행사일시:
- ○ 행사장소:
- ○ 행사대상:
- ○ 행사내용: 필요 시 총 예산 포함 기재

Ⅱ 시간계획[표로 작성, 본문보다 최대 2p 작게 가능]

시간	분	행사내용	비고

> 실무자를 위한 행사계획서에는 반드시 성공적인
> 행사 운영을 위한 세부 준비 계획과 내용들이
> 구체적으로 포함되어야 한다!
> 한 장으로 끝나지 않고 5~10장 정도로 구체화한다.

Ⅲ 준비계획[실무자가 행사에서 사전에 챙겨야할 내용 기술]

- ○ 행사장 세팅, 행사장 연출물, 홍보물, 리셉션(다과), 좌석배치 등
- ○ 행사예산, 역할분담, 행사 이벤트 계획, 추진일정, 세부 홍보 계획 등

Ⅳ 행정사항[행사 기획 – 준비 – 진행 – 사후관리]

- ○ 업무 협조 사항
- ○ 각 부서별 역할 및 향후 운영 일정
- ○ 그 외 붙임이나 첨부로 기관장 인사말, 행사장 구성도, 동선 등 정리

< 관리자용 행사계획서 >

보고서 제목 - HY헤드라인 M. 20~22p -

HY중고딕 13~15p, 본문과 중복되지 않게 작성
짧은 보고서(1~2장)의 경우 반드시 둘 중 하나는 제거

Ⅰ 행사개요[회의개요 17~18p]

○ 행사주제:
○ 행사일시:
○ 행사장소:
○ 행사대상:
○ 행사내용: 필요 시 총 예산 포함 기재

Ⅱ 시간계획[표로 작성, 본문보다 최대 2p 작게 가능]

시간	분	행사내용	비고

Ⅲ 사장/기관장 업무[관리자가 행사에서 해야할 일만 기재]

○ 행사 전체 운영을 위한 의사결정 사항 기재

○ 행사 운영 계획서는 실무자가 준비해야 할 사항들을 구체적으로
  작성하고 사장, 기관장에 보고하는 문서는 그들이 해야 할 일만
  간단히 기재하여 한 장으로 보고하고, 세부내용은 붙임으로 정리

○ 기대효과 항목은 초기 기획 단계에 쓰고 운영, 실행 단계에서는 생략

🖱 사례 1. 행사추진계획서

제00회 0000 행사 추진 계획(안)

Ⅰ 추진배경

○ 국가와 국민 간의 결속을 강화하며 국가 희생자들을 기리는
  0000행사를 통해 국가 안정과 가치 전달에 기여
○ 국가의 역사와 가치를 강조하며, 국민에게 도덕적인 교훈 전달

Ⅰ 행사개요

○ 일 시: 2023. 1. 23.(금) 09:00~13:00
○ 장 소: 0000 강당
○ 참 석: 약 00여 명
○ 내 용: 기념 영상 시청, **이벤트 진행**, OO제창

Ⅱ 시간계획

시간			내 용	비 고
부터	까지	소요		
00:00	00:00	1′	○ 개 식	사 회 자 (○○○팀장)
00:00	00:00	5′	○ 국민의례	〃
00:00	00:00	5′	○ 내빈소개	〃
00:00	00:00	5′	○ 0000 홍보 동영상 시청	〃
00:00	00:00	4′	○ 0000 – ○○○ 이벤트 입혀드리기	○ ○ ○ ○
00:00	00:00	3′	○ 0000 제창	○ ○ ○ ○
00:00	00:00	5′	○ 기념사	○ ○ ○ ○
00:00	00:00	5′	○ 격려사	○ ○ ○ ○
00:00	00:00	5′	○ 인사 말씀	○ ○ ○ ○
00:00	00:00	4′	○ ○○○ 이벤트 진행	○ ○ ○ ○
00:00	00:00	3′	○ 만세 삼창	○ ○ ○ ○
00:00	00:00	3′	○ 폐 회	사 회 자 (○○○팀장)

Ⅲ   운영계획

구분	추진사항	기한	추진부서
행사 총괄 및 기본계획 수립	• 기본계획 수립	~0. 0.	OO과
	• 기념사 작성	~0. 0.	OO과
	• 격려사 작성	~0. 0.	OO과
	• 홍보영상 제작 및 행사 기록보존	~0. 0.	OO과
	• 행사장 방송 장비 운영	~0. 0.	OO과
유관 기관 협조 의뢰	• 초청 대상 확정 및 초청장 발송	~0. 0.	OO과
	• 초청객 확보	~0. 0.	
	• 초청객 확보	~0. 0.	
	• 관내 유관 기관 및 단체 공문 발송	~0. 0.	
	• OOO 참석 조치	~0. 0.	OO과
홍보물 제작	• 현수막 게첨 : 0개소 • 행사기념품(우산) 제작 : 0개	~0. 0.	
행사장 준비	• 현수막 부착 : 0개 • 식순 부착 : 0개 • 화환 : 0개 • 배부용 홍보물 : 0개	~0. 0.	OO과
오찬제공	• 관련가족 : 0명 • 식당 : 0개소	~0. 0.	

Ⅳ   소요예산

○ 소요예산: 총 00,000,000원

구분	항목	금액	내역
계		0	
행사 운영비	기념품 제작	0	• 우산: 00원 = 00원×0개
	행사소모품	0	• 현 수 막1: 00원 = 00원×0개 • 현 수 막2: 00원 = 00원×0개 • 식 순: 00원 = 00원×0개 • 초청장제작: 00원 = 00원×0개 • 우편발송료: 00원 = 00원×0개
	오찬제공	0	• 식비: 00원 = 00원×0개

Ⅴ 행정사항

○ 기획홍보실 : 홍보 영상 제작 및 행사 사진 촬영 협조

○ ○○교육지원청 : 중·고교 학생 참석 협조

○ ○○○○○○○○과 : 노래 제창 협조

○ ○○○○○○○○과 : 율동 지원

붙임 1. 제00회 ○○○○ 행사장 좌석 배치도(안)
2. 현수막 제작(안)
3. 기념품 제작(안)
4. 식순제작(안)
5. 행사 초청장(안). 끝.

사례 2. 축제 운영계획서

「제0회 OOOOO축제」 운영계획

- ☐ OO들이 직접 기획하고 참여하는 OOO축제를 통해 'OO이 즐기는 도시' 이미지 구축
- ☐ OO축제와 협업하여 지역경제 활성화 및 OOO인의 참여를 통한 OO경쟁력 확보

I 추진방향

> 추진방향에는 행사의 전략이나 건셉 혹은 목표를 간결하게 요약하여 작성하자!

- ○ OOO 강조사항에 따라, 타 부서와 연계 OOO OOOO행사 추진
- ○ OO이 참여하는 다양한 체험활동 기회 제공 및 OO인 육성 활성화

II 행사개요

- ○ 행 사 명 : 제0회 OOOO축제
- ○ 행사주제 : 「OO의 OOOO OOO」
- ○ 기간/장소 : 2023. 0. 0.(토) / OOO
- ○ 참가대상 : OO·외 OOO, 일반OO 등 OOO명
- ○ 주최/주관 : OOOO
- ○ 소요예산 : 금OOO원(금일OOO만원)
- ○ 주요내용

구분	내용
식전행사	■ 공연 ■ OO게임 배틀 경연대회 ■ 단체 공연 ■ 토크 콘서트
기념행사	■ 개회식 ■ 시상 ■ 폐회식
식후행사	■ 축하공연 ■ 미술쇼 ■ 기념품 추첨 행사
체험부스 운영	■ 놀이존, 먹거리존, 피크닉존, 플리마켓존, OO존

> 행사의 개괄적인 요점을 한눈에 볼 수 있도록 제목을 구분하여 개조식 문장으로 짧고 간결하게 작성하자!

- 1 -

Ⅲ 행사일정

구 분	시 간		분	내 용	비 고
식전 행사	00:00	00:00	`0	· 지역 OO인 공연	
	00:00	00:00	`0	· OO게임 배틀 경연대회	
	00:00	00:00	`0	· 단체 공연	
	00:00	00:00	`0	· 토크 콘서트	
기념 행사	00:00	00:00	`0	· 개회 및 국민의례	
	00:00	00:00	`0	· 기념사 및 축사	
	00:00	00:00	`0	· 시상	
	00:00	00:00	`0	· 폐회 및 기념촬영	
식후 행사	00:00	00:00	`0	· 축하공연	
	00:00	00:00	`0	· 마술쇼	
	00:00	00:00	`0	· 기념품 추첨 행사	

Ⅴ 협력기관

> 행사보고서에서는 행사 내용이 한눈에 보일 수 있도록 표로 시간, 분, 내용, 역할자(비고)를 구분하여 표현하자!

구분	기관명		내용
OOO	OO과	OO팀	총괄
		OO팀	플리머
	OO과		OO 체험부스 운영
	OO관		OO축제 관련 대민 홍보
	OOO		시민참여 홍보
	OO과		행사장 시설 등 안전점검
OOOO	OOOO		문화예술 공연 섭외

Ⅵ 홍보계획

구 분	내 용	비 고
온라인	○ 비대면 홍보 활성화를 통한 소통문화 조성 - 소식웹진, 인스타그램, 유튜브, 페이스북, 　카카오스토리, 밴드 등 SNS, 지역 카페 홍보	OO과
오프라인	○ 홍보 현수막, 배너, 포스터 등 게시 - OOO 전광판 및 디지털 게시판 활용 - 버스 정류장 송출	OO과
언론사	○ 중앙 및 지방일간지, 지역·인터넷지	OOO
기타홍보	○ 읍면동 및 유관기관·단체 회의 시 자료 게재	OOO

> 홍보계획도 온라인, 오프라인으로 구분하여 출처, 횟수, 기간 등 구체적으로 기재하자!
>
> 비고에는 해당 채널이나 주요 책임자(역할자)를 쓰자!

| Ⅶ | **향후계획** |

- ○ 0000 대상 심의위원회 구성   : 2023. 0.
- ○ 행사 대행사 선정 추진   : 2023. 0.
- ○ 유관부서 협의, 체험 및 공연콘텐츠 발굴 : 2023. 0.
- ○ 온·오프라인 홍보 실시   : 2023. 0.
- ○ 행사장 안전점검 등 최종점검   : 2023. 0.
- ○ 제0회 000 00축제 개최   : 2023. 0.

조직문화 개선 워크숍 추진 계획

(2024. 6. 4.(화), 조직문화팀)

1 행사배경

○ 조직 내 권위적인 조직 문화가 조직의 융화와 발전 저해
○ 워크숍을 통한 조직 문화 진단과 문제 파악 후 개선방안 도출

2 행사개요

○ 일 시: 2023. 6. 4.(화) 14:00~17:00
○ 장 소: 광명 교육원(사내강당)
○ 대 상: 총 60명(부서별 각 3명씩, 중간관리자 필 참석)

3 행사내용

시간	분	행사내용	비고
14:00~14:10	10	인원 등록 및 행사 안내	김차장
14:00~14:10	40	갑질행위 근절을 법령 개정내용 발표	OOO노무사
14:00~14:10	20	휴식 및 중식	
14:00~14:10	40	성희롱 예방교육	교육팀 한OO차장
14:00~14:10	20	중간 휴식	다과 식사
14:00~14:10	60	결과 및 우수사례' 소개 및 자유 토론	
14:00~14:10	30	개선방안 도출 및 마무리	

4 향후계획

○ 총 예산: 6,500,000원(강사비 00원, 다과비 00원, 기념품비 00원)
○ 워크숍 결과 행사 보고서 작성 후 상사 보고 진행
○ 각 본부의 조직문화 담당자를 통한 전사 공유
○ 전사 차원 조직 문화 관련 설문 조사 시행 후 반영

행사제안서

행사제안서는 보통 주최기관이나 회사에서 행사를 잘 운영할 수 있는 위탁업체를 선정하기 위해 업체에서 제안서를 받는 경우에 쓰는 문서이다. 특히 입찰의 경우에는 여러 경쟁사를 고려하여 클라이언트의 마음을 움직이고 차별화할 수 있는 특색 있는 제안서를 작성해야 하기 때문에 디자인과 콘텐츠에 신경을 많이 쓴다. 주최사나 기관에서는 RFP(Request For Proposal)라는 제안요청서를 제시하는데 주최사가 제시하는 양식, 목차구성에 맞게 적게는 30장, 많게는 100장까지 작성하고 요약본과 함께 프레젠테이션 문서까지 만들어야 한다.

시간과 공을 들인 제안서를 써야 하는 대행사의 입장에서 입찰에 몇 번 참여하고 떨어지면 회사가 휘청한다는 소리를 할 정도로 손해가 막심하기 때문에 이길 수 있는 상황인지, 유리한 조건인지를 RFP의 평가 자격이나 배점 기준들을 보면서 잘 판단해야 한다. 경쟁이 치열한 PT일수록 상대를 조사하는 정보력과 그에 따른 전략수립은 매우 중요한 과정이라고 할 수 있다. 누군가에게는 말장난이라고 할 수 있는 기획 부분이 누군가에게는 당락을 좌우하는 포인트가 될 수 있다.

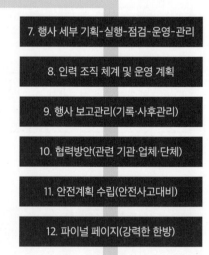

1. 제안서 소개(수행 가능성)
2. 제안 목적 및 배경
3. 제안 컨셉 및 수행 전략
4. 제안의 특징 및 차별화
5. 전체 행사 진행(FLOW)
6. 세부 운영 프로그램

7. 행사 세부 기획-실행-점검-운영-관리
8. 인력 조직 체계 및 운영 계획
9. 행사 보고관리(기록·사후관리)
10. 협력방안(관련 기관·업체·단체)
11. 안전계획 수립(안전사고대비)
12. 파이널 페이지(강력한 한방)

검토보고서

검토보고서

검토보고서
1. 개요 □ 핵심적인 검토 요점 정리 **2. 추진배경** □ 배경, 목적 • **3. 검토내용** □ 검토 대상 □ 검토 상황 • **4. 검토결과** □ 검토 의견 • □ 기대효과 • **5. 업무사항**

검토보고서는 목표한 일의 업무 처리와 관련한 사실, 주장을 비교하고 분석하여 정리한 후 의사결정 여부를 담은 문서이다. 정책, 제도, 어떤 사안에 대해 검토하고 향후 정책에 반영할 필요가 있을 때 정책보고서로 연결되는 문서이기도 하다.

검토보고서는 용역, 계약, 사업 등의 일을 진행하는 과정에서 검토가 필요한 상황의 결재를 필요로 할 때 보고하는 문서이다.

추진배경은 검토업무의 필요한 배경과 이유를 서술하는 항목이다.

- 배경: 이 업무를 검토하게 된 계기, 조건, 경과
- 목적: 어떠한 이유로 검토, 추진하게 됐는지 그 이유와 필요성
- 추진경과: 어떤 과정과 논의를 거쳤는지 경과가 있다면 제시

검토내용은 검토해야 할 대상과 현재상황 그리고 핵심 쟁점을 기재해야 한다.

- 검토대상(용역, 계약, 사업, 요청) 내용
- 검토할 내용의 현 상황과 시사점
  - 검토내용이 타당성이 있는지를 파악하기 위해 현재상황과 시사점을 기술
  - 검토상황은 수치나 데이터를 사용하여 다양한 측면의 자료를 제시
    (관련자료를 붙임자료로 첨부하여 본 장표를 간결히)
  - 구체적 통계, 여론조사 결과, 현장조사 결과 등 입증할 수 있는 자료 제시
- 검토내용에 관한 국내, 해외의 유사사례 및 효과를 분석하여 결론 제시

검토결과는 검토한 결과 내용과 그 결과를 도출하게 된 이유를 기재해야 한다.

- 시사점과 연계한 타당한 보고자의 의견을 결과로 제시
- 결과에 따라 어떠한 가시적 변화가 일어날 것이며 현재와 얼마만큼 달라
  질 수 있는지 효과 제시

행정사항은 검토한 결과를 추진하기 위해 필요한 자원들의 계획을 기재해야 한다.

- 향후계획, 비용 등 예산, 조직구성, 역할 분담 등을 핵심적으로 기재
- 요약보고서는 간단히 기재하고, 상세보고서는 일정, 예산, 역할을 표로 구체화하여 기재

⚡ 사례 1

2023년도 OOOOO사업 변경계획 검토

Ⅰ. 검토 배경

❍ 제0회 OOOO 심의('23.0.)시 불승인된 사업에 대한 해당 사업계획서
를 변경함에 따라 검토 결과를 상정하여 심의·의결하고자 함

※ (근거) OOOOOO 제00조(OOOO사업) 및 동법 시행령 제00조(OOOOO 등)

Ⅱ. 추진 경과

❍ 2023년 OOOO OOOOO OOO사업 불승인 확정 알림*(0.00)

 * (요청 사항) 미승인 사업은 해당 OOO에서 사업계획을 수정하여 대체 사업
 제출 시, OO 실무위에서 심의·의결 후 추가 확정

❍ 변경 사업계획서(0개 사업) 제출(OOO→OOOOO, 0.00)

Ⅲ. 검토 내용: 사업 변경

❍ OOO OOOO 사업비 00% 이내로 수립하도록 지침에 규정

❍ OOO OO구역의 OOOO사업 불이행으로 미승인('23.0.) 됨

❍ 이에 따라 OOOOOO에서 OOO 재심의 사업계획서 변경 제출

Ⅳ. 검토 결과: 승인

❍ 사업 미승인에 대한 해당 OOOOO이 관련 규정에 부합되게 변경
 OO OOO계획서를 다시 제출함에 따라 승인함

❍ 변경계획(안) 세부내용
 - (OOOO) OOOOO OO공사 등(0건 0000백만 원)
 - (OOOO) OOOO OOOOO OO공사 등(0건 0000백만 원)
 - (OOOO) OOOOO사업(00건 0000백만 원)

Ⅴ. 향후 계획

❍ '23년도 OO사업 변경계획(안) OOOOO OOO 안건 상정('23. 0.)

❍ 심의·의결 결과 및 '23년도 OO사업 변경계획 확정 알림('23. 0.)

붙임 '23년도 OO사업계획 변경 내용 1부. 끝.

사례 2

고령운전자 면허 반납률 제고 검토 방안

< '23. 7. 1. (금). OOOO팀 >

☐ **검토배경**

　○ 고령운전자의 안전 운전 능력 저하로 인한 사고 발생률 상승

　○ 현재 노인 면허 현황을 분석하여 면허 반납률 제고 방안 필요

☐ **현황 및 문제점**

　○ (고령자 사고증가) 고령운전자 인구 증가, 교통사고 발생률 지속 상승
　　*2018년(사고789/사망10/부상1,499)→2022년(사고1289/사망40/부상3,499)

　○ (운전 능력 저하) 노화로 인한 운전 능력 저하로 교통사고의
　　위험성이 높고, 도로 안전에 영향을 미치고

　　　　　　　　　　　　　　　　현황을 기술할 때
　　　　　　　　　　　　　　　　정확한 수치·데이터를 활용하여
　○ (면허 반납 부족) 운전 능력 저하에도 불구　객관적으로 작성하자!

☐ **검토방안**

　○ (운전 능력 평가 도입) 정기적인 의료 검진 및 운전 능력 평가
　　- 일정 연령 이상의 운전자에 대한 의무적인 의료 검진 시행
　　- 운전 능력 평가를 도입하여 운전 능력이 저하된 경우 조치

　○ (운전교육 및 훈련시행) 고령운전자 운전 교육 프로그램 제공
　　- 고령운전자 특화교육과 프로그램 개발, 운전 능력 향상을 도모

　○ (대체 교통 수단 제공) 대중교통 접근성 강화
　　- 자동차 공유 및 택시 서비스로 대체 교통 수단 제공

☐ **검토의견**

　○ 초고령화 사회 대비 매년 증가하고 있는 고령자 교통사고 예방을
　　위해 추진하고 있는 고령운전자 면허반납제도 활성화를 위해

　○ 반납률을 제고하는 방안으로 교통사망 사고를 예방을 할 수 있음.

☐ **향후일정**

　○ 연내 프로젝트 시작 및 실행 계획 수립　　　　　　　　: '24. 12.
　○ 운전능력평가 및 의료검진프로그램 도입 법적 규제 검토 : '24. 9.
　○ 고령운전자 교육 및 훈련 프로그램 개발 및 시행　　　 : '24. 9.

문장 안에서도 중요 메시지를
(괄호)에 넣어 선두에 배치하면
한눈에 핵심을 파악할 수 있다!

📍 사례 3

OO OOO 재건 관련 검토

1. 검토 배경
○ OOO 공급망 확보를 위한 주요국의 산업정책 경쟁 가열화 추세
○ OOO 산업 재건 전략 분석하여 공급망이 미치는 영향을 검토하고자 함

2. 검토 현황
○ O·O 패권 다툼에 따른 OOO 공급망 재편 흐름에서 O－O 협력 강화
○ OO 경제산업성, 'OOO·OOO 산업 전략 개정안' 발표('23.0.0.)

3. 검토 사항
○ **OO의 OOO 산업 정책 및 전략적 방향성 분석**
　－ 국제 협력 기반으로 국내 OOO 제조기반 확보 및 강화
　－ 차세대 OOO 설계 및 제조 기술 확립
　－ 제조사 교체가 될 수 있는 미래 기술의 개발

○ **OO의 정책에 따른 OOO 산업 및 당사 공급망 영향 분석**
　－ O:O 동맹 및 OO 제재에 따른 OO의 보복 조치 강화
　－ OO산 첨단 OOO 생산에 따른 OOO/현OOO 과잉 시나리오
　－ OO/OO 국유화에 따른 자원 무기화가 시장에 다수 영향을 미침

4. 검토 의견
○ 예상 시나리오 별 당사의 OOO 공급망 영향도 분석이 필요함
○ OO / OO / OO 정책의 변동 사항을 지속 모니터링 해야함

> 보고서는 전달서가 아니다.
> 시장 분석을 토대로 보고자의 시사점이나
> 의견을 마지막에 반드시 담도록 하자!

검토를 하려는 배경이나 목적 필요성을
두 줄 이내로 간결하게 정리하여
핵심 용건을 바로 알 수 있도록 하자!

OO사 신규직원 채용 계획 검토

퇴직으로 결원 발생에 따른 우리회사의 신규 직원 채용 요구에 따라
조직의 원활한 업무 진행과 민원 응대를 위한 직원채용 검토 보고

❑ 관련근거
○ 「OOOO 인사규정」제0조(채용원칙)
○ OOO 인사·조직 지침(2024.0.0. OOOOO)
○ OO과-243808(2024.0.0.) '채용절차 개선계획 알림'

결론부 총 OO명을
두괄식으로 배치하고
세부 근거나 내용은
(괄호)에 넣고 생략하자!

❑ 채용현황
○ 채용인원 : 총 22명(일반직 14명)
- 인력운용 및 예산 등을 고려하여 OO에서 14명 채용 검토요구
- 육아휴직(현원 포함) 등 휴직자에 대한 대체인력은 별도 계획으로 추진중

○ 직무 분야별 신규 채용인원

구분	직급	분야	채용인원	직무내용	
				주요업무	공통
합 계			22명		
결원 채용	일반5급	행정(1)	0명	- 전략기획, 성과관리, 경영평가	우리회사의 특정 실무
	일반6급	행정(1)	0명	- 예산, 경영지원, 사업기획, 평가 등	
		행정(2)	0명	- 급여 및 세무, 회계관리	
	일반7급	행정(1)	0명	- 경영지원, 사업기획, 평가 등	
		행정(2)	0명	- 운영매니저, 시설 관리, 대관 운영	

○ 응시자격
- 5년 이상 해당 경력 및 자격증 소유자, 석사 학위 이상 수료자
- 연령제한 : 재단 정년(만60세) 이하인 자
- 직급별 자격요건을 충족하는 사람 등 제반 법률 및 규정 준수

각 항목을 효율적으로 구분하고 작성할 수
있는 표를 사용하여 빈틈없이 한눈에
현황을 확인할 수 있도록 하자!

❑ 검토의견

○ 부서별 결원 충원을 통한 사업 활성화를 위하여 채용 필요
○ 신규채용을 통한 일자리 확대로 사회적 가치 실현
○ 객관적인 채용 절차를 통한 채용의 투명성 및 공정성 확보 필요
○ 직무 분석 및 요구 사항을 정의하여 적재적소 인력 채용 필요

❑ 향후계획

○ 신규자 직무 분석 및 계획 수립   : 2023. 5.~6.
○ 홈페이지에 채용 공고 및 홍보 진행   : 2023. 5.~6.
○ 지원서 접수 실시   : ~2023. 6. 31. 마감
○ 제출 서류 심사 및 선발 후 교육   : 2023. 5.~6.

쌍점을 일관성 있게 정리하여
시점이 한눈에 들어오도록 정리하자!

회의보고서
회의계획, 회의결과

회의보고서

회의보고서

1. 추진배경
□ 회의 배경 및 목적

2. 회의개요
□ 일시, 장소, 대상

3. 안건
□ 회의 세부내용
□ 논의 목록, 참고자료

4. 시간계획

5. 업무사항
□ 협조내용
□ 향후계획

회의보고서는 회의에 참가자 입장에서 목적 없는 회의, 시간만 잡아먹는 회의가 되지 않기 위해서 회의에 참가하지 전에 보고서와 관련 자료를 공유하여 회의로 원하는 결과를 낼 수 있도록 작성할 필요가 있다.

추진 배경은 배경과 목적이 각각 한 줄로 정리되어 한눈에 보일 수 있도록 기재하는 것이 좋다.

회의 개요는 일시, 장소, 참석자가 한눈에 보이도록 간결하게 작성한다.

회의 안건은 핵심 안건을 두괄식으로 작성하고 아래에 안건의 세부내용이나 당사자의 입장을 작성한다. 또한, 입장별로 예상되는 결과의 장점과 단점 혹은 효과와 문제점을 정리하여 작성한다.

보고서 본 장표는 발언 요지 위주로 간결하게 작성하고 세부 당사자의 발언 내용은 붙임으로 뺀다.

회의순서는 간단한 내부회의의 경우에는 생략하고 외부 참석자를 초청하여 진행하는 공식적인 회의나 규모가 있는 회의의 경우에는 표를 구성하여 소요시간과 회의 내용이나 주제, 특이사항(비고)를 기재한다.

행정사항에는 회의를 진행하기 위해 관련 부서의 협조나 참석자의 협조 내용, 소요 비용, 향후 추진 일정 등을 보편적으로 작성한다.

회의보고서는 크게 회의 전과 후로 구분하여 보고서를 작성한다. 회의 전 단계에서는 회의계획서를 작성하고 회의 진행 후 단계에서는 회의결과서를 작성한다. 회의를 진행하기 전에는 보고받는 사람의 입장에서 이 회의를 왜 하려 하는가에 대한 이해가 먼저 필요하다. 그렇기 때문에 목적이나 배경을 우선적으로 작성하고 그 뒤에 무슨 회의를 진행하려 하는가, 어떻게 진행해 나갈 것인가의 내용 순으로 정리할 필요가 있다. 그렇다면 회의를 진행하고 난 후 상사는 무엇을 알고 싶어할까? 거두절미하고 회의를 통한 결과나 성과이다. 어떤 결과가 있었는지와 세부 결과에서는 총평을 중심적으로 우선 정리하여 보고해야 한다. 이후 결과를 어떻게 활용할 것인지, 향후 일정은 어떻게 되는지를 정리해야 한다.

회의 진행 전	회의 진행 후
이 회의를 왜 하려고 하는가?	그래서 성과가 뭔데?
∨	∨
무슨 회의를 진행하는가?	회의 결과가 무엇인가?
∨	∨
어떻게 진행해 나갈 것인가?	결과를 어떻게 활용할 것인가?

📋 사례 1. 회의계획서

~ 회의 개최 계획 (HY헤드라인M+굵게20~22)

※ 보고일자, 요일, 부서명 표기　　　< 2023.00.00.(금), 부서명 >

> OOOOOOO에 따른 회의 계최 계획을 보고 드림.

❑ 회의개요(목적)

　○

　　-

※ 회의배경, 일시, 장소, 참석대상, 주요 논의사항 기술

❑ 회의안건

　○

　　-

※ 전달하고자 하는 내용, 논의하고자 하는 내용 기술

❑ 향후계획 및 참고사항

　○

　　-

※ 회의 후 처리할 내용 기술

00000 연석 회의

보고일자 : 00년0월0일   보고자 : 000

1. 목   적: 4월 정기 사내연석회의 당 부서 대표로 참석
         협의 결정 사항 보고 드림
2. 의   제: 잔업시간의 단축 관련(주관:총무부)
3. 일   시: 2023. 4. 20.(목)
4. 장   소: 본사 회의실
5. 참석자: 총 4명(00부서 박00 팀장, 00부장 이00팀장)

6. 결정사항
   가. 잔업시간이 길어진 이유를 각 부문에서 검토
       이달 내 문서 제출 후 연석회의 단축 가능 방법 검토
   나. 각 부문 잔업시간 재조사 진행

7. 조치사항
   가. 부서내 전 사원에게 간단한 앙케이트 조사 고려
   나. 결정사항에 따른 각 과의 자료제출 요청

8. 기타
   가. 총무부: 사원 건강관리 이유로 잔업 일정제한 고려
   나. 영업부: 반대의견 있어 유보됨

사례 2. 회의결과서

~ 회의 개최 결과 [HY헤드라인M+굵게20~22p]

※ 보고일자, 요일, 부서명 표기   < 2023.00.00.(금), 부서명 >

OOOOOOO에 따른 회의 계최 결과를 보고 드림.

❑ 회의개요

  ○

    -

※ 일시 및 장소, 안건, 참석자, 필요시 배석자 기술

❑ 회의결과

  ① 안건 1

  ○ 결론

    - 참석자별 주요의견

※ 안건명, 논의사항 요지 또는 결정사항 등을 요약정리, 참석자
   주요의견(필요시 이견 등 간략한 발언내용) 기술

❑ 향후계획

  ○

    -

※ 회의 결과에 따른 조치계획 기술

※ 별첨 1. 회의자료
      2. 상세한 발언요지 또는 녹취록(작성된 경우)

0000 협상 결과

보고자 : 영업1부 대리 박00   2022. 0. 0.

| 차기 납품가격으로 00유통과 최종 협의하여 납품가격 보고 드림.

1. 의 　제: 00유통과의 납품가격과 납품량에 대해서
2. 일 　시: 2023. 0. 0.(월) 14:00~15:00
3. 장 　소: 본사 회의실
4. 참석자: 총 4명(이00과장, 정00대리, 당사 박00대리, 최00대리)

5. 결 　과: 최종 납품 협의가 OOO 합의 도출
  가. 00유통 내년 납품가격 75%선 생각(전년비 5% 인하로 승낙 불가)
  　　>> 자사, 제반사정 고려 2%인하 적정 주장
  나. 상대측 2% 결정 의견 수렴(연 납품량 전년비 10% 증가 확보 전제)

6. 의견
  가. 상대측 타협이 간단하지 않을 것임(경기 침체로 내부 경영 악화)
  나. 2% 결정 의견 수렴을 위해 요구 물량 기재 후 계약 체결 필요

< 상황별 보고서 맥락 구성 정리>

대분류	소분류	구성
기안	기안서·품의서·공문	두문 - 본문(제목/내용/붙임) - 결문
기획 보고서	사업기획보고서	제목 - 추진배경 - 현황 - 문제점 - 개선방안 - 기대효과 - 조치사항
	방안기획보고서	
	행사기획보고서	제목 - 추진배경 - 행사내용 - 홍보 및 추진계획 등
상황·결과 보고서	상황보고서	제목 - 개요 - 추진배경 - 추진상황 - 시사점 - 조치사항
	검토보고서	제목 - 개요 - 검토배경 - 검토내용 검토결과
	결과보고서	제목 - 개요 - 추진배경 - 추진결과 - 기대효과
요약 보고서	자료요약보고서	제목 - 개요 - 추진배경 - 주요내용 - 시사점
	참고자료보고서	
	정보·연구보고서	
회의 보고서	회의자료보고서	제목 - 개요 - 추진배경 - 회의안건
	회의 결과보고서	제목 - 개요 - 회의결과 - 주요 발언 - 시사점

한 장짜리 보고서 VS. 두 장 이상의 보고서

한 장짜리 보고서와 2~3장으로 쓰는 보고서는 쓰임새가 다르다. 보통 한 장짜리 보고서는 초두보고서 형태로 최종 결재자가 보고의 내용을 핵심적으로 알 수 있도록 간추린 보고서 유형이다. 그에 반해 2~3장으로 쓰는 보고서는 중간 상사나 실무 단계의 상사에 구체화한 사항을 보고하기 위해 작성하는 보고서이다.

한 장으로 작성하는 보고서는 가능한 문장을 2~3줄로 장황하게 쓰지 않도록 주의해야 한다. 한 줄로 내용을 정리하기 위해서는 핵심적인 키워드 위주로 작성하고 접속어나 조사를 자제하여 개조식 문장으로 간결하게 작성해야 한다. 여러 항목을 묶어 상위에 결론부가 되는 핵심 문장을 먼저 배치하여 상사가 내용의 핵심을 한눈에 간파할 수 있도록 정리해야 한다. 여러 장으로 보고서를 쓰는 것보다 한 장으로 담는 것이 더 고난위의 작업이다.

보도자료
보도, 해명, 정정

보도자료

보도자료는 기관이나 회사의 이벤트나 행사를 알리는 문서로 기자에게 전달되기 전에 내부 검토를 하게 된다. 보도자료는 대외적으로 쓰이는 문서이기 때문에 신뢰성, 정보성, 완벽성이 필요하다. 일반적으로 회사의 경우 기사를 보는 대중의 관심을 사로잡기 위한 참신하고 이슈가 될 수 있는 내용을 고려하면 되지만 기관의 경우에는 정보가 신뢰가 될 만한 것인지 기관의 이름을 내세우는 만큼 형태의 완벽한 문장과 구성을 중요하게 생각한다. 기사글을 기자가 직접 쓴다고 생각하는 사람들도 있는데 기자는 딜리버리 역할만 하고 실제적으로 기사글은 조직의 홍보 실무자가 완벽하게 작성해서 전달해야 한다. 보통 보도자료는 제목 – 부제목 – 리드문 – 본문으로 구성하는 것이 일반적이다.

제목	헤드라인(15자) 부제목 2~3가지 정도로 요약
개요	리드문(육하원칙) 기준(80자)
Why	본문(배경, 취지, 필요성)
What How	구체적인 추진계획, 방법
IF	기대효과(코멘트)

　제목은 본문의 요점을 잘 표현해야 하며 흥미가 당기는 문구나 내용이 있어야 한다. 제목을 보고 본문으로 타고 들어오기 때문에 제목의 역할은 후크처럼 관심을 이끌어야 한다. 제목을 고심하다 시간만 잡아먹는 경우가 많기 때문에 본문 내용을 완성하고 제목은 마지막에 본문에서 핵심 내용을 간추려 만드는 것이 효율적이다. 부제목 역시 본문의 문단별 내용을 함축적으로 한 문장으로 정리하여 담는 것이 효율적이다. 제목은 15자 이내로 정리하는 것이 좋다. 제목이 길어 장황해지면 한눈에 읽기 어렵다. 제목을 제외한 내용을 구성할 때도 역시 스토리텔링을 적용하면 조금 더 쉽게 보도문을 구성할 수 있다.

　내용은 개요 - Why - What - How - IF의 흐름이다. 먼저 개괄적인 요점을 먼저 서술한다. 이러한 전문은 다른 말로 리드문이라고도 한다. 전문에는 육하원칙에 맞게 누가, 언제, 어디서, 무엇을, 어떻게, 왜의 내용을 열거해본 후 문장으로 다듬어 완성하면 된다. 육하원칙을 적용하면 독자가 궁금해하는 핵심 요소가 담겨있기 때문에 보도 내용 중에서도 가장 완벽하고도 중요한 문장이 된다. 리드문 이후 다음 문장에서는 이 보도자료를 쓰는 취지나 배경, 목적, 의의 등을 작성하여 보도자료를 작성한 이유를 설명한다. 다음으로 하고자 하는 것이 무엇인지를 설명하는 문단으로 사업에 대한 소개나 주요내용을 설명한다. 다음 문단으로 이 사업(행사)을 참여하는 방법이나 구체적인 계획 등을 서술한다. 다음으로 '특히,'로 시작하는 문단을 만들어 이번 사업의 특징이나 차별화가 되는 포인트를 강조한다. 마지막으로 이번 사업(행사)를 통한 효과나 포부, 비전 등을 조직의 대표적인 인물의 코멘트를 인용문의 형태로 넣어 마무리한다. 조직을 대표하거나 유명인의 코멘트를 첨가하면 훨씬 더 신뢰성 있는 보도문이 되고 특히, 이름과 소속을 구체적으로 기재하는 것은 보도자료의 신뢰성을 더하여 주기 때문에 표기하는 것이 좋다.

요즘 보도자료의 트렌드는 관심을 집중시키는 콘텐츠와 한눈에 보이는 시각화 이 두 가지 요소가 핵심이다. 그래서 보도자료 작성 1, 3, 4의 법칙을 준수해서 작성해보자. 1은 보도자료에서 가장 중요한 핵심 문장을 1순위, 두괄식으로 작성하는 것이다. 3은 한 문장을 가능한 3줄 이내(80자 이내)로 정리하는 것이다. 마지막 4는 전체 4문단을 넘지 않게 간단히 작성하자는 것이다. 필요에 따라 문단을 추가할 수 있지만 보도자료는 타이밍이 중요하기 때문에 효율적으로 빠르게 부담 없이 작성하길 원하는 홍보 실무자라면 이 법칙을 따라 작성해 보는 것을 추천한다.

그리고 보도자료를 보낼 때는 관련 대표 이미지(2~3장 이내)나 동영상 홍보물을 첨부하는 것이 훨씬 효과적이다.

🖱 사례 1

HY헤드 24P
HY헤드라인 20P

학교 간 벽 허무는 교육과정 클러스터로 행복한 배움 실현
27일, 교육과정 클러스터 운영교 업무 담당자 연수 실시

〈주요내용〉

- 201교에서 로봇 제작, 연극 제작 실습 등 300과목 개설
- 교육과정 클러스터 운영 매뉴얼(개요, 수업, 나이스) 안내
- 풍부한 학습 경험 제공 및 진로 맞춤형 학생 성장 지원

3~4개로 요약

□ (전문1/줄거리) 경기도교육청은 27일 경기도교육연구원에서 '교육과정 클러스터 운영교 업무 담당자 연수'를 실시했다.
  ▶ 줄거리(누가, 언제, 어디서, 무엇을 행사 개요)

·(본문) 이번 연수는 지역 학교 간 교육과정 및 교과목 프로그램을 상호 공유·활용함으로써 학생중심의 교육과정을 실현하기 위해 마련했으며 2017학년도 교육과정 클러스터 운영교 교감, 업무담당 교사, 교육지원청 업무담당 장학사 등 430여명이 참석했다.
  ▶ 왜 목적, 취지, 방침, 개요, 세부사항

□ (본문1) 연수에서는 2017 교육과정 클러스터 운영 매뉴얼 활용 방법, 수업 운영, 나이스(NEIS) 관리 등 교육이 진행됐다.
  ▶ 어떻게 행사 주요내용, 방법, 절차

·운영 매뉴얼은 교육과정 클러스터 운영 및 평가, 나이스 성적처리 표준화를 통해 운영의 공정성과 신뢰성을 제고하고자 2015년부터 해마다 보완해 학교 현장에 제공하고 있으며, 담당 장학사가 '이해하기' '시나리오' '운영예시' '알아두기' 등 업무 추진 일정별로 활용 방법을 일목요연하게 설명했다.

·수업 운영은 개설과목의 교과교육과정 운영 속에서 교육과정 수업 평가 기록의 일체화를 실천해 학생들이 배움의 즐거움을 느끼며 성장할 수 있는 운영 사례를 안내하고 참가자들과 질의응답을 통해 세부 사항을 공유했다.

·나이스 관리는 안중고 정하정 교사가 강사로 나서 학교교육과정 등록, 타학교 수강생 등록, 과목개설(교과담당교사 및 수강학생 편성), 성적처리, 타학교 수강생 성적 송부, 학교생활기록부 교과목 성적 반영, 출결 관리, 위탁학생의 등록과 관리 등에 대해 교육과정 클러스터 나이스 활용 절차를 중심으로 안내했다.

휴먼 명조 15P

- 업무 매뉴얼은 도교육청 교육과정 클러스터 운영교 지원 컨설팅 카페 (cafe.daum.net/goecluster) 자료방에서 다운 받아 활용할 수 있으며, 문의 사항은 이 카페의 영역별 '질의응답' 게시판을 이용할 수 있다.

▶ 관련 내용 상세 자료 탑재 안내는 주소 링크

- 경기도교육청 교육과정 클러스터는 일반고, 특목고, 특성화고 등 모든 고등학교에서 인근 2개교 이상이 상호 연계 및 거점학교 유형으로 운영하며, 학생들은 희망에 따라 자신의 학교에 개설되지 않은 교과목을 교육과정 클러스터 내 다른 학교에서 이수할 수 있다.

- 개설 과목은 일반고의 경우 △소인수 학생이 선택한 교과목 △전공교사가 없어서 개설하지 못한 교과목 △일반고에서 학생들의 교과 선택 요구를 충족할 수 있는 진로 연계 교과목 등이며, 특성화고나 특목고의 경우는 △일반고 학생들의 수요는 있으나 일반고에서 개설하지 못하는 전문교과 및 심화교과목 △일반고 학생들의 교과 선택 요구를 충족할 수 있는 진로 직업 연계 교과목 등이다.

- 특히 올해는 교육과정 클러스터를 확대해 201개교에서 학생들의 진로와 적성을 고려한 '국제 경제 '로봇 제작 '연극 제작 실습' 등 300개 과목을 운영하며, 4000여명의 학생들이 수강할 예정이다.

▶ 예년과 다른 특별한 내용 또는 강조할 내용

□ 경기도교육청 ○○○ ○○○○과정은 "학교 간 벽 허무는 교육과정 클러스터를 통해 다양하고 풍부한 학습경험을 제공하고, 진로 맞춤형 학생 성장을 지원한다" 면서 "학생의 과목 선택권을 보장하고 학생주도의 수업혁신을 확산해 한 발 더 나아가는 학생중심 경기혁신교육을 실현할 것" 이라고 말했다.

> **가급적 부서장 실명**

> 〈사진있음〉 자율배식 및 4월 21일 협의회 사진 (별도)
> 〈참고자료 있음〉2016년 자율배식 운영 결과 및 2017 운영계획(아래)

> **필요시 보도자료의 이해에 필요한 참고자료 1~2쪽으로 요약하여 보도자료 아래 붙이고, 관련 사진은 1~2장을 별도 파일로 보도자료와 같은 파일명에 사진 1, 2로 표기**
>
> **예) 0802 보도자료 양식 사진 1, 0802 보도자료 양식 사진 2**

사례 2

서울도서관, 「서울선언」<김시덕 작가와의 만남> 개최

- 서울도서관, 10.23(화) <서울선언:문헌학자 김시덕의 서울 걷기> 저자 강연회 개최
- 우리 삶의 터전에 녹아있는 서울의 역사를 통해 서울에 대한 이해를 높이는 강연
- 10.8(월)부터 서울도서관 홈페이지에서 수강생 선착순 40명 모집

□ 서울도서관(관장 이정수)은 10월 23일(화) 19시부터 약 2시간 동안 서울도서관 4층 사서교육장에서 <서울 선언: 문헌학자 김시덕의 서울 걷기> 저자 강연회를 운영한다고 밝혔다. ▶ 리드	

□ 이번 강연은 『서울 선언: 문헌학자 김시덕의 서울 걷기, 2002~2018(열린책들, 2018)』의 저자 김시덕 문헌학자와의 만남을 통해 우리가 생활하고 있는 익숙한 공간이 곧 서울의 역사임을 시민들에게 알리는 시간이 되고자 한다.
▶ 의의

□ <서울 선언: 문헌학자 김시덕의 서울 걷기> 강연은 오는 10월 8일(월)부터 '서울도서관 홈페이지→신청·참여→강좌 신청'에서 참여자 40명을 선착순 모집한다. 시민 누구나 참가비 무료로 참여할 수 있으며, 기타 문의사항은 서울도서관 서울자료실(02-2133-0306, 0307)로 연락하면 된다.
▶ 계획

□ 이정수 서울도서관장은 "이번 강연을 통해 익숙한 생활공간이라 특별하게 생각하지 못했던 '서울'에 대해 이야기 나누며, 나의 생활공간 '서울'에 대해 새로운 깨달음을 얻는 시간이 되기를 바란다."라며, "또한, 서울도서관 내 서울자료실은 '서울'에 대한 다양한 자료를 만날 수 있는 공간이니, 많은 시민들이 방문해보실 것을 추천한다."라고 말했다.
▶ 포부

※ 붙임: 1. 『서울선언: 문헌학자 김시덕의 서울 걷기』포스터 1부. 끝.

오른쪽 설명란:

- 제목(20자 이내) 부제목 2~3개
- 리드문(육하원칙) 기준(80자 이내로 정리)
- 본문(배경, 취지)
- 구체적인 방법, 계획
- 기대효과(코멘트)

---

*출처: 뉴시스. newsis.com/view/?id=NISX20181008_0000436534

메모보고
이메일, 메신저

이메일

　이메일 보낼 때 어떻게 작성해야 핵심적인 내용이 간결하게 상대에게 전달될 수 있을까? 이메일은 보고서보다 빠르게 상대와 소통을 할 수 있도록 돕는 도구 수단이다. 보고서처럼 양식과 형식을 갖추고 있지는 않지만 장황하게 서술형으로 작성하면 상대는 내용이 복잡하여 내용을 이해할 수 없다. 논문 쓰듯이 장황하게 이야기하지 말고 개조식의 단문 형태로 내용을 정리해 나가자. 문단과 문단 사이는 한눈에 정리될 수 있도록 한 줄 띄어 쓰며 여러 항목으로 구분될 경우 앞에 소제목을 달아 핵심을 먼저 알 수 있도록 돕는 표현을 한다.

　내용 구성 역시 스토리텔링을 적용하여 결론부(개요) - Why - What - How 순으로 정리하자.

결론부 서술	
Why	쟁점 사항 단문 정리
What	육하원칙에 따른 개요 서술
How	요건, 안건 정리 + 확인 사살

결론적인 내용을 서두에 배치하고, 다음으로 왜 메일을 발송하는지의 취지를 쓰고, 무엇을 진행하고자 하는지의 안건을 정리한다. 다음으로 상대에게 요구하는 구체적인 요구사항을 아래에 개조식으로 담아 정리한다. 문장을 묶어주는 소제목을 잡아 숫자로 정리하고 중요한 포인트 부분은 밑줄보다는 진하게(볼드)나 색(파랑, 빨강)으로 구분해 주면 좀 더 효과적이다.

< 이메일 작성의 핵심 >

① 메일 제목만 읽어도 메일의 내용을 알 수 있도록 기술한다.
② 제목 앞에 [보고], [공유], [공지], [참고] 등을 붙이면 매우 효과적이다.
③ 바쁘더라도 인사말은 반드시 넣는다. 소속, 직책, 이름도 밝힌다.
④ 되도록 앞쪽에 중요한 정보가 나오도록 기술한다.
⑤ 첨부파일이 있을 경우, 첨부 파일의 핵심 내용을 간략히 요약한다.

마지막으로, 내용을 다 작성하고 이메일을 보내기 전에 이메일 주소가 제대로 되어 있는지 확인하고, 여러 명에게 함께 보내야 하는 경우 필요시 숨김 기능을 활용하자. 또한 첨부파일이 있다면 제대로 업로드 되었는지 반드시 확인해야 한다.

메일을 보낸 후, 받는 이에게 전화하거나 메시지를 보내 메일이 제대로 수신이 되었는지 확인하는 것도 중요하다. 메일을 받지 못했다고 하는 사례 중 대부분은 메일이 스팸으로 걸려져 제대로 전달되지 않는 경우도 많기 때문이다. 메일을 제대로 전달받지 못해 발생한 사고는 내 잘못이다. 돌이킬 수 없는 피해가 발생하지 않도록 확인하고 체크하는 습관을 기르자.

< 예시 >

안녕하세요. 조인성 차장님, 본사 가전수출팀 강길동 과장입니다.
격무로 바쁘실 텐데 금일 급하게 결정된 프랑스 출장 건으로 연락을 드려
마음이 무겁습니다. 출장 관련 상세내역을 3가지로 요약하여 보내드리니
참조 부탁드립니다.

1) 출장배경

　　① 금일 당사 핵심 파트너 에스바이오의 CTO인 김홍만 상무님과 월례
미팅 중, ICT 분야 신규 사업개발 목적으로 프랑스에서 열리는 World
IT Expo 출장제안
　　② 본사 김아름 해외사업 본부장님께서 에스바이오와의 사업 시너지를
위해 출장 결정

2) 출장개요

　　① 일정(미확정): 3/22(월)~3/26(금)
　　※ 출국·귀국 항공편 확인 후 상세 일정 전달 예정
　　② 출장자
　　허민수 팀장: 당사 핵심 파트너 에스바이오의 팀장
　　강길동 과장

3) 요청사항

　　① 호텔 예약: S호텔 3/22~3/25(4박)
　　※ 행사기간 중 주변 숙소 부족할 수 있으니 빠른 예약 필요
　　② 차량 지원: 당사 핵심 파트너인 만큼 전 일정 법인차량
　　③ 통역 지원: Expo 참관 시 원활한 미팅 위해 통역 필요

감사합니다.
강길동 배상

사례 1. 메일 교정 전과 후

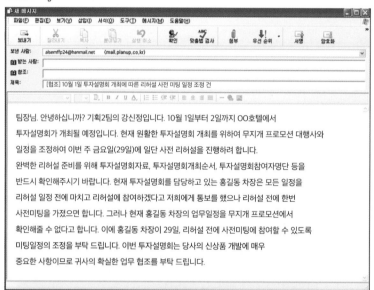

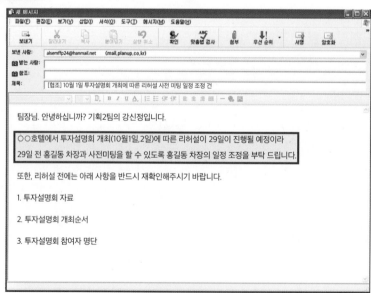

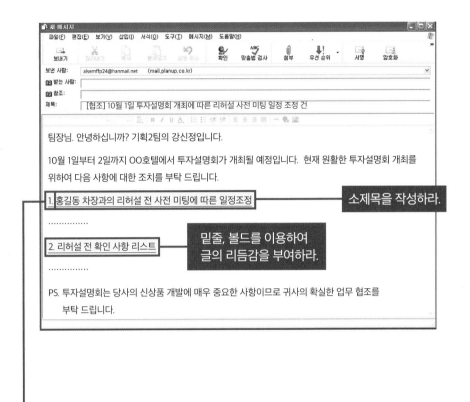

소제목을 작성하라.

밑줄, 볼드를 이용하여
글의 리듬감을 부여하라.

Numbering을 이용하라.

메신저

각 회사나 조직마다 소통을 원활하게 도와주는 도구들을 활용하는 경우가 많다. 실제로 일일이 보고서로 소통하는 것보다 시간과 노력을 단축시켜 주기 때문에 간단하게 메시지로 소통하는 경우가 많아지고 있다. 특히, 카톡 메시지는 조직에서 대표적으로 사용하는 수단이다. 카톡으로 소통할 때는 업무 시간 내에서 상사가 원하는 답변을 간결하게 할 수 있도록 하자. 기본적으로 카톡의 매너는 업무 시간 내에 소통하는 것이다. 요즘 오피스빅뱅, 워라밸 문화가 확산되면서 업무 시간 외의 메시지 전달은 매너에 어긋나는 행동으로 여겨지고 있다. 상사가 카톡으로 여러 내용을 지시했다면 반드시 마지막에는 상사가 지시한 내용을 정리하여 확인하는 작업이 필요하다. 또한, 연인과의 관계에서는 이모티콘이 감성적인 대화의 표현이겠지만 직장 내에서 상사와 소통할때는 프로페셔널하게 보일 수 있도록 과도한 이모티콘을 쓰지 않도록 주의하자. 그리고 개인별 스타일에 따라 내용을 짧게 끊어 여러 번 카톡 메시지를 보내는 경우가 있는데 상사가 회의 중이거나 일에 집중하고 있을 때 과도하게 카톡 알림을 받게 되면 스트레스를 받거나 집중을 흐려놓을 수 있기 때문에 가능하면 한꺼번에 메시지를 정리하여 보내는 센스가 필요하다.

🖱 사례 1

핵심만 간결하게 먼저 보고하고 이유나 근거는 그 다음에 보고하자.

> **팀장님**
> 그래서
> 지원 요청 사항이 뭔가?

예 지금 전사 스텝W/S을 시행하기 위해서는 연수원 섭외와 빠른 운영준비가 필요합니다. 또한 빠른 운영준비를 위해서는 인원이 많이 부족하기 때문에 인력 지원이 필요하고 인력으로는 관리자 1명, 진행 보조 3명, 홍보와 연수원 섭외 요원 3명이 필요합니다.

> **팀장님**
> 아이고..
> 그래서 원하는 게 뭐야?~!!

… 아… 네… 추가적인 교육예산과 인력 지원입니다.

> **팀장님**
> 그래서 교육예산 얼마,
> 필요한 인원은 몇 명!!!

> **팀장님**
> 그래서
> 지원 요청 사항이 뭔가?

네. 교육예산 1억과 필요인원 7명 입니다!

지금 전사 스텝W/S을 시행하려면 연수원 섭외와 빠른 운영준비에 7명이 필요합니다.

🖱 사례 2

상사가 지시한 사항을 한번 더 확인하자!

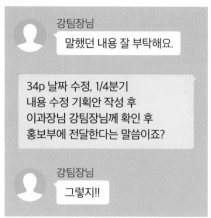

좋아요 👍

> 강팀장님
> 말했던 내용 잘 부탁해요.

> 34p 날짜 수정, 1/4분기 내용 수정 기획안 작성 후 이과장님 강팀장님께 확인 후 홍보부에 전달한다는 말씀이죠?

> 강팀장님
> 그렇지!!

🖱 사례 3

상사가 나에게 지시한 사항이면 탓을 전가하지 말고 책임자가 명확하게 기일과 함께 답변하자!

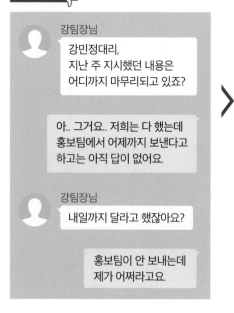

아쉬워요 👎

> 강팀장님
> 강민정대리,
> 지난 주 지시했던 내용은 어디까지 마무리되고 있죠?

> 아.. 그거요.. 저희는 다 했는데 홍보팀에서 어제까지 보낸다고 하고는 아직 답이 없어요.

> 강팀장님
> 내일까지 달라고 했잖아요?

> 홍보팀이 안 보내는데 제가 어쩌라고요.

좋아요 👍

> 네 80% 완료 중입니다.
> 홍보팀에서 업데이트 이슈가 있어 늦어지고 있기는 한데 확인하여 내일 오전 9시에 보고 드리겠습니다.

> 강팀장님
> OK!

사례 4

문장을 낱개로 보내면 카톡 알림이 반복적으로 들려 소음으로 거슬릴 수 있다. 가능한 정리 요약해서 한 번에 보내도록 하자!

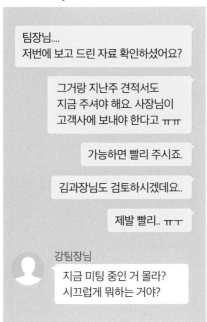

8

CHAPTER

한눈에
필 꽂히는
문장 정리

문장 정리 요약 8가지 원칙

보고서의 맥락만 잘 쓰면 무사 통과인가? 보기 좋은 떡은 먹기에도 좋다고 했다. 아무리 좋은 방안도 눈에 와닿게 표현하지 못하면 말짱 꽝, 말짱 도루묵이다. 열심히 쓴 보고서가 휴지통으로 직행하는 것이다. 필자도 소싯적 제일 억울한 순간이 있었다면 열심히 쓴 보고서를 컬러로 출력하여 상사의 책상에 올려놓았는데 일주일이 지나도 감감 무소식인 때였다. 그래서 물어보니 난잡하기만 하고 핵심이 없는 보고서를 썼다며 무슨 내용을 쓴 것인지 당최 알 수 없고 잉크 값만 낭비한 것이란 핀잔만 들었다. 도대체 무엇이 잘못된 것인가?

요즘 모바일이 보편화되면서 스마트폰 화면에 알맞게 들어갈 정도의 간략한 보고를 원하고 있다. 그렇다면 많은 내용을 잘 쓰는 것보다 간략한 내용으로 핵심만 간단히 보고하는 것이 상사가 원하는 바이다. 상사는 핵심을 원하고, 보고자는 결과의 과정을 인정받고 싶으니 동상이몽이다. 보고서의 목적은 상사의 빠른 판단과 의사결정을 돕는 수단이다. 보고서가 최종 성과가 아닌 보고서로 하고자 하는 업무의 승인을 받고 빠르게 그 다음 일을 추진해 나가야 한다.

그렇다면 상사의 입장에서 한눈에 보이게 내용들을 드러나게 표현할 수 있을까? 일반적으로 우리는 눈에 보이는 표현을 위해 중요한 구간을 색을 입히거나 굵은 밑줄을 쳐 가며 화려하게 강조한다. 그러나 정작 주변이 어지러우면 핵심을 강조해도 드러나 보이지 않고 오히려 조잡해 보이게 된다. 강조할 부분을 강조하지 말고 주변부의 노이즈부터 제거하는 것이 어떨까? 하나를 제대로 살리려거든 주변을 내려놓는 포기 설계가 필요하다. 그렇다고 한 슬라이드에 한 메시지 외에 다 삭제하라는 뜻이 아니다. 'One Slide, One Message'를 고집했던 고 스티브 잡스처럼 어두운 장표에 정말로 한 메시지만 살리는 그런 문서는 조직에서는 통하지 않는다. 무엇보다 요즘 사회는 여러 슬라이드 장표보다 한 장표에 모두 담아낼 수 있도록 요구하고 있기 때문에 많은 내용을 한 장에 담아내는 것이 기술이다.

　　한 장에 많은 내용들을 담을지라도 궁극적으로 말하고자 하는 메시지는 분명히 서술되어야 하고, 문장 자체도 장황한 서술형 문제가 아닌 간결하고 깔끔한 문체로 가다듬어야 한다. 무엇보다 중요한 것은 강조점을 분명하게 표현을 하라라는 얘기다. 내 보고서에 나조차 무엇이 핵심이고 결론인지를 못 잡고 있다면 상사 역시 문서를 보고 딴소리를 할 수 있다. 보고서를 보면서 동상이몽처럼 서로 다른 방향을 보지 않기 위해서는 메시지에 집중시키는 디자인이 필요하다.

먼저 사례를 보자.

아쉬워요 👎

2017년 11월 21일 KT(회장 황창규)와 현대중공업(대표 강환구)이 11월 20일 오후 울산 현대중공업 본사에서 '기업전용 NBIoT 기반 서비스 발굴'에 대한 업무협약(MOU)을 체결했다고 밝혔다. 체결식에는 김형욱 KT 플랫폼사업기획실장과 김태환 현대중공업 ICT 혁신센터장 등 양사 주요 관계자들이 참석해 기업 전용 NBIoT 기반의 신규 서비스 발굴을 위한 상호 협력을 다짐했다. 이번 MOU에 앞서, KT와 현대중공업은 11월 초 기업전용NBIoT 구축 계약을 체결했다. 기업전용 NBIoT는 기업고객을 위한 NBIoT 전용망 서비스로 현대중공업과 KT가 세계 최초 상용화에 성공했다. KT의 기업전용 NBIoT는 기존 KT의 기업전용 LTE고객이라면, 구축된 전용 LTE망의 소프트웨어 업그레이드만으로 손쉽게 구축이 가능하다. 따라서 IoT 네트워크 구축 니즈가 있는 기업고객들에게 더 빠르고 안전한 IoT전용망을 제공할 수 있다. 이번 MOU는 구축된 기업전용 NBIoT 망을 활용하여, 스마트 조선소 서비스를 발굴하는 것을 목표로 한다. 울산 현대중공업 사업장 내 이동자산에 대한 관리나 안전과 보안을 위한 위치 트래킹, 및 각종 센서 정보를 활용한 서비스 사업화를 함께 추진할 계획이다. 김태환 현대중공업 ICT 혁신센터장은 "현대중공업DT(Digital Transformation)의 성공적 추진을 위해 KT의 기업전용 NBIoT 기술을 접목한 스마트 조선소 서비스를 KT와 함께 발굴해 나가겠다"고 말했다.

서술식 문장에 3줄 이상으로 작성되어 있는 문서는 난독증을 유발할 수 있다. 장황하게 논문식으로 서술하는 내용은 누가 봐도 눈에 들어 오지 않는다. 주절주절 내용을 이어 쓰지 말아야 한다. 요즘은 유튜브나 인스타그램처럼 동영상과 시각화 수단들이 각광을 받으며 사람들의 눈은 좀 더 가벼운 메시지나 이미지를 더 자연스럽게 인식한다. 책 문장 같은 보고서의 문장은 읽는 상대를 지치게 만든다. 생각해 봐도 요즘 지하철에서도 책을 보는 사람은 극히 드물다.

―――――――――――

*출처: 뉴스와이어. www.newswire.co.kr/newsRead.php?no=860139

동일한 내용을 담고 있는 문장인데도 내용이 잘 보인다. 이유는 문장별로 중요한 메시지를 개조식으로 정리했기 때문이다. 문장은 한 문장으로 짧게 정리하는 것이 좋다. 특히, 조사나 접속어, 형용사를 제외하고 단어 위주로 문장을 짧게 정리하고 문장 안에서도 중요한 내용은 글자 사이즈를 키우거나 컬러를 반영하여 핵심 단어를 강조하였다.

좋아요 👍

- **기업 전용 NBIoT 서비스 발굴' 업무협약(MOU) 체결**
  KT와 현대중공업 '기업전용 NBIoT 기반 서비스 발굴' 업무협약(MOU) 체결

- **NBIoT 신규 서비스 발굴 위한 상호 협력 구축**
  김형욱(KT 플랫폼사업기획실장), 김태환(현대중공업 ICT 혁신센터장) 참석
  기업 전용 NBIoT 기반 신규 서비스 발굴 위한 상호 협력 체계 구축

- **현대중공업과 KT 세계 최초 상용화 성공**
  지난 11월 초 기업전용NBIoT 구축 계약 체결
  기업고객을 위한 NBIoT 전용망 서비스 시행

- **더 빠르고 안전한 IoT전용망 제공**
  KT의 기업전용 NBIoT, 전용 LTE망 소프트웨어 업그레이드 구축 가능
  IoT 네트워크 니즈 기업고객에게 더 빠르고 안전한 IoT전용망 제공 가능

- **스마트 조선소 서비스 발굴 목표 설정**
  이동자산 관리, 안전 및 보안 위한 위치 트래킹 사업화
  각종 센서 정보 활용 서비스 사업화 추진 예정

다음 사례로 공공기관의 예시 사례도 있다. 최대한 문장을 짧게 정리하고 핵심 포인트 단어는 [   ]로 선두에 배치를 하였고, 부가적인 설명이나 기간, 수치, 데이터는 뒤에 담아 문장이 복잡해 보이지 않도록 간소화하였다. 중간 중간에 (   )괄호를 많이 쓰게 되면 문장이 한눈에 들어오지 않고 분산되어 내용을 빠르게 이해할 수 없다. 부가적인 설명이 되는 괄호 안의 내용들은 본문의 글자 사이즈보다 약 1~2 포인트를 줄여서 주요 문장이 더 부각될 수 있도록 표현하는 것도 필요하다.

좋아요 👍

- **[특고 및 예술인] 고용보험 적용 확대** ('18.上 법개정, '19년 중 시행)
  * 고용보험 제도 개선 전문가 TF 및 노사정 TF 논의 중 ('18.1~3월)

- **[자영업자] 고용보험 가입 확대** ('18.1월~, 창업 후 1년 이내 → 5년 이내)

- **[급여확대] 지급수준 인상**(50→60%) **및 지급기간 연장**(30일 이상) *'18.7월~
  * 보험료율 조정 병행(노사 각 0.15%p 상향, '19.1월~)

- **[대상확대] 초단시간 노동자 실업급여 수급요건 완화** (18→24개월, '18.7월~)
  65세 이상 실업급여 수급 단계적 확대 ('18.7월~)

- **[출퇴근 재해] 업무상 출퇴근 재해 인정** ('18.1월~)
- **[사각지대 해소] 특고 종사자, 1인 자영업자, 무급가족 종사자 적용 추진**
- **[보장성 강화] 업무상 질병 입증책임 완화**(과로 인정기준 60시간 → 52시간)

---

*출처: 고용노동부, 자체 규제 개선 현황

결론부가 한눈에 다가올 수 있도록 메시지만 간단하게 읽어도 내용 파악이 될 수 있도록 문장 정리 공식을 알아보자.

< 문장 정리 공식 8가지 >

① 개조식 문장체로 정리하라.
② 단문 함축문으로 작성하라.
③ 핵심 문장 두괄식, 먼저 써라.
④ 한 줄로 정리하고 최대로 길어도 두 줄이다.
⑤ 중복 단어는 제거하자.
⑥ 판단하도록 정량적으로 표현하자.
⑦ 한 문장 안에 하나의 정보만 담고 정리하자.
⑧ 문장 안에서도 중요 키워드는 강조하자.(색, 진하게, 크기)

먼저, 위 공식들 중 서술식과 개조식 문장체의 특징을 알아야 한다. 바쁜 현대인들에게는 좀더 빠른 소통과 보고가 필요하기 때문에 짧게 끊어 항목의 구분을 위해 번호를 붙여 나열하는 구조를 말한다. 개조식 혹은 개괄식으로 부르고 문어체, 건조체, 간결체, 음슴체(~함, ~하였음, 실시)와도 결이 같다. 개조식의 특징은 아래와 같이 정리할 수 있다.

① 한 문장에 하나의 정보를 넣어 간결히 처리
② 문장 앞에 항목 구분기호나 숫자로 항목들을 구분
③ 명사 위주의 단어로 문장 완성(주어+목적어+서술어: 업무 효율성 제고)
④ 문장 끝을 명사로 마무리(~실시, ~함, ~하였음)
⑤ 문장에서 조사, 형용사, 접속어 사용 최소화
⑥ 읽지 않아도 전체 구조가 한눈에 보이게 정리

이렇듯 개조식 문장의 이점을 정리해보면,

① 내용을 쉽게 이해할 수 있다.
② 요점을 빨리 알 수 있다.
③ 필요한 항목만 볼 수 있다.
④ 요점을 추가하거나 삭제가 쉽다.
⑤ 빠진 항목을 확인하기 쉽다.

위의 세부 공식들을 더 쉽게 이해하기 위한 사례를 보며 문장을 개선해 나간다면 보고서의 문장을 작성하는데 큰 도움이 될 것이다.

□ **2023 신규자 교육 개요**
○ 기 간: 2023. 6. 19.(월)~6.30.(금) / 2주(10일, 총 64시간)
○ 장 소: ○○○○원 본관 422호 강의실
○ 대 상: 총 417명(본부별 신규자 40여 명, 10개 본부)
○ 예 산: 000000원
○ 방 법: **비대면 실시간 화상교육(재택)**
○ 내 용: **비즈니스 매너, 회계, 예산, 엑셀 및 보고서 작성법 등**

개조식으로 문장 정리

첫째, 개조식 문장으로 정리하자! 보고서를 마치 논문 쓰듯이 쓰지 말라. 상사가 당신의 문서를 제대로 봐 주길 원하는가? 아니면 장표를 가득가득 채워서 정성만 봐주길 원하는가? 위같이 보고서를 쓰면 내용을 보지 말고 열심히 쓴 것의 노고를 알아 달라는 것밖에 안 된다. 보고서는 한눈에 내용을 파악할 수 있어야 한다. 서술형의 문장은 접속어가 많을수록 복잡해 보인다. 현대인들은 장황한 내용을 열심히 읽어줄 여유와 마음이 없다. 상사의 난독증을 키우지 말고 간결하게 작성하자.

대학원대학의 설립방식은 국가와 경남도, 지역에 소재한 대학, 재정력이 있는 공사기업이 공동으로 재정을 출연하고 공동으로 책임을 지는, 그야말로 창의적이고 시대적 흐름에 부응하는 국내외 최초의 '거버넌스형 대학원대학'을 만들자는 것이다. 대학원대학의 운영은 헌법적 가치에 부응하고 학문의 자유와 대학의 자치가 최대한 실현되도록 이사회를 구성해 민주적이고 자율적으로 운영할 수 있을 것이다.

그렇게 되면 각 대학은 대학원에 새로운 전공을 신설하는 부담을 지지 않아도 될 것이고, 대학에서 배출된 인재를 대학원대학에 보내 전문가로 키워낼 수 있으며, 지역의 기업은 여기서 배출된 고급 인재를 수월하게 확보할 수 있을 것이다. 대학원대학 건물은 도내 유휴시설을 활용하고, 지역의 기존 대학에 특화된 실험실이 있다면 그 시설을 공동으로 활용할 수도 있을 것이다.

가) 추진 개요

(1)학부교육 여건 개선 계획 수립 배경
- 우수교수확보를 통한 수업만족도 및 교육의 질 제고 필요
- 교육과정과 교육지원 체계 확립을 위한 교육과정운영 체계 개선 필요
- 강의실 첨단화를 통해 학생들의 학습환경 개선 필요
- 수요자 중심의 행정시스템 구축 및 행정서비스 평가·환류시스템 운영 필요

(2)학부교육 여건 개선 목표[기대효과]
- 우수교원 확보를 통한 학부교육의 내실화 및 교육 경쟁력 강화
- 지역산업 맞춤형 인재양성을 위한 특성화 학과 발굴 및 학과 신설
- 수요자 맞춤형 학부교육, 강의실 첨단화 등 학습 환경개선으로 교육 만족도 향상
- 수요자 중심 학습자원 체계 구축과 행정지원 시스템 혁신을 통한 행정서비스 만족도 향상

*출처: 경남신문. www.knnews.co.kr/news/articleView.php?idxno=1319149

1. 가능한 한 줄에 25자 내외로 쓰고 정리한다.

2. 각 문장 항목별로 글머리 기호를 달아 구분한다.

3. 항목의 개수가 5가지 이상일 경우 숫자로 항목을 구분한다.
   (개수 파악을 위한 숫자 표기)

4. 항목의 수가 많아지면 항목의 공통적인 내용을 그룹으로 묶어
   소제목으로 구분한다.

5. 소제목과 세부내용은 글자체를 다르게 하여 정리한다.
   (소제목: 굵은 고딕체, 세부내용: 가는 체 위주)

한 문장으로 정리

둘째, 한 문장으로 정리하자! 한 문장에 여러 정보를 담고 '~하여, ~ 그리고, ~ 그래서'와 같은 접속어로 정보를 계속 이어 나가면 내용이 장황해 보인다. 한 문장에 하나의 정보를 담고 다른 정보는 그 다음 줄로 내려써야 한다. 문장을 짧게 정리하려면 어떻게 해야 할까? 문장 성분에서 문장을 완성하는 주성분을 보면 주어+서술어(2형식), 주어+목적어+서술어(3형식)이다. 복잡한 문장을 정리할 때는 가장 먼저 그 문장에서 핵심이 되는 문장을 찾아 상위로 배치하고 나머지 내용은 기본 문장 성분의 단어만 뽑아 문장을 재배열하여 핵심 문장 아래로 간결하게 배치한다.

1. 한 줄에 하나의 정보만 담고 아래로 내려 나열하자.
2. 왜, 무엇을, 언제, 어디서, 누구와, 어떻게의 순서로 정렬하자. (일반적으로 사람들이 궁금해하는 순서)
3. 주제 혹은 제목은 한 줄로 쓰고 무엇을 위한 어떤 활동인지 명확히 담는다.
4. 일시는 날짜와 시간을 의미한다. 가능한 숫자로 통일하여 연, 월, 일은 점으로 시간은 쌍점(세미콜론)으로 처리한다.

5. 핵심적인 결론이나 세부내용의 합을 두괄식으로 먼저 담고 세부내용은 ( ) 괄호로 생략한다.

6. 가능한 항목별 제목의 글자 수를 통일하여 내용의 시작 위치를 정렬한다.

7. ~하고, ~하여, ~을/를 통해 등의 접속어에서 끊어 다음 줄로 내려 쓰자.

8. 문장성분 서술어에서 끊어 쓴다.

다음과 같이 주저리 주저리 장황한 형태의 문장에서 상사가 궁금해하는 사항을 핵심 문장으로 정리하고 나머지 세부적인 경과나 과정은 단문의 형태로 핵심 문장 아래로 정리한다.

아쉬워요 👎

2. 현황

'23.7.10(금) 오후 3시~6시/국립중앙박물관 제 1세미나실에서 진행하였으며 '세계 문화공동체 형성을 위한 토론회'라는 주제로 진행되었고, 주한 문화원 관계자(15개 국), 유관기관·전문가 등 총 40여 명이 참석하여 각 국을 대표해 여러 가지 현안 주제 발표를 통해 의견과 방안을 제출하였으며, 워크숍에서 주로 다뤄진 내용은 상호 국가 간 쌍방향 문화교류 활성화를 위한 제언 등이었다.

좋아요 👍

2. 개요

가. 주제: '세계문화공동체 형성을 위한 토론회'

나. 일시: 2023.7.10.(금) 15:00~18:00(총 3시간)

다. 장소: 제 1세미나실(국립중앙박물관 3F)

라. 참가: 40여 명(15개 국 주한 문화원 관계자, 관련기관·전문가 20명 등)

마. 내용: 문화교류 활성화 제언, 자국 문화 콘텐츠 산업 정책 발표 등

서술식 문장으로 장황하게 나열하지 말고 제목을 잡고 중요한 포인트는 두괄식으로 정리하며, 상위와 하위의 순서체계를 정리하여 위계를 정리한다. 날짜와 시간은 간결하게 한 체계로 정리하고 강조할 문구는 컬러를 다르게 하여 부각하자.

2023년 올해 초 사내 다양한 이슈로 인하여 부서별 사업계획서 접수일자가 많이 늦춰졌습니다. 따라서, 부서별 사업계획서를 이번 9월달 30일 5시까지 모두 기획조정실 인트라넷 폴더에 올려 주시기 바랍니다. 올려 주실 때에는 다음과 같은 자료가 사업계획서 안에 반드시 첨부되어 있어야 합니다.

1. 월별, 주별 단위로 사업진행사항의 계획이 첨부되어야 합니다.
2. 프로젝트 별 예상 매출액을 산정하여 첨부해주시기 바랍니다.
3. 또한, 작년과 동일하게 프로젝트가 진행되는 경우 작년과 대비 프로젝트 진행의 차이점을 기술해주시기 바립니다.
4. 또한, 프로젝트별 클라이언트 동향 자료를 첨부해 드리오니 해당 사항을 기재하여 저에게 재전송해주시기 바랍니다.
5. 특별히, 금년 사업계획서 작성 시 예상 매출액을 백만 원 단위까지 작성하라는 사장님의 지시가 있었습니다.

[사업계획서 작성 가이드라인 공지]
※ 월말 임원진 보고를 위해 30일 17:00까지 기획조정실 인트라넷 폴더에 등재 바람.
1. 제출마감일자 및 방법
　1) 제출마감: 2023. 9. 30. 17:00
　2) 제출방법: 기획조정실 사내 인트라넷 [부서별 사업계획서 폴더]
2. 작성내용 및 방법
　1) 주별, 월별 단위 사업계획서
　2) 프로젝트 별 예상 매출액
3. 작성 시 유의사항
예상 매출액 백 만원 단위 필히 기재(사장님 지시)

최근 전사적으로 이슈가 되고 있는 권위적인 조직문화와 갑질 행위가 조직의 융화와 발전을 저해하고 있으니 담당부서 주관으로 전사 차원에서 조직문화를 진단하는 워크숍을 진행하여 직원들의 다양한 의견 수렴을 듣고 우수한 개선방안을 마련하여 보고하라고 하였다.

좋아요 👍

- (배경)권위적인 조직문화와 갑질 행위가 조직의 융화와 발전 저해
- (목적)워크숍을 통한 직원들의 다양한 의견 수렴 후 개선방안 도출

작성

1. 지문에서 배경과 목적이 되는 문장들을 추려 두 문장으로 정리해야 한다.
2. 앞에 (배경), (목적) 키워드를 두어 문장의 성격을 구분할 수 있도록 돕는다.

결론부터 두괄식 정리

셋째, 결론부터 두괄식으로 정리하자! 무엇보다 중요한 내용 정리의 기술은 핵심 문장을 뽑는 것이다. 상사는 늘 보고자에게 핵심만 간결히 보고하라고 지시한다. 핵심이란 본문에서도 가장 중요하게 다루어지는 부분으로 반드시 흐름을 다루는 제목과는 구분해서 쓰도록 해야 한다. 특히, 상사의 입장에서는 의사 결정에 중요 요인이 되는 보고의 결론, 보고의 중점사항을 말하기 때문에 보고자는 과정부터 설명하려고 하지 말고 결론을 먼저 제시하고 그 후에 결론에 따른 근거를 간결하게 정리해서 써야 한다.

5월 8일 오후 1시부터 M사와의 미팅에서 당사는 1시부터 3시까지 당사의 신제품 아이디어 3건을 제시하였으며, M사는 3시부터 5시까지 시장 동향에 대해서 발표하였다. 이후에 양사가 신제품 공동개발에 대한 토론을 진행하였다. 당사는 1안이 가격도 싸고 조기에 개발 완료할 수 있다고 한 반면, M사는 3안이 기술적인 특성이 보다 우수하며 좋다고 보았다. 2안인 중간 품질 및 조기 출시에는 별 관심을 보이지 않았다. 양사가 격렬한 토론 끝에 3안인 기술적 특성이 우수한 제품을 공동개발하기로 합의하면서 6시경 회의를 종료하였다.

[5.8. M사 미팅 결과]

M사와 기술적 특성이 우수한 '3안' 공동개발 합의

1~3시: 자사 신제품 아이디어 3건(안) 제시
3~5시: 시장 동향 발표 후, 신제품 공동개발 토론
5~6시: (1안) 가격 저렴, 조기 개발 완료
        (2안) 중간 품질 및 조기 출시 관심 없음
        (3안) 기술적 특성 우수(3안 채택, 공동개발 합의)

작성
TIP

1. 지문에서 가장 핵심이 되는 결론부를 두문으로 올린다.
2. 주요 문장 성분만 먼저 배치하고 숫자, 날짜, 금액, 기간 등 세부내용은 뒤로 (   )에 넣고 생략한다.
3. 문장 내용 중에서도 주요 키워드는 (   )처리하여 앞으로 배치하여 요점을 바로 볼 수 있게 서술한다.

아쉬워요 👎

OO부가 추진하는 이번 사업은 총예산 3천억 원 규모에 도로 3개 노선과 시설관리센터를 짓는 공사로, 오는 2023년부터 2029년까지 총 3단계로 건설되는데, 1단계는 2023~2025년이며 2단계는 2025~2027년, 3단계는 2027~2029년 등이고 각 단계별 사업비는 각 5백억, 1천억, 1천5백억 원으로 책정된다.

좋아요 👍

OO부 사업, 총 예산 3천억 원, 기간 2023.~2029.까지 완료
 -1단계 5백억 원, 2단계 1천억 원, 3단계 1천5백억 원 투입
- 도로 3개 노선, 시설관리센터 건설 등 공사 진행

1. 보는 상대가 중요하게 생각하는 내용을 찾아 가장 먼저 배치한다.
2. 주어+서술어, 주어+목적어+서술어만 찾아 문장을 재배치한다.
3. 접속어나 조사를 생략하고 명사 형태로 정리한다.

문장 내용 중에서도 주요 키워드는 (   )처리하여 앞으로 배치하여 요점을 바로 볼 수 있게 서술한다.

아쉬워요

라. 캠페인 활동 내용

- 제수, 선물용품 유통이 많은 전통시장에 집중적인 홍보 진행

- 홍보용 리플릿, 표시판 배부, 낡은 표시판 교체 및 오류 교정

- 홍보용 어깨띠 착용과 피켓을 활용한 홍보 활동 적극 진행

- 소비자가 농산물 구입 시 원산지 식별정보를 활용할 수 있도록 하는 자세한 정보 제공

좋아요

라. 캠페인 활동 내용

- (전통시장 집중) 제수, 선물용품 유통이 많은 전통시장 집중 홍보

- (홍보물 교체) 홍보용 리플릿·표시판 배부, 낡은 표시판 교체 및 오류 교정

- (홍보물 활용) 홍보용 어깨띠 착용 및 피켓을 활용한 홍보 활동

- (원산지 정보) 농산물 구입 시 원산지 식별정보를 활용할 수 있는 정보 제공

중복 단어 제거

넷째, 중복 단어를 제거하자! 글을 잘 쓰는 사람일수록 단어를 중복하여 쓰는 경우가 많다. '어떤 경우에는 ~한 경우가 있으며, 이 경우 ~한다'처럼 같은 단어를 중복 사용하면 문장이 장황해진다. 중복 단어를 제거하여 '어떤 경우에는 ~한 예가 있으며, 이때는 ~한다'로 바꾸면 문장이 간결해진다. 무심코 쓰다 보면 단어가 겹쳐 나오기 쉬우니 다 쓰고 난 다음 불필요하게 중복된 단어는 없는지 살펴야 한다.

아쉬워요 👎

노동 시장의 양극화가
지속됨에 따라, 경제 사회의 양극화도
빠르게 진행되고 있습니다.

좋아요 👍

> 노동 시장 및 경제 사회 양극화

우리 협회는 이 지역에서 역사와
전통이 가장 오래된 협회이며,
많은 기부금을 유치한 협회이기도 하다.

> 우리 협회는 이 지역에서 역사와
> 전통이 가장 오래됐으며,
> 많은 기부금을 유치한 곳이다.

OJT(On The Job Training)
실무 능력 향상 교육 안내

> 실무 능력 향상 교육 안내

작성

1. 반복된 단어를 제거한다.
2. 문장 호응구조를 제대로 갖춘다.
   ~하고 ~한다 / ~와 ~이다
3. 보고서를 쓰고 난 후 검토하여 중복 단어는 삭제한다.

 아쉬워요

본 프로그램은 빅 데이터 R&E 교육 프로그램 운영을 통해 학생들에게 빅 데이터 기술에 대한 이해도를 높이고 대학교수들의 빅 데이터 연구 경쟁력을 높임으로써 새로운 고부가치 산업으로 떠오르는 빅 데이터 산업의 핵심 인력을 배출하고, 지속적인 산학협력 토대 구축을 목표로 한다.

 좋아요

[빅 데이터 R&E 교육 프로그램]

- 빅 데이터 기술 이해도 및 연구 경쟁력 제고
- 빅 데이터 산업의 핵심 인력 및 산학협력 토대 구축

 작성

1. 반복된 단어를 제거한다.
2. 반복된 단어를 접속어 '및'으로 묶어 한 줄 처리한다.

정량적으로 표현

다섯째, 정량적으로 표현하자! 정량적으로 표현하는 것은 보고서의 중요한 원칙 중 하나이다. 상사가 판단할 수 있게, 내가 명확한 기준을 알 수 있게 표현하려면 수치 데이터를 같이 활용해 주는 것이다. 상사의 입장에서 여러분들의 메시지에 신뢰를 느낄 수 있도록 지금의 상황이나 현황을 표현할 때도 데이터 수치로 혹은 어느 정도로 달성할 것인지 목표치도 데이터 수치로 표현하는 것이 명확하고 정량적인 표현이다.

다음 사례를 보자. 수정 전 사례는 여성·장애인·이공계 등 소수집단 공직임용 확대의 메시지에 따라 각각 대상별로 세분화한 구체적인 내용이 작성되었지만 딱히 와닿지 않는다. 앞서 말했듯 상사를 판단할 수 있게 도우려면 어느 정도의 수준으로 언제까지 얼마의 성과를 올릴 수 있는지, 전년도와의 비교할 수 있는 수치, 데이터를 보완해야 한다. 보고서의 목적은 상사의 판단과 의사결정을 돕는 것임을 잊지 말자.

고졸자·장애인·외국인 등 소수인재 임용 확대

- 관리직에서의 고졸 고용률 제고

- 장애인의 임용 확대

- 외국인 임용 확대

좋아요 👍

고졸자·장애인·외국인 등 소수인재 임용 확대

1. 고졸자: 과장 관리직 이상 고졸자 승진율 제고

현재(2023년)	▶	향후(2028년)
13명(2.3%)		123명(28.5%)

2. 장애인: 임용 확대

현재(2023년)	▶	향후(2028년)
2,500명(0.98%)		6,800명(2.19%)

3. 외국인: 임용 확대

현재(2023년)	▶	향후(2028년)
1,800명(0.78%)		2,500명(1.98%)

키메시지 도출

여섯째, 키메시지를 도출하자. 많은 장표로 상대를 유혹하길 바란다면 노력했으니 봐 달라는 의미 외에는 통하지 않는다. 특히 정보의 홍수의 시대에 살고 있는 사람들은 더 이상 장황하거나 복잡한 문서에 관심조차 두지 않는다. 그러기에 훨씬 더 간결한 결론, 핵심 메시지를 뽑아 요약하는 것이 좋다. 정리와 요약은 모으는 것이 아닌 버리는 것이다. 대표적인 것을 살리기 위해 과감히 버려야 할 메시지들을 구분하자.

다음 사례에서 한 문장만 살리고 나머지는 버려야 한다면 당신은 어떤 문장을 살릴 것인가? 이 내용은 설문조사 결과를 상사에 보고하는 것이다. 상사는 무엇을 가장 듣고 싶어 할까? 단순히 사세확장에 따른 사무실 확장 및 결합에 대해 설문조사를 진행한 행위 그 자체가 아닌 결과, 성과일 것이다. 그러므로 핵심메시지는 전체 직원의 52% 결합 및 이전 찬성이 돼야 한다. 반대 의견보다 키메시지, 핵심메시지를 선두에 배치하여 상사가 알고 싶어하는 결론이 먼저 드러나게 정리한다.

사세확장에 따른 사무실 확장 및 결합에 대해 설문조사를 벌인 결과 직원 20%는 출퇴근 교통문제, 15%는 새로운 직원간 사내 인화문제, 다른 13%는 부서변동에 따른 불안감을 문제로 지적했다. 그러나 전체 52%가 이전 및 결합을 찬성하는 것으로 밝혀졌다.

사무실 확장/결합 설문조사 결과

전체 직원의 52% 결합 및 이전 찬성
반대 의견(48%)
: 출퇴근 문제(20%), 새로운 직원간 인화문제(15%), 부서변동에 따른 불안감(13%) 등

작성
TIP

1. 결론이 되는 문장을 뽑아 두괄식으로 배치한다.
2. 중요한 문구는 강조하여 다른 문장과 차이를 둔다.

키메시지 강조

일곱째, 키메시지 강조하자. 키메시를 강조하는 방법으로 글자색 조정, 밑줄 긋기, 글자 진하게(볼드), "(작은 따옴표) 등의 표기법이 있다. 그러나 과도한 강조는 오히려 핵심이 무엇인지 혼란을 줄 수 있다. 핵심 문장에서도 주요 키워드에 색을 바꾸어 1~2가지 이내로 강조하자. 빨간색은 부정적인 이슈를 강조할 때 주로 사용하고 파란색은 긍정적인 이슈를 강조할 때 사용한다.

아쉬워요

2) 지역 환경적 특성

△△구의 경우 전체 1만 5천 가구 중 2천 가구가 기초생활보호대상자 가정으로 수급자 가정의 비율이 높고, 이 중 편부, 편모, 조손 가정의 초등학교 아동은 1천 7백명 가량으로 집계되고 있다. (△△구, 2009년 통계자료 근거)

저소득 가정의 가장들은 주로 인근 재래시장에서 영세 상인으로 상업에 종사하거나, 인근 □□공단의 소규모 공장 근로자로 일하는 경우가 많아 귀가 시간은 보통 10~11시로 늦는 경우가 많다. 부모의 늦은 귀가는 자녀의 방임으로 연결되어, 2009년 12월 현재 집 안에 방임되어 있는 아동 수는 △△구 전체 아동의 20% 가량으로 집계되고 있다.

2) 지역 환경적 특성

- **OO구 전체 15% 기초생활보호대상자 가정** (1만 5천 가구 중 2천 가구, 2009. 통계청)
  편부, 편모, 조손 가정 초등학교 아동 1천 7백 명 가량으로 집계
- **저소득가정 부모 평균 10~11시, 늦은 귀가로 자녀 방임** (전체 아동 인구의 20%)
  인근 재래시장 영세 상인 상업 종사자 다수
  인근 OO공단 소규모 공자 근로자 다수
  집안 방임 아동 수 OO구 전체 20% 가량 집계 (2009. 12. 현재)

1. 결론이 되는 문장을 뽑아 두괄식으로 배치한다.
2. 중요한 문구는 강조하여 다른 문장과 차이를 둔다.

다음 지문은 각국 문화주재관 워크숍 관련 보고서이다. 결과보고서라고 하기에 내용 정리가 전혀 되지 않았고 서술식으로 장황하게 서술되어 있다. 특히, 워크숍 결과 의견들이 나열형으로 되어 있어 가장 중요한 결과가 눈에 들어오지 않는 상황이다. 내용을 깔끔하게 정리하고 중요 키메시지는 강조하여 먼저 볼 수 있도록 개선해보자.

제목: 한 각국 문화주재관 워크숍 개최 기획

1. 목적
문화 주재관들의 나라별 우호 증진과 공동의 문제를 획기적으로 해결하기 위한 교류의 장이 되길 바라는 차원에서 각국의 문화 주재관들이 모여 진행을 했으며 그에 따른 각국의 주요 평가와 의견을 통해 좀 더 발전적인 각국 정기 워크숍으로 발돋움하고자 함

2. 현황
'23.12.6(수) 오후 1시~6시/○○빌딩 5층 대회의실에서 진행하였으며 '세계문화공동체 형성을 위한 토론회'라는 주제로 진행되었고, 주한 문화원 관계자(10개국), 유관기관·전문가 등 총 30여명이 참석하여 각국을 대표해 여러 가지 현안 주제 발표를 통해 의견과 방안을 제출하였으며, 워크숍에서 주로 다뤄진 내용은 상호 국가 간 쌍방향 문화교류 활성화를 위한 제언 등이었다.

3. 현황 분석

워크숍 주요 이슈 사항
• 주한 문화 주재관 워크숍 총평

  각국의 문화주재관들이 함께 모일 수 있는 자리를 마련해 주어서 이에 대해 고마워하였으며, 향후에도 이와 같은 문화주재관 워크숍을 개최하여 교류 기회의 장이 지속되기를 희망함
  전시장, 공연장 장소 섭외 등 문화교류 관련 사전 정보 제공과 문화교류 활성화를 위한 다양한 아이디어 등이 제시되었음

• 각 국 주요 발표 내용

  (중국) 고위 문화 관계자, 예술가 간의 빈번한 교류를 통한 양국 간 관계 의지 및 교류·협력 증진, 문화산업의 교류협력 강화, 자치단체간 교류 협력 강화 필요
  (브라질) 문화교류 행사시 상대국의 지원이 필요함을 강조하여 6가지 방식을 제안함
  *① 문화교류 행사시 장소섭외를 위한 정보 제공, 장소, ② 장비 등을 좋은 조건으로 교섭, ③ 민간 그룹과 연계한 교류행사, ④ 민간행사 시 일정비용 지원, 상대국과 공동주관의 문화행사(예산 절감) 개최
  (태국) 워크숍이 양국 간 문화협력에 필수적이며 앞으로 1년에 2회 정도 개최하였으면 함
  (베트남) 한국의 발달된 인터넷 인프라, 기술 등을 활용한 공동 프로젝트를 구상·운영했으면 함

4. 워크숍을 통한 향후 대책사항
• 향후 각국 문화주재관의 교류를 정기적으로 개최하는 행사로 정례화 추진하겠음

  문화 교류 업무를 원활하게 추진하기 위하여 관련 정보의 제공 및 인적 네트워크를 구축함
• 향후 한류 대책 추진 및 BH 보고 등에 반영

세계문화 공동체 형성 주한 문화주재관 워크숍 추진 결과

1. 행사 목적
○ 각 나라들의 우호 증진과 문제에 따른 대책 강구
○ 각 나라들의 평가 및 의견 수렴을 위한 워크숍 정례화

2. 행사 개요
○ **일시/장소** : 2023.12.16.(수) 13:00~18:00(총5시간), 대회의실(○○빌딩 5F)
○ **주   제** : '세계문화공동체 형성을 위한 토론회'
○ **참 석 자** : 30여 명(10개국 주한 문화원 관계자, 관련기관·전문가 10명 등)
○ **내   용** : 문화교류 활성화 제언, 자국 문화 콘텐츠 산업 정책 발표 등

3. 행사 결과
- 공동 워크숍 개최에 대한 감사표의, 향후 같은 식의 '**교류의 장**' 지속 희망

국가	발표내용	비고
중국	고위 문화관계자, 예술가 간의 빈번한 교류를 통한 양국 간 관계 유지 및 교류·협력 증진, 문화산업의 교류협력 강화, 자치단체간 교류 협력 강화 필요	
브라질	문화교류 행사 시 상대국의 지원이 필요 1) 문화교류 행사 시 장소섭외를 위한 정보제공 2) 장소, 장비 등을 좋은 조건으로 교섭 3) 민간그룹과 연계한 교류행사 4) 민간행사 시 일정비용 지원 5) 상대국과 공동주관의 문화행사(예사절감) 개최	
태국	워크숍이 양국 간 문화협력에 필수, 향후 1년 2회 정도 개최 요청	
베트남	한국의 발달된 인터넷 인프라, 기술 등을 활용한 공동 프로젝트를 구상/운영했으면 함	

4. 향후 계획
○ **문화주재관 교류행사 정례화 추진**
- 인적 네트워크 구축 및 문화정책 관련 정보 교류 활성화

○ **향후 주재관 의견 '한류문화 대책' 반영 후 청와대 보고 진행**

앞서 배웠던 문장 정리 공식들을 활용하여 문장을 정리하고 포인트 단어를 컬러와 진하게(볼드)로 강조해 주었다.

1. 제목은 목적과 방안으로 개조식으로 정리한다.
2. 결과에 따라 보고서 항목 재정리한다.
3. 간결한 개조식 문장으로 정리한다.
4. 세부내용 역시 기호를 적용하여 정리한다.
5. 행사 결과의 총평을 두괄식으로 배치한다.
6. 세부내용은 표를 활용하여 시각화 정리한다.
7. 문장 안에서도 주요 포인트 컬러와 볼드로 강조한다.

9

CHAPTER

관심을 이끄는
보고서 시각화

파워포인트 스킬 포함

선택과 집중,
전략적 포기

앞서 보고서의 시각화는 메시지를 단순하게 정리하는 부분에 집중하여 언급했다면 이번에는 문장의 키워드를 추출하여 구조화하는 연습을 통해 말하고자 하는 내용의 흐름을 표현해야 한다. 일반적으로 직장에서는 파워포인트로 보고를 하는 경우가 많기 때문에 키워드를 도식화하는 것은 중요하다.

도식화를 잘 하기 위해서는 3가지 능력이 필요하다.

발상력

보통은 파워포인트 기능을 연마하면 보고서를 잘 쓸 수 있을 것이라 생각하며 꾸미기 위한 디자인 연구나 기능을 위주로 배우려고 한다. 그러나 직장에서는 보고를 하기 위한 극히 일부의 기능들만 사용하고 그 이외에 기능들은 쳐다보지도 않는다. 가장 중요한 것은 보고서를 꾸미기 위한 디자인기능을 익히는 것이 아닌 메시지를 드러내기 위한 발상과 사고가 우선이다. 발상력은 단번에 좋아지는 능력이 아니다.

사례력

물론 조직의 메시지는 대부분 as is to be이거나 Process 모델이다. 틀에서 벗어나는 혁신적인 모형은 도전이다. 그러나 상사는 늘 새롭고 차별화된 형태를 요구한다. 참 아이러니한 것이다. 다양한 구조화 샘플들을 보면서 우리의 업무 내용에 반영해 보는 도전이 필요하다. 반복적으로 다양한 시도가 사례력이 생기는 지름길이다. 왕도란 없다.

포기력

메시지를 살리기 위해 버릴 것과 취할 것을 분명하게 구분할 수 있어야 한다. 그리고 상대의 눈에 들어오는 메시지가 또렷하게 보이려면 무엇을 담을 것인가에 대한 생각보다 무엇을 뺄 것인가 혹은 무엇을 더 내려 놓을 것인가를 생각해야 한다. 당신은 선택이 어려운가? 포기가 더 어려운가? 선택은 플러스이지만, 포기는 마이너스이다. 빼앗기는 상실감 때문에 포기가 더 어렵지만, 문서에서 메시지가 눈에 들어오기 위해서는 포기하는 것이 있어야 한다. 다 중요하고 더 중요하다는 식으로 모든 것을 넣으려 하는 것은 바람직하지 않다. 비유하자면 화장을 할 때에 살릴 곳은 살리고 죽일 곳은 죽이면서 어느 한 군데의 하이라이트를 주어야 비로소 세련된 화장법이라 할 수 있지만, 얼굴에 여기저기 하이라이트를 주고 색상을 과하게 하다 보면 세련된 느낌은 사라지고 떡칠한 화장이 되어 촌스럽기 그지없어지는 것과 같다.

도대체 왜 내 보고서는 촌스럽고 화려할까? 마치 마트 전단지처럼. 앞에서는 말하려고 하는 키메시지만 정리하라고 했지만 메시지를 보이기 위해 메시지 외에 보조적인 내용이나 요소들의 힘을 빼 메시지에 자연스럽게 눈이 갈 수 있도록 하는 것도 필요하다. 글자의 색상은 당연히 검은색으로만 써야 한다는 생각을 버리고 보조적인 내용은 회색으로 바꿔보자. 기본 검은색에 빨간색으로 강조하는 것보다, 기본 회색에 핵심메시지나 문구에만 전략적으로 검은색으로 사용한다면 담백하게 핵심이 드러나게 할 수 있다.

메시지	도식화	강조점

다시 한번 정리하면, 내가 말하고자 하는 핵심을 정리하여 메시지로 분명하게 표현하고, 메시지가 도출된 과정이나 보조적인 내용들은 키워드로 추출하여 도식화한다. 다음으로 배경이나 도식화 도형의 색을 의미 없이 칠하지 말고 강조점을 분명하게 표현하여 상대가 무엇부터 봐야 하고 무엇에 집중해야 하는 것인지 가이드하라는 것이다.

메시지를 표로

여러 항목의 세부 내용들을 문장으로 열거하면 항목 단어의 길이에 따라, 내용의 길이에 따라 흐트러져 내용의 통일성이 없고 산만하여 빠르게 이해하기 어려워진다. 표는 기준선을 두어 내용을 보기 좋게 정렬하고 비슷한 항목을 묶어주는 역할을 하기 때문에 시각화에 대표적인 수단이다. 표가 많이 쓰이는 대표적인 경우로 명부, 일정표, 견적서가 있다.

표를 활용할 때는 기본 수칙이 있다. 먼저, 표의 기본 구성은 제목과 내용으로 구분한다. 제목은 내용과 구분될 수 있도록 연한 회색으로 설정하고 제목과 내용 사이에 겹줄을 두어 구분하는 것이 일반적이다.

또한, 표에 들어가는 내용은 개조식의 단문 형태로 한 줄로 정리하는 것이 좋다. 서술식의 문장은 표에서 줄 수를 늘리고 장황해 보이는 요인이기 때문에 자제해야 한다. 그리고 표의 위치 정렬도 중요하다. 단어 위주의 내용은 가운데 정렬, 두 항목이나 문장을 사용할 경우에는 왼쪽 정렬, 수치나 금액을 표현하는 경우 오른쪽 정렬로 단위가 커지면 천 원 단위로 절삭하여 생략해야 표 안의 내용이 일관적으로 깔끔하게 정리된다.

아쉬워요 👎

- 2023년 3월~4월: 사업 기획
  사업 개요 수립
  시장 조사 및 분석
  경쟁 환경 분석
  타겟 고객 분석
  제품·서비스 기획
  사업 전략 수립
- 2023년 5월~8월: 사업 실행
  유전자 검사 기반 밀키트 서비스 개발
  온라인 판매 시스템 구축
  마케팅 및 홍보
- 2023년 9월~12월: 사업 평가
  사업 성과 분석
  사업 개선 방안 수립

좋아요 👍

사업 기획 2023. 3.~4.	• 사업 개요 수립 • 시장 조사 및 분석 • 경쟁 환경 분석 • 타겟 고객 분석 • 제품·서비스 기획 • 사업 전략 수립
사업 실행 2023. 5.~8.	• 유전자 검사 기반 밀키트 서비스 개발 • 온라인 판매 시스템 구축 • 마케팅 및 홍보
사업 평가 2023. 9.~12.	• 사업 성과 분석 • 사업 개선 방안 수립

표를 작성할 때 깔끔하고 담백한 표를 만들고자 한다면 엑셀에서 볼 수 있는 노란색 제목상자에 검정 테두리선과 강조셀의 바탕색을 원색으로 강조하지 말자. 사례를 보면 제목 셀의 색도 화려하고 검정 테두리선은 갑갑하며, 강조 역시 빨간색의 텍스트와 보색이 되는 하늘색으로 바탕색을 쓰다 보니 전반적으로 조잡하고 눈이 금방 피로해짐을 느낄 수 있다. 또한 표 안에서 단어를 쓸 때 어절이 끊기지 않고 한 줄로 정리되어야 전체 셀이 일률적으로 정리되어 보일 수 있다.

	Panel	Touch	Ser. No.	Barcode No.	Customer	비고
Monitor #1	LTM185AT01	C185N29AG30-01	120227524	201202130716	Customer	불량품 회수
Monitor #2	LTM185AT01	C185N29AG30-01	120227514	201202130706	Customer	
Monitor #3	LTM185AT01	C185N29AG30-01	120227505	201202130697	Production Austria	
Monitor #4	LTM185AT01	C185N29AG30-01	120227533	201202130725	test department	불량품 미 회수
Monitor #5	LTM185AT01	C185N29AG30-01	110232102	201102170306	test department	
Monitor #6	LTM185AT01	C185N29AG30-01	101245701	201012230952	test department	
Monitor #7	LTM185AT01	C185N29AG30-01	110232106	201102170310	test department	
Monitor #8	LTM185AT01	C185N29AG30-01	110232107	201102170311	test department	
Monitor #9	LTM185AT01	C185N29AG30-01	110232101	201102170305	Production Austria	

좋아요

	Panel	Touch	Ser. No.	Barcode No.	Customer	비고
Monitor #1	LTM185AT01	C185N29AG30-01	120227524	201202130716	Customer	
Monitor #2	LTM185AT01	C185N29AG30-01	120227514	201202130706	Customer	불량품 회수
Monitor #3	LTM185AT01	C185N29AG30-01	120227505	201202130697	Production Austria	
Monitor #4	**LTM185AT01**	**C185N29AG30-01**	**120227533**	**201202130725**	**test department**	
Monitor #5	LTM185AT01	C185N29AG30-01	110232102	201102170306	test department	
Monitor #6	LTM185AT01	C185N29AG30-01	101245701	201012230952	test department	
Monitor #7	LTM185AT01	C185N29AG30-01	110232106	201102170310	test department	불량품 미 회수
Monitor #8	LTM185AT01	C185N29AG30-01	110232107	201102170311	test department	
Monitor #9	LTM185AT01	C185N29AG30-01	110232101	201102170305	Production Austria	

개선된 사례를 보면, 제목을 원색이 아닌 회색으로 톤 다운하여 영역 구분을 하여 깔끔하게 하였다. 양 사이드의 테두리를 제거하고 안쪽 테두리 역시 구분이 될 수 있을 정도의 연한 회색 실선을 사용하여 좀 더 내용에 집중할 수 있는 시각적인 효과와 개방감을 주었다. 또한 포인트가 되는 부분을 제외한 나머지 영역의 텍스트 역시 검은색이 아닌 연한 회색으로 톤 다운하여 원래의 검은색 글자를 지나치게 강조하지 않아도 자연스럽게 드러나 보일 수 있도록 담백하게 표현하였다. 진정한 강조란, 메시지에 자연스럽게 눈이 갈 수 있도록 주변을 내려놓는 설계를 하는 것이다.

핵심

1. 표에 구분선의 노이즈를 최소화하자.
2. 포인트 주변의 데이터를 음영 처리하자.
3. 선택과 전략적 포기로 포인트를 강조하자.

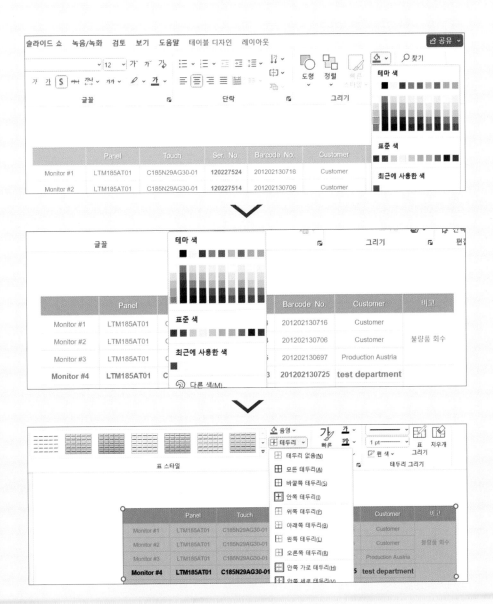

메시지를 차트로
5대 차트 활용

차트는 데이터의 흐름을 한눈에 보여주는 시각화 수단이다. 차트는 성과보고서, 시장보고서, 마케팅 보고서 등등 다양한 보고서에서 두루 쓰이고 있으며 표에서 데이터를 나열하기만 하면 그 수치의 크고 작음을 읽어야만 변화를 이해할 수 있는데 반해, 차트는 시각적으로 변화와 항목의 차이 그리고 항목별로 차지하는 비중을 수치에 따라 표현하여 데이터 값을 이해하지 않고도 단번에 쉽게 변화를 파악할 수 있다. 그러나 외의로 직장인들 중에는 차트를 제대로 사용하지 못하는 사례들도 많다. 예를 들어 설문조사 결과를 표현할 때 결과의 중점 메시지 없이 빨강, 주황, 노랑, 초록, 파랑의 형형색색을 화려하게만 표현해 놓는 경우이다. 상사는 메시지가 없는 차트를 보며 결과가 무엇인지 헷갈리거나 보고자가 생각하는 결과와 다른 관점으로 결과를 해석할 수도 있을 것이다. 의도가 분명하지 않지 차트는 쓰레기(노이즈)에 불과하다. 누군가는 차트를 표현하는 것 자체가 시각화라고 생각하는 경우가 많은데 이 역시 핵심메시지(결론부)를 정확히 하지 않으면 앙금 없는 찐빵, 속 빈 강정에 불과하다.

아래의 지문을 차트로 시각화해 보자.

사세확장에 따른 사무실 확장 및 결합에 대해 설문조사를 벌인 결과 직원 20%는 출퇴근 교통문제, 15%는 새로운 직원간 사내 인화문제, 다른 13%는 부서변동에 따른 불안감을 문제로 지적했다. 그러나 전체 52%가 이전 및 결합을 찬성하는 것으로 밝혀졌다.

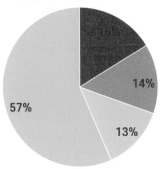

위 내용을 순서대로 나열하였고 형형색색의 다양한 색을 사용하여 말하고자 하는 결론을 쉽게 유추할 수 없다. 원색을 다양하게 사용하다보니 화려하고 눈이 쉽게 피로하다.

핵심메시지를 두괄식으로 정리하여 장표의 메시지가 정확하게 보이고, 52% 찬성의 결과를 원형차트의 시계열 방향에서 가장 먼저 배치하여 핵심메시지와 연결되도록 일관성 있게 표현하였다. 의도가 분명하여 오해가 없다.

차트를 선택하기 이전에 차트가 말하는 메시지가 분명해야 한다. "저의 주관적인 생각을 담으란 말인가요? 저는 시장 상황을 조사해서 보고하는 역할일 뿐인데요." 메시지를 분명히 하라고 하면 이런 오해를 하는 사람들이 있다. 주관적인 생각이 아니라 설문조사를 하여 각각 몇 퍼센트의 만족 혹은 불만족 의견이 있었는지 순차대로 적지 말고 결론적으로 찬성이 많았는지 반대가 많았는지 결과의 최종합을 메시지로 표현하라는 말이다.

때론 차트를 의도적으로 조작하여 말에 힘을 싣는 경우도 있다. 상관은 주관적인 견해를 믿는 것이 아니라 사실을 믿기 때문에 사실 데이터로 의견을 보완하는 것이다. 목적이 자료 조사라면 있는 그대로 최종 결과를 메시지로 담으면 되고, 투자 유치나 자금 지원을 받는 경우라면 기획자의 강력한 의지에 따른 증거로 차트를 사용하면 된다.

똑같은 데이터의 차트로도 정반대의 의미를 만들어낼 수 있다. 예를 들어 내가 우리 회사의 매출이 연마다 널뛰지만 안정적인 상황으로 연출하려면 눈금 보폭을 넓게 잡으면 완만하게 보일 수 있다. 매출이 최근해에는 크게 감소했지만 성장하고 있는 회사의 매출을 표현하고 싶다면 최근을 떼고 지난 성장 지표만 보여줄 수도 있다. 그러니 차트의 결과가 말하는 것보다는 차트를 통해 내가 하고 싶은 말이 무엇인가를 생각하고 그렇게 보이도록 차트를 연출하자.

다음의 표를 차트로 만들어 보자.

	A사	B사
동부	13%	39%
서부	35%	6%
남부	27%	27%
북부	25%	28%

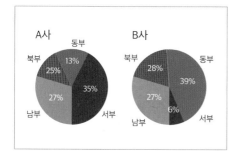

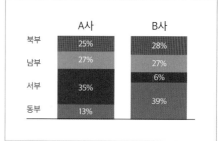

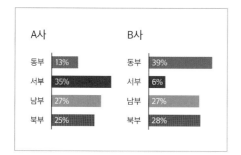

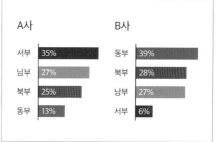

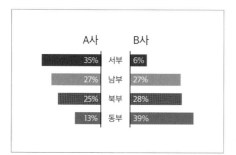

당신의 메시지를 차트의 제목으로 삼아라.

앞서 말했듯 제목은 현상이 아니라 메시지가 있도록 써야 한다. 사무실 이전 및 확장에 대한 설문조사 결과를 메인 제목으로 쓰면 아래에 내용을 봐야 결과를 알 수 있지만 설문 조사 결과 52% 과반수 찬성이라는 결과를 제목으로 쓰면 내용을 읽어보지 않아도 결론을 알 수 있다. 마찬가지로 회사의 직원 성병 분포 현황이라는 제목은 내용을 또 한 번 확인해서 결과를 유추해야 하지만 회사의 직원 중 남성 비율 58% 차지라고 제목을 달면 결론을 바로 알 수 있다. 상사는 나의 의견이나 생각을 묻는 것이 아니다. 다만 사실 데이터의 총체적인 합을 알고 싶은 것이다.

차트를 표현하고자 할 때 가장 먼저는 메시지를 결정하고 다음으로 메시지에 따른 비교 유형을 파악해 보자. 유형에는 구성비를 비교할 수도 있고 항목들 간에 우위를 비교할 수도 있으며 시간의 흐름에 따른 변화를 비교할 수도 있고, 범위 내에 해당 항목들을 비교할 수도 있으며 변수들 간의 증가 감소를 통한 관련성을 비교해 볼 수도 있다.

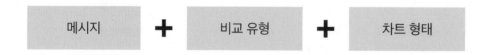

- 구성 요소 비교: 시장 점유율, 고객 만족도 결과
- 항목순위 비교: 회사들의 매출 순위 비교, 부서들의 실적 비교
- 시간적 변화추이 비교: 매출이나 실적의 현황이나 변화, 트렌드
- 도수분포 비교: 연령 분포 현황, 특징별 분포 현황
- 상관관계 비교: 품질과 판매율의 연관성, 후기 만족도와 구매율의 상관관계

이러한 비교 유형을 생각하고 가장 잘 표현할 수 있는 차트의 종류를 결정해야 한다. 차트의 종류는 크게 5가지 유형으로 나눌 수 있다.

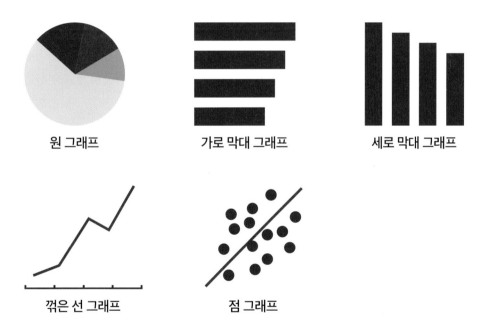

원 그래프　　　가로 막대 그래프　　　세로 막대 그래프

꺾은 선 그래프　　　점 그래프

유형으로는 원 그래프, 가로 막대 그래프, 세로 막대 그래프, 꺾은 선 그래프, 점 그래프가 있다. 먼저 원 그래프는 전체 100%에서 어느 정도를 차지하는지 점유율(%)을 알고자 할 때 주로 많이 사용한다. 그래프의 시계열 방향으로 중요한 요소를 먼저 나열해 나간다.

다음으로 가로 막대 그래프는 여러 가지 항목들의 비교 경쟁 상황을 나타낼 때 주로 쓰인다. 물론 비교, 경쟁을 세로 막대 그래프로도 표현할 수 있지만 세로 막대 그래프에서 비교 항목수가 많다면 항목들 간에 높고 낮은 우선순위를 한눈에 파악하기 쉽지 않고 등 간의 격차를 파악하기 쉽지 않기 때문에 세로 막대 그래프보다는 가로 막대 그래프를 선택한다. 가로 막대 그래프로 관계를 표현할 수도 있다.

다음으로 세로 막대 그래프는 시간의 변화에 따른 실적이나 매출을 한눈에 파악하고자 할 때 주로 쓰거나 분포현황을 확인할 때 쓰는데 8가지 이내의 항목으로 표현하는 것이 좋다. 그 이상 넘어가면 막대 그래프의 너비가 촘촘해져 조잡해 보일 수 있으므로 세로 막대 꼭대기에 점을 찍고 연결하여 선으로 표현하면 조금 더 간단하게 시간에 따른 변화 추이를 간편하게 확인할 수 있다. 장기적인 변화나 거시적인 트렌드 양상을 다룰 때는 꺾은 선 그래프로 단순하게 표현하는 것이다.

마지막으로 점 그래프는 분포 상황을 표현하기도 하고 기대선에 분포 상황이 관련성이 있는지를 확인할 수도 있다. 중요한 것은 비교 유형에 따라 어떤 차트가 결과를 가장 잘 보여줄지를 결정하는 것이다.

1. 향후 20년간 매출액이 증가할 것으로
   전망된다.

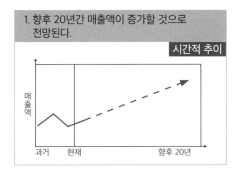

2. 4천만 원에서 5천만 원 범위의 연봉을
   얻는 직원이 가장 많다.

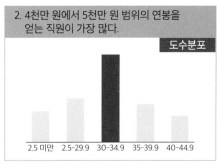

3. 고가의 가전 브랜드가 더 좋은 품질을
   의미하지는 않는다.

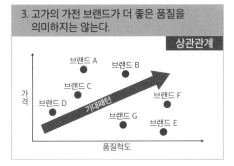

4. 6개의 부서의 9월 이직률은 거의 같았다.

5. 판매 관리자가 현장에서 보내는 시간은
   근무시간의 겨우 18%에 불과하다.

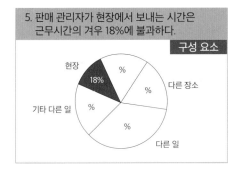

6. 매출실적은 근무시간과 무관하다.

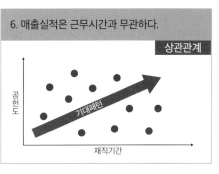

7. 우리회사의 주당 수익률이 감소하고 있다.

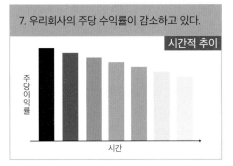

8. 수익률과 보수는 관계가 있다.

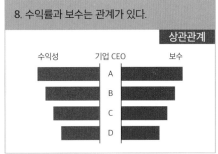

사례를 살펴보자. 이 그래프로는 매출이 상승하는 것을 보여주고 싶은 것인지, 아니면 굴곡이 있다는 것을 말하고 싶은 것인지 알 수가 없다. 모호한 그래프는 차라리 사용하지 않는 것이 낫다.

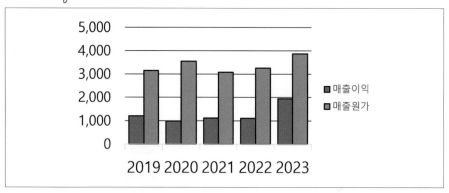

만약 메시지가 [2023년은 기존 대비 매출 30% 이상의 비약적인 성장을 이뤄냈다.]라면 차트에서 이 메시지를 바로 알 수 있게 개선해야 한다.

먼저, 그래프 눈금선, 눈금수치, 범례, 연제목이 의미 없이 크게 표현되어 있는데 이런 노이즈부터 제거하고, 데이터 값을 키우는 것이 좋다. 만약 차트의 제목이나 범례의 제목들이 필요하다면 별도의 텍스트 상자를 만들어 따로 배치하자.

다음으로 매출이익과 원가를 더하면 결국 전체 매출이므로 따로 구분할 필요가 없다. 구분하는 것보다 두가지 항목을 합쳐 누적으로 표현하는 것이 깔끔하다. 그럼에도 불구하고 매출이 비약적으로 성장한 느낌이 들지 않는다면 눈금의 보폭을 넓혀보자. 눈금이 0에서 시작하는 것이 아닌 2,000부터 시작한다면 보폭이 넓어져 항목 간의 격차를 키울 수 있다. 또한 막대 그래프를 같은 색으로 동일하게 표현하지 말고 가장 중요한 2023년의 데이터를 제외한 나머지 데이터의 색을 파스텔 계열 혹은 톤 다운된 색으로 조정하자. 그래야 2023년의 데이터가 좀 더 부각될 것이다.

마지막으로 지난해 대비 2023년의 비약적인 성장을 표현하는 것이므로 다른 데이터들의 평균선과 2023년 데이터를 화살표를 추가해 확연한 차이를 보여주자.

앞서 말했던 내용을 정리하면,

① 눈금선, 눈금수치, 범례, 연제목과 같은 노이즈를 제거하거나 작게 줄이자.
② 핵심 데이터를 제외한 나머지 데이터의 색을 연하게 조정하자.
③ 차트 눈금 간격 조정으로 메시지에 힘을 더하자.

차트는 도구이다. 도구는 목적을 달성하기 위해 사용하는 것이다. 목적을 분명히 하고 차트를 전략적으로 시각화하자.

데이터 막대 눈금과 크기 조정 방법

차트의 데이터가 각각 표시된 것을 [차트 디자인]에서 [차트 종류 변경]을 선택해 매출 원가와 매출 이익의 차트 종류를 누적 세로 막대형으로 선택하면 매출원가와 이익이 합쳐져 데이터 높이가 더 늘어나는 것을 확인할 수 있다. 이후 눈금 부분을 마우스로 두 번 딸깍 누르면 오른쪽에 축 서식이 활성화되고 축 옵션의 경계에서 최소값 0을 원하는 눈금 시작 값으로 입력하면 다른 데이터 세로 막대 대비 현격히 폭이 커진 2023년의 데이터 막대를 표현할 수 있다.

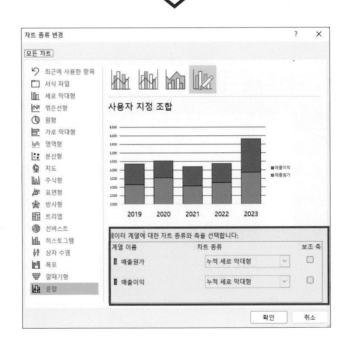

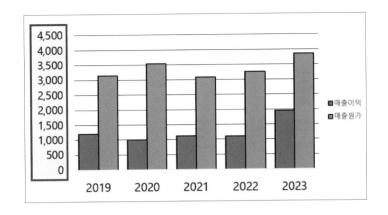

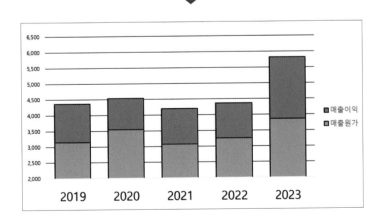

메시지를
다이어그램으로

　예쁘게 꾸미는 것이 중요한 것이 아니라 핵심을 살리는 것, 한눈에 순서나 세부 내용이 눈에 잘 들어오도록 표현하는 것이 중요하다. 투자를 유치하기 위한 창업자가 투자 제안 발표를 앞두고 사업계획서의 내용이 장황하여 스스로 만들다가 포기하고 외부 디자인 업체에 의뢰하는 경우가 발생했다. 디자인 대행 업체이니 알아서 잘 표현해줄 것이라 생각하고 작업한 사업계획서 원본을 그대로 맡기고 기다렸다. 그러나 결과물은 원하는 텍스트는 그대로이고 장표의 레이아웃 정도만 화려하게 바뀐 수준이었다. 그야말로 대참사다. 돈 주고 대행을 의뢰했는데 실망했던 경험을 겪은 사람들이 분명 있을 것이다. 무엇이 문제일까? 누구의 잘못일까? 믿고 알아서 잘해줄 것이라 생각하면 오산이다. 디자이너에게 장표별로 강조해야 할 메시지와 전체 구성과 의도를 분명히 이해시켜야 그나마 원하는 결과에 근접할 수 있다. 그래서 디자인을 표현할 때는 기능보다 구조를 발상하는 능력이 중요하다.

아래의 메시지에 따라 어떠한 구조로 설명하면 좋을지 그려보자.

본 프로젝트는 3단계로 진행될 것이다.

회사의 판매 기반은 1990년 이래 4배 확대되었다.

두 위원회가 반대 방향으로 움직이고 있다.

회사 직원의 연령분포는 경쟁사와 다르다.

5개 프로그램이 서로 관련되었다.

두 프로젝트 팀은 더 나은 결과를 위해 상호작용해야 한다.

짧은 시간 내에 거침없이 그려냈다면 실력자이다. 보통은 어떻게 표현해야 할지 막연해하거나 빈칸을 채우는 데 많은 시간이 걸린다. 빠르게 다양하게 구조를 머릿속에 떠올리거나 구조화하는 연습이 중요하다.

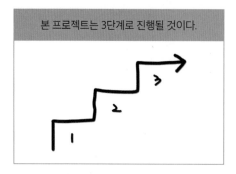

본 프로젝트는 3단계로 진행될 것이다.

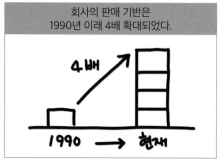

회사의 판매 기반은
1990년 이래 4배 확대되었다.

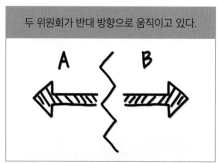

두 위원회가 반대 방향으로 움직이고 있다.

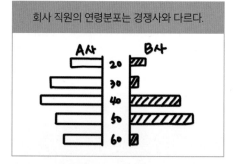

회사 직원의 연령분포는 경쟁사와 다르다.

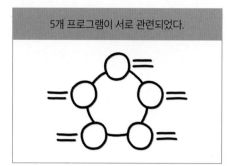

5개 프로그램이 서로 관련되었다.

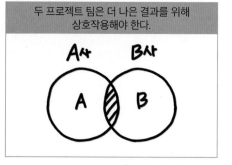

두 프로젝트 팀은 더 나은 결과를 위해
상호작용해야 한다.

파워포인트 슬라이드에 도식화하는 과정을 알아보자.

① 핵심 문장을 뽑아 슬라이드의 상위에 배치한다.

② 주요 키워드들을 추출하고 관계를 이해한다.

③ 키워드들의 뒤에 도형과 아이콘으로 관계를 표현한다.

사례 1

빅 데이터 R&E 교육 프로그램
• 빅 데이터 기술 이해도 및 연구 경쟁력 제고 • 빅 데이터 산업의 핵심 인력 및 산학협력 토대 구축

사례 2

관람석의자 선정기준
• 현재 설치되어진 야구장 관람석의자 중 내구성이 가장 뛰어난 제품을 선정. • 편안한 경기관람을 위한 인체공학적인 측면 고려. • ○○야구장에 가장 부합할 수 있는 디자인의 의자를 선정. • 야외에 노출 설치되므로 자외선 및 기후변화 등에 의한 상태의 변화(탈색, 표면 오손)를 고려하여 선정. • 관람객의 안전(안전장치 부착) 및 편의장치를 확보할 수 있는 제품의 선정.

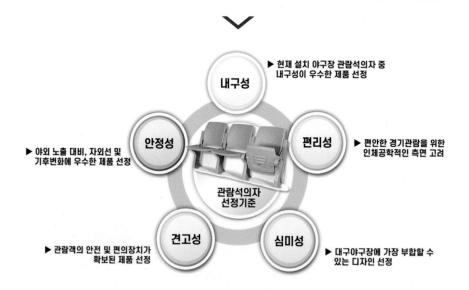

다음 지문을 읽고 한눈에 보이는 구조를 만들어보자. 우선 키워드를 뽑아보면 단위시험, 통합시험, 시스템시험, 사용자승인시험, 그리고 단계는 구축단계, 시험단계이다. 관계는 4단계라면 프로세스 구조를 생각하고 구축단계와 시험단계의 범위를 그룹으로 묶어 표현하면 된다.

응용시스템시험은 단위시험, 통합시험, 시스템시험, 사용자승인시험의 4단계로 실시
구축단계에서는 단위시험을 실시하고, 시험단계에서는 그 외 나머지 시험을 실시

응용시스템시험의 4단계

구축단계	시험단계		
단위시험 ▶	통합시험 ▶	시스템시험 ▶	사용자승인시험

도식화할 빠르게 디자인을 완성하고 싶다면 자동화하여 서식을 완성할 수 있는 [스마트 아트] 기능을 추천한다. [스마트 아트]는 다양한 유형의 다이어그램을 색상, 입체감 등을 빠르게 완성할 수 있는 툴이다.

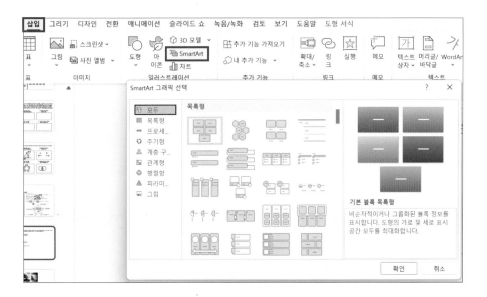

그러나 자동 서식이다 보니 도형을 이동시키면 형태가 의도치 않게 변형되는 경우가 있다. 또한 틀 안에서만 작업해야 하기에 갑갑함을 느끼는 사용자도 많다. 그래서 한 가지 팁을 말하자면 어느 정도 완성한 스마트 아트 개체를 선택하여 Ctrl + Shift + G 로 [그룹 해제]를 두 번 시도하면 전체 그룹이 해제되어 자유롭게 사용할 수 있게 된다. 다이어그램 요소를 [스마트 아트]로 빠르게 완성하고 그룹을 해제하여 사용하면 직접 만드는 것보다 시간을 효율적으로 사용할 수 있게 된다.

도형을 활용하여 다양한 다이어그램을 만들 때 사용하면 좋은 파워포인트의 기능이 한 가지 더 있다. 그것은 바로 [도형 결합] 기능이다.

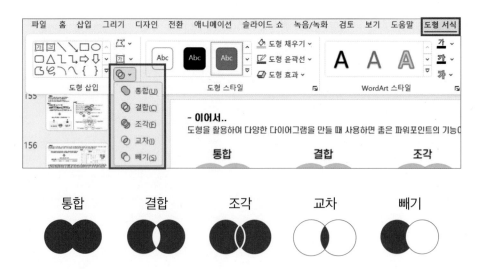

　이 기능을 사용하면 서로 단순한 도형과의 결합을 통해 새로운 도형을 만들어 낼 수 있다. 도형과 도형과의 뿐만 아니라 도형과 이미지, 이미지와 텍스트로도 결합이 가능하다. 원하는 배경이 될 이미지를 찾아 붙여 넣고 'THANK YOU'라는 텍스트를 앞에 두고 두 개체를 모두 선택하고 이번에는 [도형 서식]-[교차]를 선택하면 글자에 배경 이미지가 들어온다. 마치 폰트를 디자인한 워드 아트처럼 연출할 수 있다. 텍스트에 이미지가 반영되는 순간 텍스트로 편집은 불가능해진다. 이미지처럼 글자를 잘라내는 것이 가능해진다.

메시지를 이미지로

백문이 불여일견이라는 말이 있듯 여러 말보다 하나의 이미지는 힘이 강력하다. 일반적으로 책이나 신문을 볼 때도 텍스트보다는 이미지가 먼저 눈이 간다. 보고서에서 이미지를 잘 사용하는 방법은 두 가지가 있다. 직구로 바로 꽂히는 이미지와 변화구를 주어 가슴에 담기는 이미지이다. 먼저, 한눈에 와닿는 이미지를 사용할 때는 선택과 집중을 위한 편집이 필요하다.

전 지역에서도 수도권이 한눈에 강조가 되려면 어떻게 해야 할까? 일반적으로 우리는 수도권에 빨간색 동그라미로 표시하여 강조한다. 그러나 주변 지역들이 복잡하고 화려한데 빨간색으로 강조한다고 나름 노력했지만 정신없고 난잡해 보이는 것은 어쩔 수 없다. 형형색색 화려한 요소들 사이에서 빨간 테두리를 덧칠한다고 강조되는 것은 아니다. 진정 핵심이 눈에 보이려면 수도권 이외의 다른 지역의 색상을 단색으로 통일하고 무채색으로 채도를 낮추어야 한다. 오른쪽의 이미지는 선택과 포기가 잘 표현된 이미지이다. 다른 곳을 보고 싶어도 자연스럽게 색이 있는 수도권 지역으로 눈이 가게 된다.

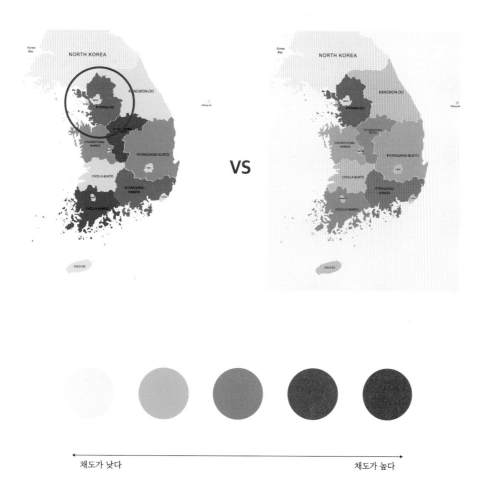

채도가 낮다   채도가 높다

어떻게 이미지를 편집했을까? 구글에서 Korea map으로 검색하면 비슷한 이미지를 찾을 수 있다. 여러 원색이 지역별로 쓰인 지도를 찾아 슬라이드에 붙여 넣고 이미지 개체를 선택하면 상단 메뉴에 [그림 서식]-[배경 제거]를 클릭한다.

수도권의 원하는 이미지를 빠르고 깔끔하게 따려면 먼저 수도권만 작게 잘라 내고 그 뒤에 [배경 제거]를 실행하면 좀 더 빠르고 간단하게 배경을 제거할 수 있다.

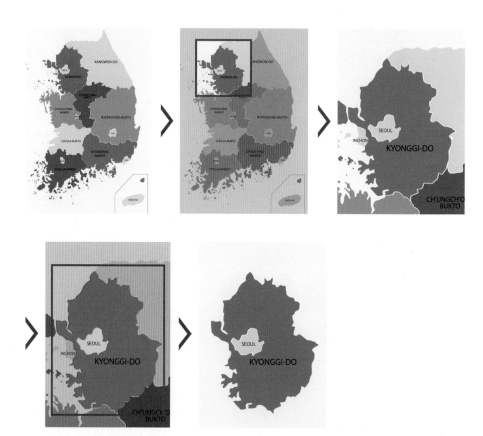

다음으로 지도 하나를 똑같이 복사하여 이번에는 전체 지도를 채도가 낮은 단색으로 설정한다. [그림 서식]-[색]-맨 아래 그레이 색 선택 후 앞서 [배경 제거]로 주변을 제거했던 수도권 지역 이미지를 단색 지도 위에 얹으면 완성된다.

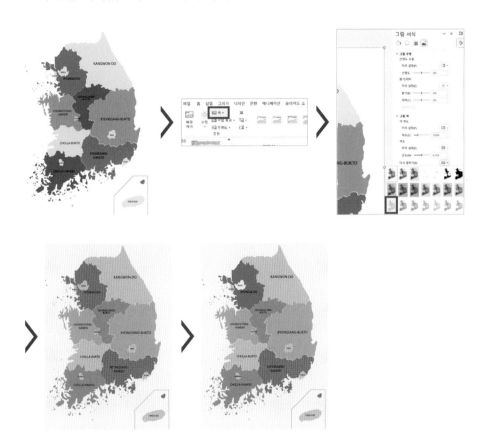

[배경 제거] 기능으로 다양한 응용이 가능하다. [그림 서식]-[꾸밈 효과]에서 이미지가 흐릿한 효과를 선택하면 된다. 배경 제거한 이미지를 흐릿한 효과를 적용한 이미지에 얹으면 위와 같은 이미지 효과를 얻을 수 있다.

추가

[배경 제거] 기능이 유용하기는 하지만 윤곽이 뚜렷하지 않고 이미지의 경계가 불분명한 이미지를 따려면 고생스러운 경우가 많다. 특히 컴퓨터가 인식하는 범위가 내가 제거하고 싶은 부분과 다르게 영역이 선택되기도 한다. 그래서 쉽고 빠르게 윤곽을 빠르게 제거할 수 있는 보조적인 사이트를 소개한다. 굳이 포토샵이나 일러스트를 추가로 배우지 않더라도 전문가처럼 배경을 깔끔하게 제거할 수 있다.

1. Remove.Bg
2. Removal.Ai
3. Photoscissors

좋은 이미지를 활용하려면 어디서 찾는 것이 좋을까? 가장 먼저 생각해야 할 것은 이미지를 어떤 목적으로 사용할 것인가를 생각해야 한다. 단순히 발표나 교육을 위한 목적인지 아니면 이미지 편집하거나 활용해서 수익화를 할 것인지 말이다. 단순 공유의 목적이라면 구글에서 찾아 출처를 밝히고 사용할 수 있다. 그러나 수익화가 목적이라면 구글에 있는 다양한 이미지를 무단으로 사용할 경우 저작권 소송에 휘말릴 수 있다. 구글이나 네이버와 같은 포털 사이트에 개제된 모든 이미지, 영상, 폰트, 음원 등에는 저작권이 있음을 주의하자. 저작권이 신경 쓰인다면 아예 저작권 무료 이미지만 제공하는 사이트에서 제한적으로 이미지를 사용할 수도 있다.

<무료 이미지 사이트>

① 언스플래쉬(Unsplash)

② 펙셀(Pexels)

③ 픽사베이(Pixabay)

④ 쇼피파이 버스트(Burst)

⑤ 프리이미지(Free Images)

　구글에서 키워드만 검색해도 사이트를 찾을 수 있다. 그러나 수익화 목적이
아니라면, 구글에서 원하는 이미지를 검색해보자. 특히 영문 키워드로 검색한다
면 광범위하고 퀄리티 높은 이미지들을 찾을 수 있다. 검색되는 이미지들 속에서
고해상도의 이미지를 원한다면 이미지 검색에서 [도구]-[크기]-[큼]으로 설정하
면 해상도 사이즈가 높은 이미지 위주로 최적화하여 결과를 보여준다. 또한, 뒤
에 배경이 없이 깔끔하게 윤곽만 있는 이미지를 원한다면 그 다음 순서에 있는
[색상]-[투명]을 선택해 배경 없는 이미지를 쉽게 찾을 수 있다.

 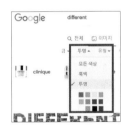

메시지를
픽토그램으로

이미지를 대신하여 깔끔하고 단순하게 표현된 픽토그램을 사용하면 더욱 담백한 보고서 디자인을 빠르게 완성할 수 있다. 픽토그램이란 이미지(Picture) + 전보(Telegram)의 합성어로 언어가 다르더라도 이미지만 가지고도 설명이 가능하도록 제작한 이미지 텍스트를 말한다. 비슷한 다른 표현으로 아이콘이라고도 부른다. 이러한 픽토그램은 파워포인트 내에 기능을 찾아볼 수도 있고 좀 더 광범위하게 찾으려면 무료 사이트를 이용하는 것도 방법이다.

파워포인트에서는 [삽입] – [일러스트레이션] – [아이콘]으로 들어가 원하는 형태를 한꺼번에 찾아 슬라이드별로 필요한만큼 연출하면 된다. 특히 파워포인트 내에 있는 요소들은 개체를 변형하거나 색을 자유롭게 선택할 수 있다는 장점이 있다.

파워포인트 내에 있는 아이콘은 제한적이기 때문에 보조적으로 외부 아이콘 무료 사이트를 몇 군데 추천한다.

<무료 픽토그램(아이콘) 사이트>

① 플래티콘(Flaticon)
② 프리픽(Freepik)
③ 파인드 아이콘(Find icons)
④ 아이콘 파인더(Icon finder)
⑤ 폰텔로(Fontello)

특히 플래티콘은 콘셉트가 동일한 다양한 아이콘을 제공하는 사이트로 유명하다. 아이콘을 사용하더라도 같은 콘셉트에 일관적인 아이콘을 사용해야 조잡해 보이지 않는다.

메시지를
동영상으로

텍스트보다는 이미지, 이미지보다는 움직이는 영상물에 사람들은 더 강하게 반응한다. 서면화하는 작업이 아닌 발표 용도로 파워포인트를 활용해 제작하는 것이라면 동영상을 활용하는 것도 시각화의 일환이다. 발표의 시작단계에서 청중의 관심을 이끄는 문제제기 영상이나 이슈가 되는 사건을 영상으로 보여준다면 확실히 이목이 집중되는 효과를 얻을 수 있다. 또한, 방법에 대한 사례를 설명할 때도 설명보다는 보조적인 사례 영상을 보여주며 설명을 한다면 듣는 사람의 이해가 훨씬 좋아진다. 그리고 엔딩 때도 감동과 여운이 있는 영상으로 마무리하면 청중들에게 깊은 자극이 될 수 있을 것이다. 그렇지만 요즘에는 영상도 짧고 임팩트가 있어야 먹힌다. 그래서 영상 재생시간을 30초에서 1분 사이로 짧게 연출하는 것이 좋다.

그렇다면 원하는 영상을 어디에서 어떻게 다운로드해서 파워포인트에 담을 수 있을까? 영상을 다양하게 찾고 다운로드를 받는 것도 우선 구글에서 검색해보자. 구글은 유튜브와 연결되어 있기 때문에 쉽게 다양한 영상들을 찾아볼 수 있다. 또한, 요즘은 유튜브 채널을 개인당 1~2개 이상씩은 구독할 정도로 유튜브가 대중적인 정보채널의 역할을 하고 있다. 유튜브에서 검색한 영상을 다운로드하려면 URL 링크 주소에서 www.과 youtube의 y사이에 SS 두 글자를 넣어 Save from net 사이트로 들어가 영상을 다운로드할 수 있다.

• Save from net SSyoutube.com

이 사이트에서 다운로드를 누르면 "고해상도 동영상 또는 오디오만 다운로드 하시겠습니까?"라는 문구가 함께 나오는데 파란 버튼 아래에 있는 [낮은 품질로] 를 선택하면 광고에 휩쓸리거나 과금하지 않고 무료로 영상을 내 컴퓨터로 저장할 수 있다.

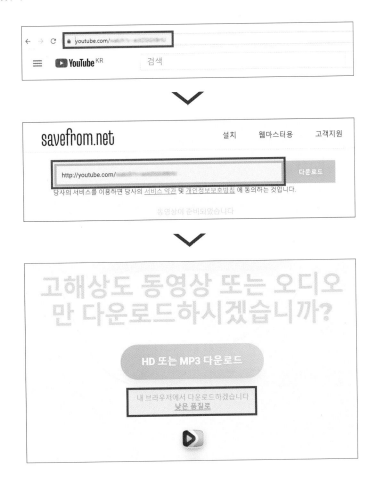

영상을 다운로드받았다면 파워포인트에서 [삽입]-[비디오]-[내 디바이스에서 가져오기]를 선택하여 다운로드 폴더에 담긴 영상을 불러온다. 주의해야 할 점은 영상을 다운로드받지 않고 [온라인 비디오]를 선택하여 인터넷에 게시된 영상을 바로 링크하여 재생하는 경우 인터넷이 연결되어 있는 환경에서만 영상이 재생 가능하다는 점을 유의해야 한다. 의외로 이런 부분을 간과하고 다른 발표 현장에서 당황하는 사례들을 많이 봐 왔기에 웬만하면 안정적으로 동영상을 다운로드받아 재생하는 것을 추천한다.

앞서 영상 재생 시간은 최대 1분을 넘지 않게 재생을 하는 것이 좋다고 말했다. 그런데 다운로드받은 영상 자체가 1분을 넘는 영상들이 대부분이기 때문에 별도 편집하는 도구를 통해서 편집하지 않는 한 원하는 구간만 연출하기 어렵다고 생각할 수 있다.

그러나 파워포인트에는 동영상을 삽입하여 상단 메뉴에 [재생]-[비디오 트리밍]으로 들어가면 간단하게 원하는 구간을 설정하여 그 구간만 재생할 수 있다.

다만 원하는 구간, 구간만 잘라 믹스할 수 있는 기능은 아니다. 디테일한 편집을 원한다면 파워포인트 외에 동영상 편집 도구를 보조적으로 활용하는 것이 좋다.

동영상의 커버 화면이 원치 않는 이미지로 되어 있는 경우 커버 화면을 교체할 수도 있다. [비디오 형식]-[포스터 프레임] 선택 후 영상을 재생하면서 원하는 화면이 나올 경우 찰나에 [현재 프레임]을 누르면 찰나의 이미지가 대표 커버 페이지로 변한다. 혹은 커버를 별도 이미지로 만들어 저장해 놓은 것이 있다면 [파일의 이미지 불러오기]를 선택하여 가져오면 커버 화면을 바꿀 수 있다.

영상을 자주 활용하는 작업자는 동영상을 좀 더 다양한 범위에서 좀 더 수준 있게 편집하고 싶을 것이다. 영상 편집을 원활히 하기 위해 알아야 할 편집 프로그램을 추천하자면, 초보자용으로는 곰믹스, 뱁믹스, 윈도우 무비 메이커 정도가 있다. 중급자용으로 모바비, 파워디렉터, 베가스가 있다. 기본 무료 도구를 활용해서 영상을 제작할 수 있지만 조금 더 섬세한 편집 작업을 원할 경우 부분 결제 옵션들이 있다. 또한, 요즘에는 직업적으로도 마케팅 용도로도 동영상을 많이 사용하다 보니 편집 도구들을 잘 알고 있는 사람들도 많다. 전문가용을 제외하고 몇 가지 대표적인 편집 도구들을 꼽아 보았다.

필자 역시 강의를 진행할 때 교육적 용도로 영상을 자주 활용하곤 하는데 간단한 자막이나 영상별 편집과 믹싱 작업 정도를 하고자 진행할 때 곰믹스 프로그램 통해 기본작업을 충분히 진행하고 있다.

초보자용	곰믹스	뱁믹스	윈도우 무비 메이커
중급자용	모바비	파워디렉터	베가스

파워포인트 꿀팁!
무료 위주 우수 사례 출처

파워포인트 장표의 디자인은 감각이 중요하다. 사실 감각이라는 것이 하루 배운다고 그 다음 날 달라지는 것이 아니다. 많은 사례들과 자료들을 꾸준히 관심을 갖고 보면서 자연스럽게 조금씩 흡수되는 것이다. 잘된 장표를 보고 내가 지금 당장 똑같이 구현할 수 있는 능력이 안 되더라도 좋은 사례들을 보면 시야가 넓어지고 문서를 보는 시각이 달라지기 때문에 내 문서와 우수한 사례 문서 사이에서 괴리감을 느낄 것이다. 그 시점이 바로 내가 변화할 수 있는 시점이다.

필자는 십 수년 간 보고서 작성 교육과 함께 문서 작성 대행 사업을 꾸준히 해왔다. 회사소개서, 투자·입찰제안서, 사업계획서, 결과서 등 다양한 문서를 작업하면서 타겟의 눈높이와 안목을 고려한 트렌디한 디자인 끊임없이 연구해오고 있다. 그래서 필자가 알고 있는 우수 사례 출처를 공유하고자 한다.

우수 사례 출처

- 제아페(제일기획 아이디어 페스티벌) ideafestival.cheil.co.kr
- HS애드 hsad.co.kr

　이 사이트는 마케팅 기획서 공모전에 입상작들을 볼 수 있는 사이트로 매년 약 20작품씩 당선작을 게시한다. 상단 메뉴의 [수상작]을 보면 마케팅 기획서를 자세히 볼 수 있는데 내용적인 측면에서 시장 조사와 분석을 통한 전략 수립과 광고와 프로모션을 어떻게 진행할 것인지 일련의 마케팅 기획 과정을 스토리텔링 구성의 장표로 볼 수 있다. 또한, 입상작들이기 때문에 디자인 면에서도 핵심 메시지를 잘 표현하고 전체적으로 통일성 있고 감각적인 디자인을 잘 표현하고 있기 때문에 우수 사례로 참고해 볼 만하다. 마찬가지로 마케팅 기획서의 참신하고 디자인 면에서 훌륭한 마케팅 광고 기획서 사례를 확인할 수 있다. 제아페는 다운로드가 되지 않지만 HS애드는 PDF로 제안서를 다운로드받을 수 있다.

• 슬라이드 쉐어 slideshare.net

슬라이드 쉐어는 파워포인트 실무 문서를 공유하는 실무자의 공간이라고 할 수 있다. 제안서, 기획서, 리포트, 강의 교안, 발표 자료 등 다양한 문서를 미리보고 회원이 되면 다운로드도 가능하다. 다만 검증되지 않은 문서들도 공유되어 있으니 디자인면에서 퀄리티가 떨어지는 문서 사례들도 있으니 옥석을 가려 좋은 사례들을 잘 찾아보길 바란다.

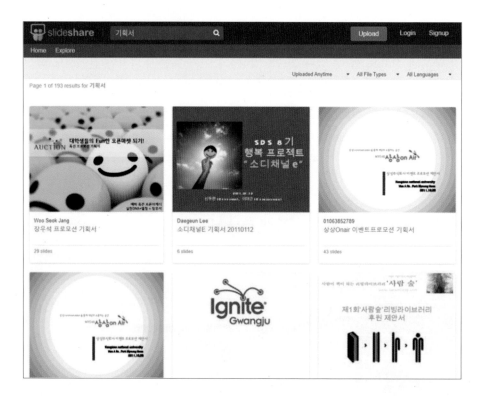

• 국가품질상 사이트 knqa.ksa.or.kr

이 사이트 상단 메뉴의 [품질 분임조]-[우수 품질분임조 사례]를 보면 국내 대기업부터 중소기업들까지 내부 문제를 찾고 스스로 개선해 나가는 과정을 문서화한 내용들을 담고 있다.

단계	주제명	대기오염방지설비 개선으로 대기오염물질 배출량 감소
단계		주요 내용
주제 선정		☐ 제출한 안건을 분임조원 전원이 참여하여 문제은행(8건)과 신규안건(7건)으로부터 주제안건을 도출한 후 최종 4건의 후보주제를 선정함
활동 계획		☐ 2019년 2월 현상파악에서 7월 반성 및 향후 계획까지 각 단계별 담당자를 선정하여 일정을 수립함
현상 파악		☐ 2018년 10월 1일부터 12월 31일까지 3달간 대기오염물질 배출농도 현황을 분석한 결과 고창에 의한 생산량 조정 문제 및 강화된 규제치 농도를 맞춤 필요가 있음
원인 분석		☐ 현상 파악에서 나타난 2개의 대기오염물질 현황 및 문제점을 원인추구형 특성요인도로 사용하여 분석함
목표 설정		☐ 대기오염배출물질 배출량 및 방지 설비별 배출량을 중점 관리 항목으로 목표를 설정함
대책 수립 및 검토		☐ 계통도를 전개하여 1차, 2차 수단으로 대책을 세분화하여 경제성, 효과성, 지속성에 대한 분임조 전원 평가를 거쳐 최종 7가지 즉개선 대책 및 4가지 개선 대책을 수립함
대책 실시		☐ 즉개선1. 다공판 단수 3단을 1단으로 설치 ☐ 즉개선2. 냉각기 하부 배수구 슬러리 배출 밸브 설치 ☐ 즉개선3. 전기집진기 내부 샌드 클리닝 ☐ 즉개선4. 열교환기 내부 부식면 FRP코팅 ☐ 즉개선5. 덕트 내부 부식면 FRP코팅 ☐ 즉개선6. 정기보수기간을 요소수 탱크 청소 정례화 ☐ 즉개선7. 회석수 압력조절 컨트롤 밸브로 교체 ☐ 대책1. 탈황 세정수 분사노출 구조 변경 ☐ 대책2. 배기가스 열교환기 튜브 강내식성 재질 변경 ☐ 대책3. 인젝터 추가 설치 노즐 분사각 확대와 유동매체 접촉 최소화 ☐ 대책4. 탈황설비 승온된 처리수를 회석수로 사용
결과 분석		☐ SOx 배출량 개선 전 86.6kg/일, 개선 후 61.7kg/일 감소됨 확인 ☐ NOx 배출량 개선 전 73.8kg/일, 개선 후 35.9kg/일 감소됨 확인
효과 파악		☐ 유형효과 : 131,454천원 ☐ 무형효과 : 친환경 기업 이미지 구현, 분임원간의 팀워쉽향상 등
표준화		☐ 개선 설비 및 작업 방법에 대해 작업 표준 개정 등록함
사후 관리		☐ 개선 사항에 대한 관리 항목을 설정 후 지속 점검하여 배출량을 안정적으로 개선하고 유지, 관리함

직접 자료들을 다운로드하여 볼 수 있으니 별도의 폴더를 만들어 사례들을 정리해두면 필요할 때 요긴하게 참고할 수 있다.

특히 분임조의 개선활동의 과정이 일반적인 조직에서의 문제해결과정을 여실히 담고 있는 만큼 조직에서 활용도가 높을 것이다. 여기까지 보고서 우수 사례 출처들을 추천했다.

다음으로 시각화를 빠르게 할 수 있도록 도움을 줄 수 있는 디자인 무료 출처를 공유하고자 한다. 사실 이 부분은 파워포인트 문서를 다루는 실무자라면 귀가 솔깃하지 않을까 생각한다. 어떻게 하면 보고 장표를 좀 더 빠르게 완성할 수 있을까? 좀 더 세련되게 작성할 수 있을까? 필자 역시 많은 문서를 작성하면서 터득한 전략이 있다. 디자인보다 콘텐츠가 중요하다. 그리고 디자인을 하나 하나 만드는데 밤새우지 말고 차라리 가져다 쓸 수 있는 출처를 통해 빠르게 완성하자. 문서의 경쟁력은 스피드이다. 문서는 완성하는 것이 아니다. 제때 쳐내는 것이다. 완벽이란 없으며 제때 상사의 결재를 받고 그 다음 보고를 준비해야 하는 것이다.

무료 디자인 출처 사이트

- 미리캔버스 miricanvas.com
- 칸바 canva.com/ko_kr
- 망고보드 mangoboard.net

미리캔버스나 칸바는 이미 완성된 디자인을 제공하고 그 디자인 안에서 내 콘텐츠에 맞게 내용만 살짝 바꿔 무료로 추출할 수 있는 프로그램이다. 비즈니스

회사소개서, 제안서, 사업계획서 등의 문서 디자인 폼뿐만 아니라 홍보 포스터, 배너, 현수막, 파워포인트 등 다양한 디자인을 가볍게 내 디자인으로 만들 수 있도록 도와주고 있다. 무료버전으로 서비스되다가 최근부터는 일부 수익전환을 위한 유료 서비스를 부분적으로 진행하고 있다. 그러나 유료 콘텐츠나 서비스를 이용하지 않더라도 충분히 퀄리티 있는 디자인을 뽑아낼 수 있다.

• 올피피티 닷컴 allppt.com

두 사이트는 좀더 파워포인트 형태에 집중적으로 템플릿과 레이아웃, 다이어 그램들을 각 콘셉트에 맞게 제공하고 있다. 특히, 다양한 분야별 카테고리로 디 자인들의 영역을 분류하고 있어 원하는 카테고리에 따라 맞는 콘셉트의 디자인을 무료로 다운로드하여 사용할 수 있다. 하나의 콘셉트에 사례에 약 40슬라이 드로 구성되어 문서를 일관적이고 다양하게 연출할 수 있도록 기반 디자인을 제 공한다.

문서 기획자는 디자인 감각은 어느 정도 있어야 하지만 디자인 때문에 밤새울 필요는 없다. 디자인을 잘하려 공들이는 시간에 내용 기획에 시간을 할애하고 디 자인은 잘 만들어진 출처를 통해 가져다 활용하는 지혜가 곧 문서를 빠르고 효율 적으로 만드는 지름길이다.

실무 보고서
클리닉 처방

개선 전 > 개선 후

키메시지를
정리하여 개선

개선 전 사례의 경우, 제목에서부터 무엇에 대한 강화 대책인지 알 수 없고 전체 항목들을 하나 하나 읽어야 내용 파악이 가능하다는 아쉬움이 있다. 그에 반해 개선 후 사례는 제목이 구체적으로 표현되어 있다. 또한 여러 가지 나열 항목들을 묶어 핵심사항을 두괄식으로 정리하여서 세부 항목을 읽어보지 않아도 빠르게 결론을 확인할 수 있다. 더불어 상위 중제목은 다른 세부 항목과 굵은 폰트를 사용하여 강조된다.

- 결론이 되는 문장을 뽑아 두괄식으로 배치한다.
- 중요한 문구는 강조하여 다른 문장과 차이를 둔다.
- 단순히 문장만 나열하지 말고 비슷한 문장끼리 묶는다.
- 비슷한 내용의 핵심을 상위 중제목으로 둔다.

II. 강화 대책

○ 개인정보보호 및 보안역량 강화를 위한 법·제도 인프라 강화

 - 공공·민간을 포괄하는 일원화된 법 제정 및 공통의 처리원칙 규정

○ 주민번호 등 개인 고유식별번호 보호대책 강화

 - 주민번호 오·남용 방지를 위한 주민번호 대체 제도 확산 등

○ 개인정보 수집부터 파기까지 전 단계 관리체계 개선

○ 사이버 공격의 다양화, 지능화에 대비, 종합적인 정보보호 대응체계 구축

○ 정보보호예산을 선진국 수준으로 단계적 확대 및 전담인력 보강

○ 정보보호 교육 프로그램 전문. 다양화 및 정보보호 문화운동 전개

II. 정보 보호 및 보안 강화 대책

☐ **관계 규정 강화 등 제도적 기반 구축**

 ○ 공공·민간을 포괄하는 일원화된 법 제정 등 개인정보 보호 및 보안역량 강화를 위한 제도적 인프라 강화

 ○ 개인 고유식별 번호 보호 강화(주민번호 대체 제도)

☐ **실효성 있는 정보보안 정책 발굴 및 시행**

 ○ 개인정보 수집부터 파기까지 전 단계 관리 체계 개선

 ○ 지능 사이버 공격 대비, 종합 정보보호 대응체계 구축

 ○ 정보보호예산 선진국 수준 확대 및 전담 인력 보강

☐ **정보보호 교육 강화 및 문화운동 전개**

 ○ OO기관 정보보안 교육 확대, 사이버 캠페인 활성화

장황한 서술은
간결한 개조식으로 개선

개선 전 사례는 서술식으로 장황하게 내용이 서술되어 있는 보고서이다. 심지어 어절 단위가 아닌 글자 단위로 끊어져 쉽게 읽히지도 않는다. 이럴 때는 한 문장에 하나의 정보만 담기도록 하고 다른 정보는 새 문장을 만들어 개조식으로 짧게 정리해야 한다. 결론부의 내용을 상위에 배치하고 중요 문장이나 단어는 색으로 구분하거나 밑줄 혹은 글자를 진하게 하여 강조한다. 중요하지 않은 부연설명이나 날짜, 데이터는 괄호 안에 담고 후반부에 넣고 생략한다.

> - 개조식으로 문장을 정리한다.
> - 핵심 메시지를 선두에 배치한다.
> - 중요 포인트는 밑줄, 진하게, 컬러로 구분하여 강조한다.
> - 부연설명은 괄호 안에 담고 생략한다.

1) 대상자 욕구 및 문제점

① 저소득 야간 방임아동

본 사업의 주대상자인 저소득층 아동, 그 중에서도 조손 가족 아동, 편부모가족 아동의 경우 방과 후에도 보호자가 정상적으로 보호할 수 없는 경우가 많다. 조손 가족 아동의 경우 조부모가 생업으로 인해 밤늦게 귀가하거나, 조부모 자체가 건강상태가 좋지 않은 경우, 방과 후에 아동이 방임되는 경우가 많다. 편부모가정의 경우도 마찬가지로 편부, 편모가 생업에 종사하여 밤늦게 귀가하는 경우가 많으며, 이들 가정 아동의 경우, 복지관의 방과 후 프로그램을 이용한다고 해도, 보통 7시 전후면 귀가하게 되는데 7시 이후에도 보호자가 집에 있지 않아 아동 홀로 방임되는 경우가 많다.

② 저소득 가정의 부모

본 사업의 주 대상자인 저소득 야간 방임 아동의 부모들도, 자녀에 대해 부모로서의 역할을 하고 싶어 하나 경제·심리적 여건상 자녀들과의 관계를 어려워하는 경우가 많다. 특히 부모 자체에 문제가 있는 경우 자녀들에 대한 방임이나 학대의 정도가 심해 이에 대한 개입이 필요하다.

2) 지역 환경적 특성

△△구의 경우 전체 1만5천 가구 중 2천 가구가 기초생활보호대상자 가정으로 수급자 가정의 비율이 높고, 이중 편부, 편모, 조손 가정의 초등학교 아동은 1천 7백명 가량으로 집계되고 있다.(△△구, 2009년 통계자료 근거)

저소득 가정의 가장들은 주로 인근 재래시장에서 영세 상인으로 상업에 종사하거나, 인근 □□공단의 소규모 공장 근로자로 일하는 경우가 많아 귀가 시간은 보통 10~11시로 늦는 경우가 많다. 부모의 늦은 귀가는 자녀의 방임으로 연결되어, 2009년 12월 현재 집 안에 방임되어 있는 아동 수는 △△구 전체 아동의 20% 가량으로 집계되고 있다.

1) 대상자 욕구 및 문제점

① 저소득 야간 방임아동

o 조손 가족 및 편부모가족의 경우 아동 방임 다수 발생

- 조손 가족 아동, 편부모 가족 아동의 보호자의 정상적 보호 불가능
- 조부모의 생업으로 늦은 귀가나, 건강이 나쁜 경우 → 방과 후 아동 방임 다수
- 편부모의 생업 종사로 늦은 귀가 시, 복지관 방과 후 프로그램 운영에도 7시 이후
  귀가 조치 → 아동 방임 다수 발생

② 저소득 가정의 부모

o 저소득 야간 방임 아동 부모의 역할 부재로 어려움 호소

- 경제, 심리적 여건 상 자녀들과의 관계 어려움 발생
- 특히, 자녀 방임, 자녀 학대 부모의 경우 직접 개입 절실

③ 저소득 부모의 야간 아동 방임으로 인한 보호 조치 및 프로그램의 필요

2) 지역 환경적 특성

o OO구 전체 1만 5천 가구 중 2천 가구 기초생활보호대상자 가정(2009. 통계청)

- 편부, 편모, 조손 가정 초등학교 아동 1천 7백 명 가량으로 집계

o 저소득가정 부모 평균 10~11시, 늦은 귀가로 자녀 방임(전체 아동 인구의 20%)

- 인근 재래시장 영세 상인 상업 종사자 다수
- 인근 OO공단 소규모 공자 근로자 다수
- 집안 방임 아동 수 OO구 전체 20% 가량 집계(2009. 12. 현재)

한 장으로 핵심만 간결하게 정리해서 보고해야 하는 보고서의 경우 더 신경 써야 할 것들이 있다. 그야말로 한 장밖에 공간이 없기 때문에 공간 활용을 더욱 잘해야 한다. 제목이나 문장 줄 수는 한 줄의 개조식 문장으로 정리해야 한다. 표 안에 들어가는 내용들도 한 줄로 정리해서 가능하면 너비를 같게 통일하는 것이 깔끔하다. 예산 부분을 보면 예산 항목을 한 줄씩 나열하여 3줄을 쓰기보다는 한꺼번에 열거하여 문장 줄 수를 절약하는 방법을 썼다. 그래야 추가적으로 담아야 할 항목을 쓸 수 있기 때문이다.

아쉬워요 👎

조직문화 개선방안 마련을 위한 워크숍 개최 계획(안)

(2021. 5. 22.(목), 00000)

Ⅰ 행사배경
- ○ (배경) 최근 권위적인 조직문화와 갑질행위로 인한 조직의 융화와 발전을 저해가 이슈화 됨
- ○ (목적) 조직문화를 진단하고 개선방안을 마련하고자 다양한 의견 수렴 및 우수한 개선방안 도출을 위해 워크숍을 개최하고자 함

Ⅱ 행사개요
- ○ (워크숍 개최) 2021. 6. 4.(화) 15:00-16:00
  - 내.외부 강사 교육
  - 토론 및 결과 공유

Ⅲ 행사내용

시간	분	행사내용	비고
14:00~14:10	10	워크숍 안내	조직문화팀 차장
14:10~14:20	10	인사말씀	관리본부장
14:20~15:00	40	내부강사 전달교육(각 20분) -'성희롱 예방교육' -갑질문화 설문조사 결과 및 우수사례	교육팀 한00차장 조직문화팀 차장
15:00~15:20	20	휴식시간	커피 및 다과준비
15:20~16:00	40	외부강사강의 '갑질행위 근절을 위한 관련 법령 개정내용'	A노무법인 박00노무사
16:00~17:00	60	토론 및 결과 공유	본부별 토론

Ⅳ 향후계획
- ○ 소요 예산 : 총 305만원
  - 강사료: 300,000원
  - 기념품 및 티셔츠: 1,250,000원
  - 다과비: 1,500,000원

- 제목, 본문 내용 등 문체는 개조식으로 한 줄로 정리한다.
- 핵심을 두괄식으로 먼저 쓰고 세부 내용은 괄호에 담아 간단히 정리한다.
- 년, 월, 일, 오전, 오후와 같이 날짜와 시간은 쌍점(:)이나 점(.)으로 간결하게 처리한다.

조직문화 개선 워크숍 개최 계획

1. 시행배경
- ○ 조직 내 권위적인 조직 문화 및 갑질 행위로 인한 조직의 융화와 발전 저해
- ○ 조직 내 갑질행위 실태 확인 후 다양한 의견 수립을 통한 개선방안 도출

2. 시행개요
- ○ 일시·장소 : 2021. 6. 4.(화) 14:00~17:00, ○○교육원 강당
- ○ 참석인원 : 총 50명 (본부별 조직문화 담당자 포함 5명씩)

3. 행사일정

시간구성	소요	행사 내용	진행자
14:00~14:10	10분	1. 워크숍 안내 및 등록	조직문화팀 김차장
14:10~14:20	10분	2. 인사말씀	관리본부장
14:20~14:40	20분	3. 성희롱 예방교육	교육팀 한차장
14:40~15:00	20분	4. 갑질문화 설문조사 및 우수사례	조직문화팀 김차장
15:00~15:20	20분	휴식시간(다과 진행)	
15:20~16:00	40분	5. 갑질행위 근절을 위한 관련 법령 개정내용	박 노무사
16:00~17:00	60분	6. 부서별 조직문화 개선방안 토론(방안도출)	각 본부별

4. 소요예산
- ○ 총 예산: 금 3,050,000원
  - 부서회의비(170만), 강사비(30만), 티셔츠/기념품(125만)

5. 향후계획
- ○ 부서별 개선방안 결과물 정리 후 관리본부장에 보고 진행
- ○ 조직문화 개선방안 전사적 공유(본부별 조직문화담당 전파)

많은 내용은
도식화·구조화로 개선

내용을 표에 개조식으로 깔끔하게 정리는 하였지만 글 위주이다 보니 내용이 쉽게 보이지는 않는 경우도 있다. 표의 테두리선을 검은 실선으로 쓰게 되면 갑갑해 보이는 느낌이 든다. 이럴 때는 명도를 낮춘 회색톤으로 옅게 선을 쓰면 좀 더 내용에 집중할 수 있게 된다. 또한, 가능하다면 생동감이 있게 제목 정도에 파스텔 계열(초록, 파랑) 색을 넣어 제목과 내용이 구분될 수 있도록 하고, 세부 내용들의 키워드를 추출하여 도식화하거나 아이콘으로 맥락이나 흐름을 단순화하면 내용이 더 쉽게 보일 것이다. 완성도 면에서도 보다 정성껏 준비한 보고서라는 느낌을 줄 수 있다.

- 테두리 색을 연하게 설정한다.
- 제목과 내용이 구분되도록 색을 쓴다.
- 키워드를 도출하고 도식화하여 표현한다.
- 단순한 아이콘을 사용하여 완성도를 높인다.

■ 과제 개요

프로젝트 명	
프로젝트 착수배경	• 프로젝트를 기획하게 된 핵심 배경 (환경변화, 고객니즈, Claim 등)
프로젝트 목표	• 프로젝트 내에서 달성하고자 하는 최종 산출물 (OO 제품, OO 소재, OO 기술 등) • 기술 달성 정도 (정량목표, 정성목표)
주요 추진 내용	• 연구/개발 방향 • 연구/개발 진행사항 및 결과
기대 효과	•내외부적 기여효과로 재무상 이점(매출액, 원가절감액, M/S 등) 및 비재무적 이점(기술력 향상, 고객 만족도, 회사 이미지 개선, 지적재산권 등)

■ 과제 개요

프로젝트 명	
프로젝트 착수배경	• 4건의 후보주제의 문제점을 조사하고 주제선정 적합성 검토를 거쳐 PET 생산공정 개선으로 고장 정지시간 감소를 주제로 선정함 • 대표이사의 비상경영 의지에 대응하여 신바람 분임조가 담당하고 있는 공정의 고장정지 시간을 • 부서목표 이내로 감소시켜야 하는 필요성이 대두됨 • 포장공정을 운영하는 불꽃 분임조와 협력하여 상생 분임조 활동으로 개선을 성공시키기로 함
프로젝트 목표	• 프로젝트 내에서 달성하고자 하는 최종 산출물 (OO 제품, OO 소재, OO 기술 등) • 기술 달성 정도 (정량목표, 정성목표)
주요 추진 내용	•7월 PET 생산공정 고장정지시간이 일평균 77.3분 발생 •7월 일 목표 고장정지시간인 30분을 초과한 경우가 29회 발생 • 요인별 분석 결과 라벨링과 포장공정이 90.7%를 차지하여 중점 관리 항목으로 선정 • 유형별 파악 결과 라벨공정에서는 슈팅과 가열수축의 정지시간이 전체의 86.2%를 점유 • 포장공정에서는 제품적층 정지시간이 전체의 70.9%를 차지하여 이 공정을 중점 개선하기로 함
기대 효과	•내외부적 기여효과로 재무상 이점(매출액, 원가절감액, M/S 등) 및 비재무적 이점(기술력 향상, 고객 만족도, 회사 이미지 개선, 지적재산권 등)

*출처: 국가품질상. knqa.ksa.or.kr/knqa/2305/subview.do

발표주제		PET 생산공정 개선으로 고장정지시간 감소						
번호	활동단계	단계별 활동 내역 요약						
1	주제 선정	❖ 4건의 후보주제의 문제점을 조사하고 주제선정 적합성 검토를 거쳐 PET 생산공정 개선으로 고장 정지시간 감소를 주제로 선정함 ❖ 대표이사의 비상경영 의지에 대응하여 신바람 분임조가 담당하고 있는 공정의 고장정지 시간을 부서목표 이내로 감소시켜야 하는 필요성이 대두됨 ❖ 포장공정을 운영하는 불꽃 분임조와 협력하여 상생 분임조 활동으로 개선을 성공시키기로 함						
2	활동계획수립	❖ 2019년 8월 부터 12월까지의 기간으로 활동계획을 수립 ❖ 분임조 전원이 참석하도록 담당자를 선정하여 활동계획을 수립함						
3	현상 파악	❖ ❖ ❖ ❖						
4	원인 분석	❖ 슈팅, 가열수축, 제품적층 정지시간에 대한 특성요인도를 작성해 10가지의 세부 요인을 도출 함						
5	목표 설정	❖ PET 생산공정 중점관리 항목인 라벨링과 포장공정의 주요 문제점으로 나타난 슈팅, 가열수축과 제품적층 공정을 개선하여 고장 정지시간을 개선 전 일 70.2분에서 61.2%를 감소시켜 부서목표 이하인 일 30분을 달성하는 것을 목표로 설정함						
6	대책 수립	❖ 대책수립계통도를 통해 평가를 실시한 후 대책 사전검토를 실시 함 ❖ 7건의 즉실천과 4건의 대책을 수립하고, 세부일정 계획을 수립 함						

중점 관리항목	구분	대책실시 내용	PET 생산공정 고장정지시간 감소			목표 대비 달성률(%)
			개선 전	목표	개선 후	
슈팅	즉실천1 즉실천2 대책1 대책2		31.2	6.3	8.0	93.2
가열수축	즉실천3 즉실천4 즉실천5 즉실천6 대책3		19	3.5	4.7	92.3
제품적층	즉실천7 대책4		8.5	1.5	0.5	114.3
PET 생산공정 개선결과 종합			77.3	30	22.6	115.6

(7 | 대책 실시)

구 분	유형 효과	무형 효과
★불꽃	148,508,000원	◆ 고질적인 현장 문제 해결로 업무 스트레스 감소
☆신바람		◆ 파트너사와 유대관계 증진과 문제 해결로 업무 로드 감소

(8 | 효과 파악)

9	표 준 화	❖ 즉실천 7건 대책실시 4건을 인터슬리브 3300 운전작업표준과 포장기(재캐티) 운전작업표준에 개정하여 반영 완료
10	사후 관리	❖ 개선 후인 '19.12.01이후 조사결과, PET 생산공정 고장정지시간은 부서 목표를 달성하고 하고 있음

5.2.2 획득한 동의정보를 활용한 개인정보 유출 Risk감축

P	문제점	非 현장출동 건 운전자 개인정보 유선통화 또는 MMS로 확인			
	누가		언제	3월~	무엇을	ARS 개인정보 동의 대외계 연동
	대책	획득한 개인정보를 사고조사 활용	협업부서		시스템운영센터, 정보보호파트

<table>
<tr><td colspan="2" align="center">현상 및 제약사항</td></tr>
<tr><td colspan="2">1. 유선통화와 MMS를 활용하여 운전면허증 및 면부책(가족관계증명서 등) 서류 징구</td></tr>
<tr><td colspan="2">2. 스마트폰을 통한 전송으로 개인정보 유출 Risk증가</td></tr>
</table>

개선아이디어 도출 및 최적안 평가

① 획득한 개인정보 동의를 활용

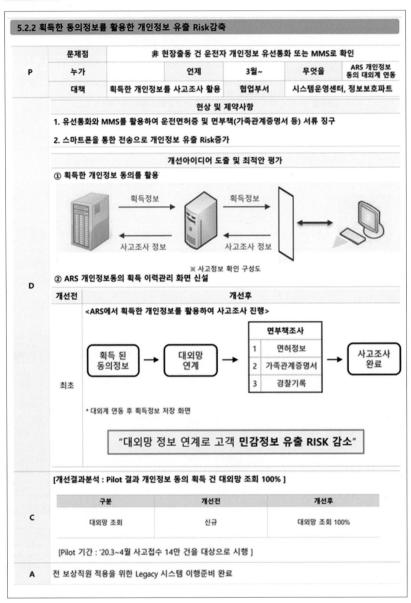

※ 사고정보 확인 구성도

② ARS 개인정보동의 획득 이력관리 화면 신설

개선전	개선후
최초	<ARS에서 획득한 개인정보를 활용하여 사고조사 진행>

[개선결과분석 : Pilot 결과 개인정보 동의 획득 건 대외망 조회 100%]

구분	개선전	개선후
대외망 조회	신규	대외망 조회 100%

[Pilot 기간 : '20.3~4월 사고접수 14만 건을 대상으로 시행]

A	전 보상직원 적용을 위한 Legacy 시스템 이행준비 완료

*출처: 국가품질상. knqa.ksa.or.kr/knqa/2305/subview.do

난잡하고 일관성 없는 간트 차트 개선

파워포인트에서 표는 기본으로 설정되어 있는 디자인을 그대로 쓰지 말자. 내용 부분에 짙은 푸른색과 옅은 푸른색이 교차하는데 이는 강조의 의도도 불분명할 뿐만 아니라 전체적으로 복잡해 보인다. 그리고 표를 나타낼 때 줄 간격을 동일하게 하고 문장의 위치를 가운데로 배치하여 안정감 있게 정리해야 한다. 또한, 화살표로 사업기간이 확실하게 보일 수 있도록 강조색으로 표현하는 것이 좋다.

- 문장을 가운데로 정렬해야 한다.
- 표 안의 문장은 되도록 한 줄로 정리한다.
- 강조점을 표현하여 눈에 들어오게 표현한다.
- 검정 실선의 테두리를 명도를 낮게 조절하여 담백하게 표현하자.

중장기 실행 계획 *○○○○○ 사회공헌활동 실행계획*

사회공헌활동	2022	2023	2024	2025	2026
1. ESG 경영과 관련한 사회공헌활동 고도화	—				
2. 지속가능경영보고서 발간					
3. ESG 정보공개 강화 : 매년 사회공헌활동 실적 관리					
4. ESG 리스크와 각종 규제에 사전 대비 : Risk Pool과 체크리스트 마련 관리					
5. ○○○ 사회복지기금 10억 조성					
6. ○○○○ 복지재단에 위탁 공모사업 진행 : 2025년부터 매년					
7. 임직원 봉사활동 관리와 인센티브 제도 마련(2022년말) 시행(2023년~)	—				

4. 중장기 실행 계획

사회공헌활동	2022	2023	2024	2025	2026
1. ESG 경영과 관련한 사회공헌활동 고도화	→				
2. 지속가능경영보고서 발간					
3. ESG 정보공개 강화: 매년 사회공헌활동 실적 관리					
4. ESG 리스크와 각종 규제에 사전 대비: Risk Pool과 체크리스트 마련 관리					
5. ○○○○ 사회복지기금 10억 조성					
6. ○○○○○에 위탁 공모사업 진행: 2025년부터 매년					
7. 임직원 봉사활동 관리와 인센티브 제도 마련 (2022년말) 시행(2023년~)					

비대면 실시간 서비스 플랫폼 Ontact 교육서비스 전문기업

회사명	(주) OOOOOOOO
법인번호	OOOOOOO
설립일	200000년 0월 00일
사업자등록번호	OOOOOOO
대표이사	OOO
자본금	000,000원
주소	서울특별시 OOO OOOOOO
직원현황	정규직 00명, 프리랜서 00명
전화	02)OOOO-OOO / 010-OOO-OOOOO
홈페이지	www.OOOOO.co.kr
사업분야	비대면 프리미엄 화상 교육서비스, 비대면 실시간 학습관리

균등한 교육 기회 제공을 위한 온-오프라인 통합교육 플랫폼 기업

회사명	(주) OOOOOOOO
법인번호	OOOOOOO
설립일	200000년 0월 00일
사업자등록번호	OOOOOOO
대표이사	OOO
자본금	000,000원
주소	서울특별시 OOO OOOOOO
직원현황	정규직 00명, 프리랜서 00명
전화	02)OOOO-OOO / 010-OOO-OOOOO
홈페이지	www.OOOOO.co.kr
사업분야	비대면 프리미엄 화상 교육서비스, 비대면 실시간 학습관리

나열된 데이터는
시각화로 개선

데이터를 표로만 기입하면 데이터의 상승흐름이 눈에 보이지 않는다. 그래서 데이터를 시간의 흐름에 따라 세로 막대 그래프나 꺾은 선 그래프로 변환하여 표현하면 매년 상승하는 매출계획을 가시성 있게 표현할 수 있다. 특히, 투자 제안서의 매출 계획은 투자자의 입장에서 수익성을 기대하고 보고서를 확인하는 상황이기 때문에 더욱이 가시성 있게 그래프로 변환할 필요가 있다.

- 데이터를 그래프로 표현한다.
- 재무 계획의 데이터만 표현하지 말고 핵심 메시지를 표현한다.

계 정 과 목	2020.	2021.	2022.	2023.	2024.
매 출 액	0,000	0,000	0,000	0,000	0,000
매 출 원 가	0,000	0,000	0,000	0,000	0,000
매출총이익	4,410	7,915	11,872	17,808	26,712
판매관리비	0,000	0,000	0,000	0,000	0,000
영 업 이 익	0,000	0,000	0,000	0,000	0,000
기 타 수 익	0,000	0,000	0,000	0,000	0,000
기 타 비 용	0,000	0,000	0,000	0,000	0,000
금 융 수 익	0,000	0,000	0,000	0,000	0,000
금 융 비 용	0,000	0,000	0,000	0,000	0,000
법인세차감전순이익	0,000	0,000	0,000	0,000	0,000
법인세비용	0,000	0,000	0,000	0,000	0,000
당기순이익	406	862	1,293	1,940	2,910

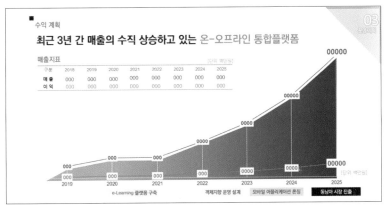

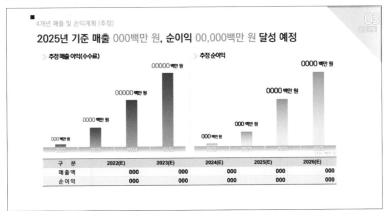

화려한 표를
깔끔하고 세련되게 개선

표에 원색을 사용하여 화려하게 쓰는 경우, 정작 말하려고 하는 메시지나 요점이 눈에 보이지 않는다. 개선 전 사례에서는 노란색을 제목으로 사용하고 원형 차트에 원색을 다수 사용하여 차트와 표의 개연성도 드러나지 않고 조잡해 보이기만 한다. 매출 구성 분야에 따라 점진적으로 사업 매출을 확대해 나가려는 지표를 보여주는 것이라면 비슷한 계열 색만 통일되게 사용하는 것이 좋다. 또한, 이 보고서에서 하고자 하는 핵심 내용을 두괄식으로 배치하여 전체 내용의 핵심을 바로 알 수 있도록 표현하자.

- 한 톤으로 색감을 일원화한다.
- 중요 메시지를 잡아 상위에 배치한다.

2 경영실적 및 향후 매출 목표

01 경영실적

[단위: 백만원]

구 분	2018년	2019년	2020년
원격교육사업	961	2,593	4,397
직원 총 인원(명)	16	18	22

02 향후 매출 목표

[단위: 백만원]

구 분	2021년	2022년	2023년	2024년
원격교육사업				
복지몰 제휴 사업				
플랫폼 사업(ASP 등)				
기타 (해외사업 등)				
합 계				

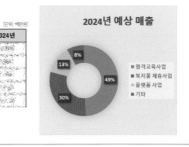

2024년 예상 매출

- 원격교육사업
- 복지몰 제휴사업
- 플랫폼 사업
- 기타

경영실적 및 매출목표

OO사업, OO 제휴, OO 사업을 주력으로 수익 확대

- 매출 구성비

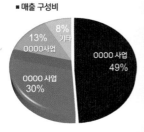

- 현재 매출 및 경영실적

[단위: 백만 원]

구 분	2023년	2024년	2025년
OOO 사업	000	000	000
직원 총인원 (명)	000	000	000

- 매출 목표

[단위: 백만 원]

구 분	2023년	2024년	2025년	2026년
OOO 사업	000	000	000	000
OOO 사업	000	000	000	000
OOO 사업	000	000	000	000
OOO 사업	000	000	000	000
합 계	000	000	000	000

🖫 ⤺ ⤻

요소 파악이 어려운 입체 차트의 가시성 개선

표에 색상을 사용할 때 바탕색과 내용의 색 둘 다 채도가 높으면 제목이 또렷하게 보이지 않고 묻혀 보인다. 채도가 낮은 바탕색을 쓴다면 내용은 채도가 높은 색을 써서 돋보이게 표현해야 한다. 또한, 구성 요소의 점유 비율을 표현하려면 3D 형태의 차트보다는 1차원 차트가 훨씬 명확하고 또렷하게 요소를 나타낸다.

- 바탕색은 채도가 낮은 색을, 내용은 채도가 높은 색을 사용한다.
- 비율을 표현할 때 4가지 이상의 요소를 사용한다면 반드시 1차원 차트로 표현한다.
- 안정감 있는 톤으로 일관되게 색상을 표현한다.

2. 주요품질 실적현황

❖ 2013년 품질실적

구 분	입고 불량	공정 불량	고객 불량
불량율(PPM)	343	92	193
목표(PPM)	300	400	300

❖ 2013년 불량유형

[입고 불량]

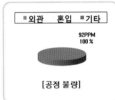

[공정 불량]

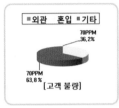

[고객 불량]

구 분	입고 불량	공정 불량	고객 불량
불량율(PPM)	343	92	193
목표(PPM)	300	400	300

》 2013년 불량유형

9

315

알록달록 화려한 색상을 사용하지 말고 한 톤의 색을 유지하여 담백하게 표현해야 한다.

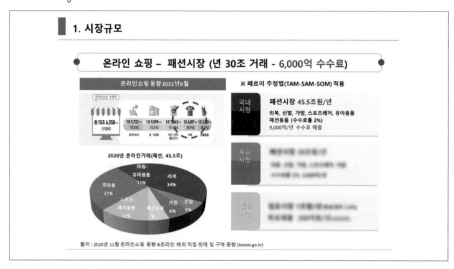

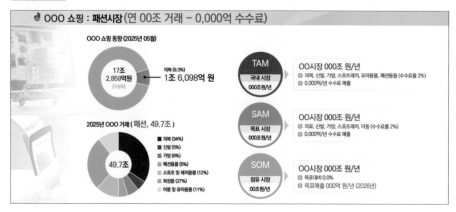

화려한 차트에서 강조점이 분명한 차트로 개선

　개선 전 사례의 경우, 제목만 화려하게 강조되어 메시지가 보이지 않는다. 지역별 사업 모델을 어쩌라는 것인지, 그것이 무엇을 말하는 것인지 보는 사람으로 하여금 의문을 갖게 한다. 또한 보조 분장도 상황하여 말하고자 하는 핵심이 눈에 보이지 않으며, 형형색색의 원형 차트들이 결국 무엇을 말하려는 것인지 의도를 알 수 없게 표현했다. 반면 개선 후 사례의 경우, 제목에 힘을 빼고 여러 항목의 문장 중 핵심 문장의 사이즈를 키워 다른 문장보다 더 돋보이게 표현했다. 뻔한 빨간색 강조 표현이 아니라 전체 문장을 회색으로 바꿔 안정감을 주고 키메시지만 검은색으로 표현하여 문장을 다 읽지 않아도 핵심 단어로 주요 내용들을 이해할 수 있게 했다. 함께 표현한 하단부에 원형 차트도 전반적인 톤을 회색으로 정리하고 포인트 부분에 빨간 강조색을 부여하여 핵심이 무엇인지 바로 알 수 있도록 돕고 있다.

- 핵심 메시지를 강조한다.
- 차트에 핵심 요소의 강조점을 분명히 한다.

- 대부분의 상품의 정보는 소셜미디어를 통해 획득하며 오프라인 비중이 온라인보다 높음.
- 스킨케어는 마스크팩 클린징류 메이크업은 립 제품에 수요량이 높음.
- 러시아 시장의 특성 상 지인 추천에 대한 상품 구매가 매우 활성화 되어 있는데 한국 화장품에 대해서는 만족도 및 재구매율이 높아 바이럴 마케팅을 통한 시장 진출이 적합할 것으로 판단.

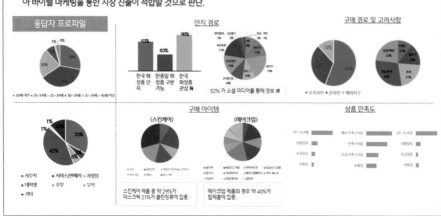

좋아요

▶ 한국 화장품의 만족도 및 재구매율이 높아 바이럴 마케팅 시장 진출이 적합함.

· 대부분 상품의 정보는 **소셜미디어로 획득, 오프라인 비중이** 온라인보다 높음.
· 스킨케어는 **마스크팩 클린징 류** 메이크업은 **립 제품**에 수요량이 높음.
· 러시아 시장의 특성 상 **지인 추천**에 대한 상품 구매가 매우 활성화 되어 있음.

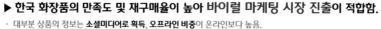

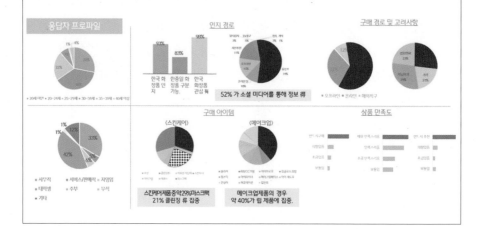

우수 사례

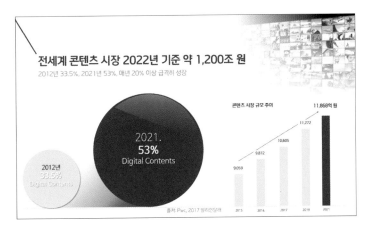

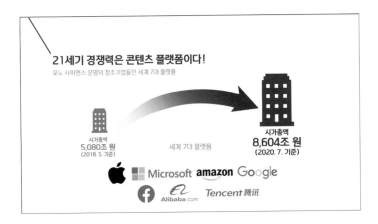

현란한 색에서
조화로운 색으로 개선

원색을 많이 사용할수록 마치 마트 동네 마트 전단지처럼 촌스러워진다. 돋보이게 하고 싶은 키워드를 모두 다 강조하면 결국 모든 메시지를 잃게 된다. 색상은 한 톤으로 통일하고 같은 계열의 톤에서만 변화를 주는 것이 좋다. 그러나 같은 계열의 여러 가지 색상을 쓰는 것을 어려워하는 사람들이 있다. 마치 파란색이면 세상에 오직 단 하나의 파란색만 존재한다고 생각하는 것이다. 그렇다면 같은 계열에서 미세하게 다른 색상을 찾으려면 어떻게 해야 할까?

- 폰트는 고딕체로 바꿔 표현한다.
- 같은 계열의 색상으로 구성 요소에 변화를 준다.
- 배경은 그라데이션이 아닌 흰색으로 담백하게 표현한다.

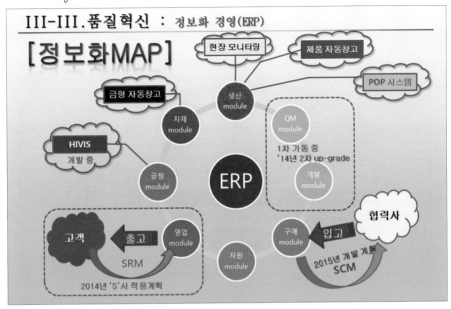

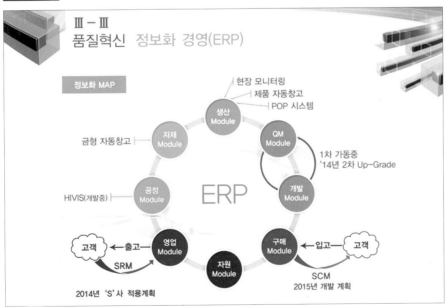

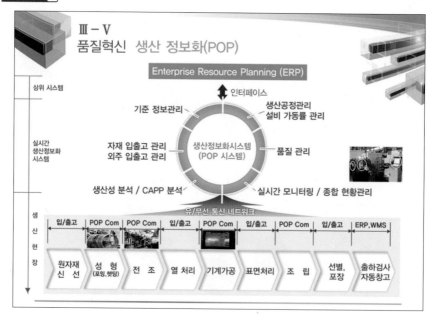

- 핵심 메시지를 두괄식으로 배치한다.
- 박스 요소를 제거하고 명도가 낮은 실선으로 표현한다.
- 상징적인 아이콘을 사용하여 키워드의 이해를 높인다.

아쉬워요 👎

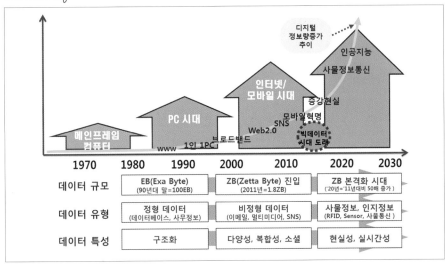

⌄

좋아요 👍

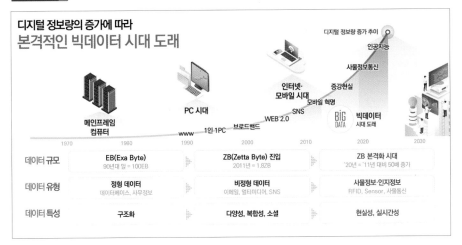

- 같은 콘셉트의 아이콘으로 일관성 있게 표현한다.
- 같은 색상 계열을 사용하여 전반적인 내용의 통일성을 유지한다.

아쉬워요

좋아요

조화로운 색상톤을 추출해주는 사이트로 어도비 컬러 사이트를 추천한다. 색상 휠에서 내가 원하는 계열의 색상을 선택하면 같은 계열의 다양한 주변 색감을 함께 제안해 준다. 추출한 컬러 조합을 복사하여 파워포인트 스포이트 기능을 활용해 그대로 색을 입히면 된다.

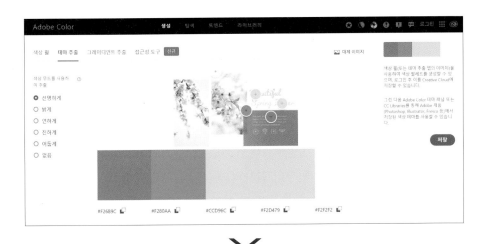

핵심이 강조되어
보이도록 개선

여러 개체와의 비교를 통해 우리 회사의 제품이나 기술이 돋보이는 비교 장표를 표현할 때 자연스럽게 우리 회사를 더 부각되게 만드려면 우리 회사 이외 다른 회사의 요소들과 주변 요소들의 색을 내려 놓는 것이 필요하다. 톤을 낮춰 자연스럽게 우리 회사 내용에 시선이 가도록 유도하는 것이다. 개선 전 사례에서는 모든 강조 표현을 똑같이 했다면, 개선 후 사례에서는 우리 회사의 내용에는 원색을 쓰고 나머지는 모두 회색 톤으로 색을 쓰지 않았다.

- 상대의 관심을 유도할 수 있도록 강조하지 않는 요소의 색은 톤을 낮춘다.

저비용, 작은 공간의 OOOOO전용 OOO

비교 항목	기존 기술 (케이지 방식)	자사 기술(턴테이블 방식)
사진		
필요한 카메라 갯수	100 ~ 120 대 정도	이미지센서 0개
카메라 H/W	약 80여만원의 DSLR카메라	약 50여만원의 카메라 모듈
필요한 공간	가로·세로, 각 6m정도	가로·세로, 각 3m 이내
장비 예상 비용	0억원 이상	0천만원 이내

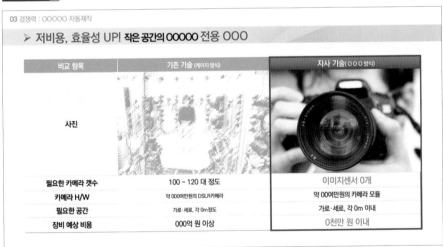

03 경쟁력 : OOOOO 자동제작

➤ 저비용, 효율성 UP! 작은 공간의 OOOOO 전용 OOO

비교 항목	기존 기술 (케이지 방식)	자사 기술(OOO 방식)
사진		
필요한 카메라 갯수	100 ~ 120 대 정도	이미지센서 0개
카메라 H/W	약 000여만원의 DSLR카메라	약 00여만원의 카메라 모듈
필요한 공간	가로·세로, 각 0m정도	가로·세로, 각 0m 이내
장비 예상 비용	000억 원 이상	0천만 원 이내

░▓ 우수 사례

제품의 차별화 (타 제품 비교)

이미지			
제품명	안심폰	키즈폰	Smart Town
현황	2년 6개월간 20만 가입자 에스원 MVNO(알뜰폰)사업자 자격을 취득	1년 8개월간 28만 가입자	아이/노약자 이외에도 여성과 청소년, 치매노인까지 수요층 확대
서비스	개인안전 서비스를 결합 전화.문자 등 통신서비스와 긴급출동, 위치조회, 안심존, 유해앱 차단등 생활안전 서비스 제공	와치형폰, 위급알람, 안심존, 아이에게 최적화된 UI 지정전화외 수신불가, 위치조회	모바일 & 웨어러블 기기 기반 영상반출 등 다양한 보안서비스를 수행하는 인터넷/모바일 서비스 플랫폼
가격	일반 스마트폰 가격과 동일(약정할인 제공)	기가값 12만원, 24개월 약정시 기기 무료 월 통신료 8천원	기기 값+월 정액(합리적 가격 산정예정)
장점	2G폰 상에서 긴급버튼 기능, 스마트 폰도 사용가능, 전원 오프상태 보호자가 파악가능, 아이위치정보파악	아이 관련 웨어러블기기 가입 확산 아이 위치정보 정확	앱 프로그램과 플랫폼 개발을 통한 다양한 방식의 기기와의 접합가능
단점	제조사/통신사가 에스원 지정업체에 한정	부모가 SKT고객이어야 함, 문자기능제한	최초의 시도가 주는 사업 리스크

허전하지 않고
생기가 있도록 개선

아쉬워요 👎

개선 전 회사 연혁 사례의 경우, 나름 왼쪽에서 오른쪽으로 연대별로 회사의 히스토리를 전개하고 있다. 그러나 텍스트 위주로 배치되어 있다 보니 밋밋하고 허전한 느낌이 든다.

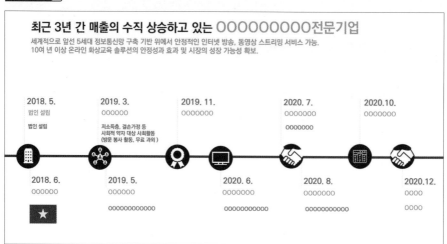

개선 후 사례는 똑같은 구도에서 아이콘만 추가로 삽입했다. 작은 변화이지만 비슷한 콘셉트의 상징적인 아이콘을 사용하여 내용을 이해하기 쉽게 하고 통일성도 살렸다.

- 핵심 메시지 문장을 두괄식으로 배치한다.
- 상징적인 아이콘을 활용하여 완성도를 높인다.

흐름이
한눈에 보이도록 개선

보통 보고서를 쓰다 보면 문장 위주로 전개해 나가는 경우가 많다. 개선 전 사례의 경우에도 일련의 연구 과제를 진행하는 프로세스를 다루고 있다. 그렇다면 문장으로만 전개할 것이 아니라 흐름이 한눈에 보일 수 있도록 다이어그램으로 표현해야 한다. 다음 개선 후 사례를 보면 3가지의 요소들을 한 방향으로 체계 있게 흐르는 형태로 정리하였다.

- 관계를 구조화하여 다이어그램으로 표현한다.
- 같은 계열의 색으로 전체 통일성 있게 표현한다.

연구과제 *Overview*

Key Word	사회공헌 비전·미션·슬로건 / 대표 사회공헌 프로그램 / 사회 기여 성과 측정을 위한 KPI
연구 과제 목표	OOOOO사회공헌 비전·미션·슬로건 수립 및 중점 추진 분야 선정, 대표 사회공헌 프로그램 및 중장기 실행계획 설정, 사회 기여 성과 측정을 위한 KPI 설정 등으로 사회공헌 추진 체계 고도화
과제 수행 방법	*S-5-1 사회공헌 비전·미션·슬로건 수립* OO 그룹 및 OOOOO사회공헌 활동 및 전략 과제 분석을 통한 방향 설정 OOOO구성원 VOC 청취 및 담당 부서(OOOOO) 협의를 통한 최적(案) 설정 *S-5-2 대표 사회공헌 프로그램 및 중장기 실행계획 설정* 지역사회 사회공헌활동 분석 및 벤치마킹을 통한 대표 프로그램(案) 도출 SWOT 분석을 통한 중장기 실행계획 도출 *S-5-3 사회 기여 성과 측정을 위한 KPI 설정* 대표 프로그램의 사회 기여 성과 도출 및 성과 측정 KPI 설정
추진 일정	연구과제 초안(8월 中旬) → OOOOOOOO동호회 W/S(9월 初) → 1次 보고 → 최종 보고

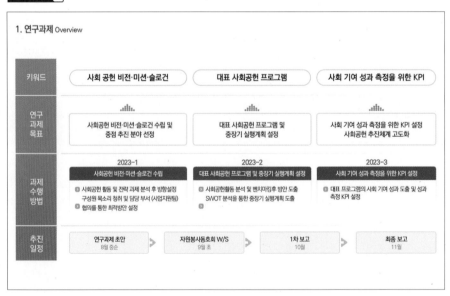

ESG 경영 필요성

투자자의 요구

- "앞으로 ESG 평가기준에 따라 석탄, 담배, 핵무기를 생산하는 기업과 환경오염을 일으키는 기업, 부패하거나 인권을 침해하는 기업을 투자대상에서 제외하겠다." *Message_노르웨이의 국부펀드*
- "ESG 요소를 투자결정에 반영하고, 2022년까지 ESG 관련 투자를 운용하는 기금의 50%로 확대" *Message_국민연금기금*

정부정책과 규제

- 지구온난화에 따른 탄소배출 규제
- 기업의 생산·공급망 전체에서 환경과 인권 보호 상황에 대한 조사를 의무화하는 규제 법안 도입

정보공시 의무화

- "2025년까지 모든 기업에 ESG 정보 공시를 의무화한다." *Message_영국*
- "모든 코스피 상장사를 대상으로 2030년까지 기업의 지속가능경영보고서 공시 의무화" *Message_한국금융위원회*

Others Message

- SDGs 경영, ESG의 세계적 확산 요인
  "SDGs는 2015년 9월의 UN총회에서 채택된 '*우리의 세계의 전환 : 2030 지속가능발전 의제*' 안에서 제시된, 2030년을 향한 국제적인 발전목표이다."

  외부적 요인: 지구온난화, 인권과 노동문제, 자금조달 / 내부적 요인: 재무 performance, 위기와 기회의 파악, 브랜딩

사회공헌활동 분석 *OOOOO 지역기업*

시사점 : 사회공헌활동 방향
1. 기업의 고유사업 특성을 살리는 사회공헌활동
2. 지역사회의 지속가능성에 도움이 되는 사회공헌활동
3. 임직원이 함께 참여하는 사회공헌활동
4. 사회적 약자의 자립/자활에 기여하는 사회공헌활동
5. ESG 경영 취지에 부합하는 체계화된 사회공헌활동

대망의
프레젠테이션
스킬

프레젠테이션
사전 분석 체크리스트

어떠한 발표가 청중의 마음을
사로잡을 수 있을까?

청중의 마음을 사로잡기 위해서 목소리나 화법, 제스처, 말의 기교들을 고민하는 것은 오히려 본질을 흐리는 요소가 된다. 말을 잘하는 사람이나 목소리가 큰 사람이 발표할 때 더 수월할 수는 있겠으나, 목소리가 작아도 관심을 이끄는 주제라면 청중은 귀 기울여 듣는다. 뉴스에 나오는 앵커가 아무리 말을 잘해도 관심 없는 초등학생은 소 귀에 경 읽기처럼 들을 것이다. 즉, 발표를 준비할 때 전달력과 기교에만 집중하지 않아도 된다는 것이다.

이쯤에서 생각해보자. 발표와 보고의 목적은 무엇인가? 대부분의 사람들이 이에 정보나 메시지 전달이라고 말할 것이다. 그러나 발표자의 입장에서 정보를 전달하려 애써도 듣는 상대가 내게 반드시 필요하다고 인식하지 못하면 그 기억은 금방 잊혀지고 만다. 발표의 내용을 무조건 들이밀고 내용 전달에만 초점을 맞추기보다는 상대의 관심부터 휘어잡는 관심 집중 전략이 필요하다.

초두에 관심을 사로잡는 전략을 세우기 위해서는 청중 분석이 필수다. 듣는 상대가 청소년이라면 인기 아이돌로, 실무자라면 상사와의 관계로, 아줌마라면 남편 뒷담화로, 은퇴를 앞두고 있는 직장인이라면 재테크나 인생의 이모작으로 관심을 집중시킬 수 있다. 말 그대로 청중은 자신의 문제에 관심이 있다는 말이다. 결국, 상대의 정보를 알아야 상대를 움직일 수 있는 전략을 세울 수 있다. 청중이 발표 주제에 관심이 없는 상황에서는 더욱 그러할 것이다.

발표 전에 알아야 하는 사전 정보는 무엇이 있을까? 성별, 연령대를 확인하자. 이러한 정보만 확인하더라도 평균적으로 나이, 성별에 따른 공통 관심사를 찾을 수 있다. 다음으로 관심사, 문제, 기대수준, 지식·이해수준을 파악하자. 발표자의 목적도 있겠지만 듣는 사람 역시 목적을 가지고 있다. 나에게 필요하거나, 도움되는 정보나 지혜를 얻는 것이다. 가장 성공적인 발표는 발표자도 득(得), 듣는 청중도 득(得)이 되는 것이다. 그러려면 청중이 해결하지 못한 문제나 기대사항 등을 사전에 파악해야 한다. 사전에 간단한 설문조사를 통해 발표를 듣는 목적이 무엇인지, 관심사가 무엇인지, 무엇을 기대하거나 알고 싶은지를 확인하는 것도 좋다. 마지막으로 발표를 듣는 인원 수와 제한 시간을 확인해야 한다. 인원에 따라 마이크나 빔프로젝트와 같은 시설물이 필요할 수 있기 때문이다. 청중이 10명 이내라면 회의실과 같은 집중이 잘 되는 공간을 선택하고 20명 이상이면 강의실 공간으로, 50명 이상이면 대강당 공간이 적합할 것이다.

이렇듯 사전에 파악할 수 있는 정보를 통해 맞춤 발표를 준비할 수 있다.

| • 연령대 | • 관심사 | • 문제 | • 성별 |
| • 이해도 | • 인원수 | • 시간 | • 기대수준 |

TPO 보고
발표 전략 수립

TPO라는 단어는 익숙하게 들어보았을 것이다. T(Time) 시간, P(Place) 장소), O(Occasion) 상황을 의미한다. 발표에서는 이를 고려하는 것은 반드시 필요하다. 먼저, 내게 주어진 시간을 확인하고 그게 맞게 준비해야 한다.

3분 이내라면 메모지를 활용하고
결론과 핵심부터 간결하게!

3분 이내의 보고나 발표 상황이라면 보고서 장표보다는 간단한 쪽지나 메모를 준비하는 것이 좋다. 짧은 브리핑 상황일수록 두서 없이 말하거나 횡설수설하게 되는 경우가 발생한다. 그러한 상황을 대비하여 반드시 전해야 할 메시지 위주로 메모해두는 것이 좋다. 듣는 상대방이 궁금해하는 핵심이나 결론 위주로 먼저 말하고, 근거나 이유는 뒤에 덧붙여 말하는 것이 좋다.

10분 이내라면 요약문·보고서를 활용하고
3가지 포인트만 요약 정리!

　요즘 가장 보편적인 발표 시간이 10분 내외이다. 발표 시간은 점점 줄어드는 추세인데, 이는 사람들이 그만큼 듣는 것에 집중하지 못한다는 말이기도 하다. 10분 이내의 발표를 할 때, 10분이라는 시간을 오롯이 발표 내용으로 채울 수 있는 것인지 아니면 Q&A시간까지 포함하는 것인지 확인해야 한다. 10분 이내에는 한 장짜리 간단한 보고 개요서를 준비하는 것이 좋다. 전체 개념을 아울러주는 요약문의 형태로 보고하면 듣는 사람과 보고하는 사람도 전체 개념이 쉽게 정리 된다. 특히, 최종 결재권자나 상급 관리자는 한 장으로 정리된 보고서를 훨씬 선호한다.

20분 이상이라면 슬라이드를 준비하고
10~15장 내외의 맥락으로 기획!

　20분 이상의 보고는 보통 본격적인 발표, 프레젠테이션인 경우가 많다. 이러한 경우 빔프로젝트를 띄워 발표할 슬라이드를 제대로 구성하는 것이 좋다. 몇 장 분량으로 준비하는 것이 좋을까? 1장에 1~2분 내외로 잡는 것이 좋다. 또한, 공식적인 발표라면 발표할 장표와 청중이 읽을 장표의 형태를 구분하여 준비하는 것이 좋다. 최소한의 텍스트와 이미지, 도식화로 내용에 따라 시선이 이동할 수 있도록 부담되지 않게 발표를 진행해 나가야 하기 때문이다.

발표용 슬라이드	핵심 메시지 위주, 텍스트 최소화
배포용 슬라이드	부연설명 추가

오전에는 집중을 요하는 보고,
오후에는 임팩트 있는 보고

오전 중 가장 보고하기 좋은 때는 10~11시이다. 하루 중 가장 머리가 맑은 시간, 짧은 시간에 밀도 있는 검토가 가능한 시간, 조회가 끝난 시간으로 점심 약속에 쫓기지 않는 시간, 가장 업무에 임할 준비가 잘 갖추어진 시간으로 밀도 있게 내용의 이해가 필요한 보고를 할 때 적합한 시간이다.

오후 중 가장 보고하기 좋은 때는 3~5시이다. 점심과 휴식을 가진 뒤이므로 비교적 준비된 시간, 충분한 검토시간을 확보할 수 있는 시간대, 바쁜 일을 마치고 검토가 필요한 사안을 보기 적합한 시간으로 집중력이 떨어지는 시간대이므로 간결하거나 가벼운 의사결정이나 이해가 필요한 보고를 진행할 때 적합하다.

다음으로 장소와 공간에 따라서도 프레젠테이션 전략은 달라져야 한다.

1:1미팅이라면
한 장짜리 요약본으로 이야기하듯!

1:1 대면 미팅 때는 상대와 대화를 나눈다는 느낌으로 부담스럽지 않게 한 장짜리 미팅 개요 장표를 준비하고 노트북을 보조적으로 활용하면서 대화를 이어나가는 것으로 충분하다. 대화 중 중요한 사항들은 메모를 하며 미팅의 끝 무렵에는 미팅한 내용을 다시 한번 되짚어 서로가 이해한 부분이나 이후 계획들을 확인하는 것이 좋다.

10명 이내의 회의실이라면
빔프로젝트와 참고자료를!

10명 이내의 회의실에서는 회의 참여자 한 사람, 한 사람에 집중이 된다. 빔프로젝트와 참고자료를 준비해서 원활한 발표와 토론이 진행될 수 있도록 하자. 보통 마이크 없이 육성으로 발표를 해야 하는 상황이므로 강약과 성량을 적절히 조절할 수 있도록 연습하는 것이 좋다.

20~30명 내외의 공간이라면
음향기기 사용까지 고려!

20명 이상부터는 가능하면 마이크나 음향기기를 사용하는 것이 좋다. 또한 단순히 발표를 듣고 마무리하는 구성인지, 발표 이후 논의나 토론이 필요한 구성인지에 따라 좌석과 테이블 세팅을 염두에 두어 준비하자.

50명 이상의 공간이라면
마이크는 필수! 실습, 토론은 자제!

50명 이상이 함께 발표를 듣는 상황이라면 맨 앞의 화면만으로는 중간 혹은 뒤쪽 좌석에 앉은 사람들은 발표자료를 명확하게 보기 어려울 수 있다. 그러므로 중간에 TV를 배치하여 복제 화면을 띄울 수 있는 공간을 대관하는 것이 탁월하다. 혹은 평지보다 발표자에게 더욱 집중할 수 있는 영화관식 좌석이 세팅되어 있는 강당시설을 확인하는 것도 좋다. 또한 50명 이상에서는 자칫 산만해질 수 있는 조별 구성, 실습, 토론 등은 자제하는 것이 좋다.

마지막으로 발표 상황을 고려해야 한다.

발표 순서에 따라
처음엔 순서대로, 끝엔 핵심만!

발표 순서는 경쟁 발표일때 더욱 전략이 중요하다. 나는 한 번 발표하지만, 듣는 사람은 수차례 동일한 주제로 발표를 듣는다면?이라고 생각하며 평가자를 고려해야 한다. 이 때는 순서가 중요한데 첫 순번이라면 순서대로 이야기를 풀어나가면 되지만 마지막 순번이라면 앞서 발표자들이 비슷하게 내용을 전개해 나갔음을 고려해 남들과 차별화가 되는 포인트 혹은 우리만의 한방에 집중하여 이야기를 풀어나가야 한다. 여러 회사가 경쟁 PT때 내가 순번을 정할 수만 있다면 처음 아니면 마지막을 공략해야 한다. 어설픈 중간은 기억에 잘 남지 않기 때문이다.

참석자의 이해 정도에 따라
잘 모르면 배경 설명부터, 알고 있다면 본론부터!

참석자의 이해 수준에 따라 난이도를 조절하거나 전문용어를 설명하는 것이 중요하다. 평균적으로 보고를 듣는 청중은 발표하는 나보다 이해 정도가 낮다. 발표하는 주제에 대해서는 발표자가 누구보다 많은 조사를 했기 때문이다. 청중은 별로 관심이 없는 상태에서 발표를 듣고 현장에서 짧은 시간에 이해를 해야 하기 때문에 이해에 대한 속도 차이가 생길 수 있다. 대략 중학교 3학년 학생이 발표를 듣고 충분히 이해할 수 있는 수준으로 준비하는 것을 추천한다. 조직 내에서의 경우, 발표할 때 전문용어나 약어를 하나하나 설명하지 않더라도 보고서에는 반드시 부연설명이나 해석을 적어 두는 센스가 필요하다.

발표 횟수, 단계:
기획 > 계획 > 추진 > 결과에 맞는 내용을!

모든 일은 원샷 원킬이 아니다. 보고는 일을 추진해가는 과정마다 해야 하는 것이다. 그래서 어떤 시점에 보고하는지가 중요하다. 초기 기획 중에 하는 보고라면 일을 해야 하는 명분이 구체적으로 정리돼야 하고, 상사가 문제와 필요성을 알고 있다면 방안과 계획에 포커스를 맞추어야 한다.

보고하는 문제에 따라
상황에 맞는 맥락으로 구성!

상황별로 맞춤 내용을 구성해야 한다.

고객조사	기존에 알고 있던 내용과 다른 사항과 시사점
문제해결	문제의 원인과 대책, 예상되는 효과
전략수립	전략 실행에 따른 지원사항과 결정 포인트
신규사업	신사업의 예상 이익, 회사의 이익, 혜택
성과보고	목표 대비 달성률(수치), 주요성과 및 보완점
벤치마킹	타 기관 혹은 기업과의 차이점과 보완점, 적용 가능 포인트

보고·발표 순서와 맥락 구성법

보고의 스킬

그분 앞에만 서면 나는 왜 작아지는가? 잘해야 한다는 부담감이 앞서다 보면 자신감보다 주눅이 들고, 머릿속이 새하얘질 수 밖에 없다. 일단 지르고 보자는 마음으로 시작하는 것은 좋지만, 무턱대고 두서 없이 지를 수는 없기 때문에 말의 순서를 생각해 보자.

① 보고할 내용을 머릿속에서 잘 정리한 뒤 말한다.
   (잊어버릴 것에 대비하여 메모장 준비)
② 상사가 가장 듣고 싶어하는 내용을 결론부 중심으로 말한다.
③ '왜'라는 질문에 납득할 수 있는 이유를 충분히 설명한다.
④ 구체적인 사례를 제시한다.('예를 들면' 활용)
⑤ 감정적 표현을 자제하고 객관적으로 말한다.
⑥ 자신의 주장에 대해 확신 있는 태도를 취한다.
⑦ 마지막에는, 정리하자면 ~과 같은 요점 정리로 정리한다.
⑧ 보고가 끝나면 상사에게 질문사항을 확인하고 메모하며
   향후 일정을 공유한다.

보고의 과정을 요약하여 정리할 때, 과자 OREO를 떠올려 보자.

Opinion (말하고자 하는 내용의 요점, 주장)
Reason (주장에 대한 근거나 이유를 설명)
Example (확실한 근거의 사례나 방법 설명)
Opinion (다시 한번 요점을 정리하거나 의결사항 정리)

보고를 할 때 듣는 상사를 고려해 결론부터 말하라고 많이 들어왔을 것이다. 그러나 이것도 상황에 맞게 이야기를 해야 한다. 상사가 보고 주제에 대해 관심이 없거나 이해가 없을 때는 기본 배경을 이해시키고 핵심적인 주장을 해야 한다. 상사의 공감이 전혀 없는 상황에서 무조건 해야 한다고 밀어붙이는 것은 옳지 않다. 특히, 의외의 방안이나 아이디어를 제안할 경우 떡 줄 사람 생각도 안 하는데 혼자 김칫국부터 마신다고 생각할 수 있다. 결과나 간단한 업무를 보고하는 상황, 상사에게 새로운 아이디어나 아이템을 제안을 제안하는 상황에서의 보고 순서는 각각에 맞춰 다르게 준비해야 한다.

< 보고 후, 상사에서 지시를 받는 요령 >

① 눈을 보며 집중하여 빠짐없이 메모
② 정확히 이해하지 못했으면 반드시 질문
③ 상관이 지시할 때 제스처도 유심히
④ 말을 놓쳤을 때 창피를 무릅쓰고 용감하게 질문
⑤ 지시받은 후 지시사항 확인사살 체크
⑥ 초두 방향 보고 – 중간 보고 – 최종 보고로 삽질 방지!

발표의 스킬

보고와 발표는 또 다르다. 발표는 어떤 순서로 진행해야 할까? 스토리텔링 하듯이 발표 내용을 구성하는 것을 추천한다. 정보가 복잡하고 많은 사회이기에 일상 생활에서도, 어떠한 심사를 위해 강연대에서 단 5분 안에라도 핵심을 전달하여 듣는 사람의 눈에 들어야 하는 상황에서도 스토리텔링은 중요하다. 그러나 그 스토리텔링을 어떻게 잘할 수 있을까에 대해서는 많은 사람들이 고민한다. 스토리텔링은 어떻게 해야 할까?

첫째, 상대의 정보를 파악하여 원하는 것을 들려주어야 한다. 스토리텔링이라는 말의 의미를 생각해보면 비즈니스 사회에서 반드시 상대에게 먹히는 맥락 구성이라고 할 수 있다. 여러 의미가 있지만 직장인, 프레젠터 모두 하나같이 스토리텔링의 필요성은 말의 맥이라는 것에 중점을 둔다. 반드시 상대에게 먹히는 맥락을 구성하려면 가장 먼저 알아야 할 것은 그 상대가 누구인지, 상대가 원하는 것이나 듣고 싶어하는 것은 무엇인지이다. 즉, 상대에 대한 정보를 집중적으로 파악하는 것이 중요하다.

둘째, 내가 전달하고자 하는 말, 메시지의 목적을 스스로 알고 있어야 한다. 내가 왜, 무엇을 위해 상대에게 이야기하려 하는 것이지를 말이다. 나의 목적과 상대의 목적이 서로 다르더라도 그 차이를 아는 것은 상대방을 움직일 수 있는 단서를 얻는 것이기에 꼭 필요한 확인 작업이다. 이러한 확인 작업이 없이 이야기를 준비하는 경우 헛발질을 하는 경우가 많기 때문이다.

셋째, 상대에 목적에 따르는 말의 설계를 시작해야 한다. 원하는 것, 달성하고자하는 것, 요청하는 것이 있어도 상대는 자기에게 이득 되거나 손해가 되지 않는이상 나의 이야기에 집중할 리 없다. 그러므로 본심이나 결론을 먼저 얘기하려하지 말고 상대의 관심을 집중시키기 위한 배경이나 상황을 제시하라. 예를 들어, 자금을 유치하기 위한 상황이라면 상대가 관심 있어 하는 분야에 대한 상황을 제시하고 그 상황에 대한 문제점을 상대가 느끼도록 하든 궁금증을 유발시키든 관심을 이끄는 덫이 필요하다. 결국 스토리텔링이라는 것은 상대를 보이지 않게 유도하여 행동을 이끄는 설계 작업이다.

경영학에 〈더 좋은 쥐덫〉이라는 이론이 있다. 세상에서 가장 튼튼한 쥐덫을 만들려던 미국의 한 회사가 소비자들을 외면하는 바람에 결국 파산하고 말았다는 일화에서 생겨난 말이다. 스토리텔링의 감을 높이려면 더 좋은 스토리설계보다는 수많은 상황에 따른 다양한 시도를 통해, 실험 정신을 가지고 방법과 전략을 보완해 나가는 것이다. 설득을 해야 하는 상황에서 상대를 말로 유혹하기 위해 당신이 제시할 스토리는 무엇인가? 발표의 흐름을 구성할 때 청중의 입장에서 발표를 왜 들어야 하는지 관심을 집중시킬 수 있는 공감할 수 있는 배경과 상황을 제시하여 문제를 인식시키고 말하고자 하는 주제만이 해결책이라고 느낄수 있도록 스토리를 설계해야 한다.

1. 왜: 왜 굳이 귀한 시간에 당신의 이야기를 들어줘야 하는가?

상대방이 공감할 수 있는 객관적인 사실에 근거한 배경, 문제가 되는 상황을 제시하자.

2. 무엇을: 문제의 해결책, 솔루션으로 주제를 제시한다.

문제를 해결할 수 있는 분명한 목표나 성과와 함께 주제를 제시하자.

3. 어떻게: 주제를 잘 진행해 나가기 위한 방법을 제시한다.

해결책에 따른 구체적인 프로세스를 이해하기 쉬운 예시와 함께 제시하자.

상대의 정보가 곧 마음을 여는 단서이다. 발표는 아무에게나 오는 기회가 아니다. 귀중한 기회를 살려 청중의 기억에 나의 메시지를 남기고 마음을 움직이게 만들려면 어떤 메시지를 전달할 것인가 이전에 상대의 관심사가 무엇인지, 어떤 문제를 겪고 있는지를 생각하여 관찰하기를 바란다.

누군가는 발표를 단순한 일로 생각하기도 하고, 또 누군가는 발표를 기회로 생각하기도 한다. 그러나 보통 기획이 끝나고 최종 설득을 하거나 성과를 보고하는 자리에서 하는 발표는 기회로 생각해야 한다. 대학 시절을 되돌이켜 보면 필자 역시, 조별 과제에 언제나 프레젠테이션 자료를 만드는 일에 집중했었다. 그리고 발표는 많은 사람 앞에 서는 것이 부담스러워 가장 발표를 잘할 것 같은 조원에게 늘 부탁했었다. 발표 경험이 많지 않았던 탓에 직장 생활을 하면서는 여러 번의 쓰고 쓴 고비를 겪어야 했다. 그때 대학 시절에 '차라리 발표를 하고 먼저 두들겨 맞을걸'이라는 후회를 하고는 했다.

결국 프레젠테이션을 잘 하려면 여러 번 질러 보는 수밖에 없다. 첫 발표의 악몽 같은 경험에 사로잡혀 다신 발표대에 서지 않는 사람도 있겠지만 어차피 처음부터 잘할 수 없고, 사람들은 내 발표를 기억조차 못 할 것이라는 마음으로, 망해도 다음에는 더 잘하겠다는 마음으로 하다 보면 그 시도들이 모여서 결국 자리를 만들고 기회가 되는 것이다.

세상엔 두 부류만 존재한다. 박수를 받는 사람과 평생 어두운 객석에서 박수를 치는 사람이다. 기회는 준비하고 기다리는 것이 아닌 스스로 만드는 것이다. 지금까지 소개한 발표에 대한 팁을 단순히 회사의 일을 추진할 때 써먹을 수 있는 스킬이라고만 생각하지 않길 바란다. 결국 기술을 어떠한 목적으로 쓰느냐는 나의 선택이지만, 필자는 지금까지 배운 바를 남이 아닌 내가 원하는 인생을 전략적으로 이루어 가기 위한 평생 스킬로 사용하길 바란다.

Good Report

보고서를 잘 쓰고 싶다면 반드시 알아야 할 것

프레젠테이션을 할 때 고려해야 할 3가지 사항

1. 내용 측면
2. 시각 측면
3. 발표 측면

항목	고려사항		
내용 측면	• 말하고자 하는 내용이 무엇인지 잘 이해되었는가? • 도입부의 구성이 공감이 잘 되었는가? • 청중의 이익은 강조되었는가? • 청중의 질문을 하는 등 적극적이었나? • 전체 스토리가 짜임새 있었는가?		
시각 측면	• 시각화 자료는 적당·적절했는가? • 한눈에 말하고자 하는 메시지가 잘 들어오는가? • 메시지 표현 능력(동영상, 이미지, 통계 등)이 탁월한가?		
발표 측면	제스처	화법	진정성
	• 스타일은? • 눈 맞춤은? • 자세는? • 전후 좌우의 움직임은? • 주목 집중은?	• 충분한 발성이었나? • 스피드나 템포는? • 변화가 있었는가? • 이야기가 자연스러운가?	• 진정성이 느껴졌는가? • 솔직했는가? • 자신감 정도? • 긍정적이었나?

에필로그

두려움이 없어지는 순간, 프로가 되는 것입니다.

보고서, 비즈니스 라이팅 분야로 15년간 가르치면서 많은 직장인들과 학생들이 글쓰기에 자신감을 가졌으면 좋겠다고 생각했습니다. 그러나 완벽한 자신감이란 있을 수 없더군요. 필자조차 지금의 순간이 완벽하다고 단언할 수 없습니다. 그것은 욕심이겠죠. 다만, 반복적으로 오래도록 쓰다 보면 글 쓰는 데 두려움이 없어집니다. 모든 긴장과 두려움은 잘해야 한다는 부담에서 생겨나는 것입니다.

어릴 적 필자는 잘 보이고 싶고 인정받고 싶은 생각이 가득한, 가진 것 없이 열정만 가득한 어린애였습니다. 작은 무대에 서는 것조차 덜덜 떨며 긴장하던 때가 있었습니다. 수없이 제안에 실패하고 깨지기도 하면서 순간은 아프고 고통스럽지만 그 과정을 통해 분명히 배우는 것이 있었습니다. 그리고 실패하더라도 어차피 오늘은 지나가고, 내일은 더 잘하면 된다는 말로 나를 다독이며 성장해왔습니다.

삶에서 기회를 얻는 것은 누구에게나 있는 쉬운 일이 아닙니다. 가진 것이 없는 사람에게는 더욱 그러하죠. 그렇다고 세상을 원망할 필요는 없습니다. 역으로 생각해보면 잃을 게 없으니 뭐든 시도해도 마이너스는 아닌 삶이죠. '잃을 것이 없는 지금 이 순간, 할 수 있는 다양한 시도를 해보자!'라는 생각으로 얻어진 지금의 성과는 수많은 시도를 통해 만난 사람들이 기회를 만들어 주거나 연결해 준 것들입니다.

'원하는 것이 있다면 열심히 하지 말고 기획하라.'라는 말을 던져준 사람이 있습니다. 막연히 열심히 살다 보면 언젠가는 좋은 날이 올 것이라는 실낱 같은 희망에 기대지 말고, 금요일 밤마다 기대와 실망을 반복하는 로또에 인생을 걸지도 말아야 합니다. 내 인생의 주인공은 내가 되어야 하고, 내가 원하는 삶, 내가 되고자 하는 것, 보람된 가치를 느낄 수 있는 것에 집중하며 살아가야 합니다. 원하는 것을 생각하고 그것을 위해 집중하며 내일을 계획해 나가야 합니다. 원하는 것을 가장 빠르게 달성할 수 있는 길은 무엇인지 생각하고 시도하다 보면 삶을 사는 지혜와 경험 그리고 소중한 사람들을 얻을 것입니다.

나를 행복하게 하는 순간은 무엇인가요? 그리고 내가 원하는 삶은 무엇인가요? 행복은 지속이 아니라 찰나입니다. 고통스러운 과정 속에서 성과라는 단맛을 보게 되는 순간이 행복입니다. 누군가와의 끊임없는 비교를 통해 평생을 불행의 굴레에 가두지 말고 내가 원하는 것을 하루하루 성취하며 행복감을 만끽하며 살아가는 내 삶의 멋진 기획자가 되기를 바랍니다.

길을 가르쳐 주시고 기회를 열어 주신 이정훈 선생님, 마음을 다해 응원해 주시는 부모님, 행복의 길을 함께 걷는 오선식 님 고맙습니다. 감사합니다.

한방컨펌
보고서 쓰기

2023년 12월 초판 1쇄

지은이 강신정

기획 최현경
디자인 강소연, 성동현
펴낸곳 (주)넷마루

주소 08380 서울시 구로구 디지털로33길 27, 삼성IT밸리 806호
전화 02-597-2342 **이메일** contents@netmaru.net
출판등록 제 25100-2018-000009호

ISBN 979-11-982171-8-9(13000)